U0499130

普通高等学校会计与财税系列教材

中国金税学

ZHONGGUO JINSHUIXUE

张敏翔　主　编

刘　阳　周志强　副主编

中国财经出版传媒集团

经济科学出版社

Economic Science Press

·北京·

图书在版编目（CIP）数据

中国金税学 / 张敏翔主编；刘阳，周志强副主编.
北京：经济科学出版社，2024.7. -- （普通高等学校
会计与财税系列教材）. -- ISBN 978 - 7 - 5218 - 6207 - 2

Ⅰ. F812.423
中国国家版本馆 CIP 数据核字第 202474L4G2 号

责任编辑：杜　鹏　常家凤
责任校对：郑淑艳
责任印制：邱　天

中国金税学

ZHONGGUO JINSHUIXUE

张敏翔　主　编

刘　阳　周志强　副主编

经济科学出版社出版、发行　新华书店经销
社址：北京市海淀区阜成路甲 28 号　邮编：100142
编辑部电话：010 - 88191441　发行部电话：010 - 88191522
网址：www. esp. com. cn
电子邮箱：esp_bj@ 163. com
天猫网店：经济科学出版社旗舰店
网址：http://jjkxcbs. tmall. com
固安华明印业有限公司印装
787 × 1092　16 开　13.25 印张　280000 字
2024 年 7 月第 1 版　2024 年 7 月第 1 次印刷
ISBN 978 - 7 - 5218 - 6207 - 2　定价：68.00 元
（图书出现印装问题，本社负责调换。电话：010 - 88191545）
（版权所有　侵权必究　打击盗版　举报热线：010 - 88191661
QQ：2242791300　营销中心电话：010 - 88191537
电子邮箱：dbts@ esp. com. cn）

序　言

治国之道，富民为始。取之于民，用之于民。党的二十大提出："中国式现代化是人口规模巨大的现代化、是全体人民共同富裕的现代化、是物质文明和精神文明相协调的现代化、是人与自然和谐共生的现代化、是走和平发展道路的现代化。"① 税收在国家治理中发挥着基础性、支柱性、保障性作用。中国式现代化需要税收现代化提供有力支撑，税收现代化是推进中国式现代化的重要条件和保障。以互联网、大数据、人工智能等现代信息技术为支撑的数字经济迅猛发展对税收征管改革提出了新挑战。正如本书所言，中国式现代化的实现离不开数字经济发展战略的支持，而网络强国、数字中国建设的要求为税收征管数字化转型注入了新的思想动能，推动税收征管数字化转型，实现税收现代化，增添服务中国式现代化新动能。

本教材以税务系统工作人员和高校本专科学生为主要对象，同时兼顾上市公司与民营企业的实务操作层面的读者的需要。本教材每章从学习目标、导入案例入手，穿插了部分例题和案例，很多经典案例是根据国家实施金税工程以来所发生的真实事例改编，具有一定的深度和代表性，展现出我国政府如何运用税收征管在服务于国民经济发展的同时，实现全民的共同富裕，助推数字经济与实体经济的高质量融合发展，灵活运用理论知识有效地识别和解决政府和企业在税收方面所面临的问题，符合税务系统和高校本专科学生以及相关从业人员的需求，具有一定的引领性和前瞻性。

当前我国数字经济发展不断深化，"互联网＋"的实践越来越丰富，人们的认知也在逐渐发生转变，同时大学生的就业压力增加，就业市场对于大学教育的影响也逐渐凸显。具体到财税专业，一个突出

---

① 习近平：高举中国特色社会主义伟大旗帜　为全面建设社会主义现代化国家而奋斗——在中国共产党第二十次全国代表大会上的报告。

的表现就是，从事财税工作的社会工作者和财税专业的学生考取各类财税资格证书，特别是税务师和注册会计师的考试对社会工作者和大学税务专业教育的影响较大。在考虑即将从事税务工作的学生和正在从事社会工作的税务工作者的客观需求的同时，《中国金税学》教材更加重视税务工作者的长远发展，以及学生的基本素养和专业技能的培养。税务师和注册会计师的考试注重现行法律法规等规定的考察，但是对于财税实践者的教育不能局限于对现行法律法规的介绍与解释，而应当了解"以票管税"向"以数治税"转变的实质，改变从行动上跟不上数字经济和税收征管数字化转型步伐。究其原因，一是数字经济背景下，数据已经成为重要生产要素，对税务专业人才的要求不断提高。随着现代信息技术的快速发展，很多专业型税务管理中的简单和重复工作逐渐被大数据和"互联网＋"作为支撑的智能软件所替代，财税管理工作要充分认识到迫切推动税收征管数字平台、系统整合的重要性，将税收征管数字平台由"专业化"向"综合化"转变。二是财税规范形式已经由财税制度向国际财税准则趋同，这也要求财税专业人员具有更强的职业判断能力和前瞻性。为了培养税务工作者和财税专业学生处理复杂业务和适应环境变化的能力，在本教材的编写和使用中重视以问题为导向，厘清数据资源的来龙去脉，这可能是一种有效的方法。为此，本教材更多地注重引导学生积极思考，运用财税管理基本理论来解决政府和企业税收征管的实际问题。

财税管理的人才培养，肩负着服务国家经济社会建设的光荣使命，是智慧税务建设实现智能生态社会财税治理现代化的基础保障。让我们不忘初心，砥砺前行，共同创造智慧税务的美好明天，实现预算一体化和财税征管数字化有效贯通的蓬勃发展中国梦。

是为序。

2024 年 5 月 1 日

前　言

　　"税"，源于民禾，兑于民乐。世界经济正在经历从工业经济时代向数字经济时代转变的过程，我国也经历着由"中国制造"向"中国智造"转变的关键发展阶段。党的十九大以来，以数字技术与实体经济深度融合为主线，加强数字基础设施建设，完善数字经济治理体系，赋能传统产业升级已成为时代发展的主旋律。习近平总书记在党的二十大报告中指出："要健全现代预算制度，优化税制结构，完善财政转移支付体系，加大税收、社会保障、转移支付等调节力度，增进民生福祉，提高人民生活品质。"[①] 2021 年是我国"十四五"规划开局之年，《中华人民共和国国民经济和社会发展第十四个五年规划和 2035年远景目标纲要》（以下简称"十四五"规划）的出台，为落实中共中央办公厅、国务院颁布的《关于进一步深化税收征管改革意见》，全面推进税收征管数字化升级和智能化改造，以及税收征管的数字化变革指明了方向。2021 年 9 月，在第二届"一带一路"税收征管合作论坛上，国家税务总局指出，中国高度重视数字化发展，将数字中国作为国家战略并予以推进，坚定不移地走科技兴税之路，不失时机地推动大数据等现代信息技术与税收业务加速融合，把数据作为重要生产要素，税务工作将进入一个新的时代，金税四期建设已正式启动实施[②]。

　　党的二十届三中全会科学谋划了围绕中国式现代化进一步全面深化改革的总体部署，详细阐述了未来五年税制改革的重点任务和方向，明确了"健全有利于高质量发展、社会公平、市场统一的税收制度，优化税制结构"的目标，为实现税收现代化绘就了蓝图，对以中国式

---

　　① 习近平：高举中国特色社会主义伟大旗帜　为全面建设社会主义现代化国家而团结奋斗——在中国共产党第二十次全国代表大会上的报告。

　　② 第二届"一带一路"税收征管合作论坛　加强税收信息化能力建设　开创"一带一路"税收征管合作机制新未来，https://www.chinatax.gov.cn/chinatax/n810219/n810724/c5168813/content.html。

现代化全面推进强国建设、民族复兴伟业具有深远意义。在这样的大背景下，中南财经政法大学优秀校友、现任河南财政金融学院税收研究所所长张敏翔，携手中南财经政法大学、河南财经政法大学及河南财政金融学院的专家学者，组建了一支硕博教学科研团队。结合金税工程的前世今生和税收征管现代化之路，以培养数字财税应用型人才为目标，提出了"中国金税学"这一前瞻性教材名称。本教材的编写，正是在这样的时代召唤下应运而生。教材内容紧密结合当前税收征管的实践和挑战，旨在为学习者提供一个全面、系统的学习平台，帮助他们掌握数字财税的基本理论、方法和技能，为未来从事税务工作打下坚实的基础。通过这本教材，团队期望能够为中国税收事业的发展贡献智慧和力量，同时也为学术界和实务界搭建一座沟通的桥梁。

如果在物质文明世界里，数据的作用永远只能成为"催化剂"，那么在人类精神文明世界里，数据就是"土地"一样的自然资源。以互联网、大数据、人工智能为代表的数字技术迈向通用化，正在驱动一场"数字经济"时代的新革命，要积极运用大数据、云计算、物联网等信息技术，提高政务服务便利化水平。实现法人税费信息"一户式"、自然人税费信息"一人式"智能归集，让"信息核查＋大数据分析"深入挖掘税收洼地，做好由"以票治税"走向"以数治税"的转变，引入非税业务的数据，展开各个部门的数据共享，打破信息孤岛，实现每个市场主体全业务全流程全国范围内的"数据画像"，实现全国范围内税务管理征收业务的通办，以及"税费"全数据全业务全流程全数据"云化"打通，进而为智能办税、智慧监管提供条件和基础。本教材通过引导读者掌握财税基础知识并运用大数据互联网所带来的优势，帮助税务部门在数字经济下税收治理模式再造，促进税收治理现代化，强化国际协调合作，加强全球税收治理。

《中国金税学》的编写立足于作为应用型高校财税专业的核心课程，当前环境下，税务部门正在经历数字经济时代到来所引发的变革，征税环境、征税对象、征税工具等要素发生了翻天覆地的变化，因而也对相关教学内容的实践性提出了更高的要求，必须与时俱进。但从目前的各类培训资料或参考教材来讲，无论是税务系统内部学习还是财经院校教学授课，都深感缺少一本既能体现以金税系统作为抓手推进税收征管现代化的最新运用动态，又能兼顾作为纳税人的企业和个人的实务操作层面基本技能的配套教材。本教材编写组立足于此现状，经过深度调研，顺应多方要求编写。

本教材秉承"以数治税"的理念，内容上容纳百家之长，求同存异，在充分考虑教学规律要求的基础上，引导纳税征管者和纳税人转变思维方式和学习理念，激发学习者主观能动性，实现学以致用的目的，具体来说具有以下特点。

（1）案例内容突出一个"新"字，汇编最新经典财税案例。本教材引入 1994 年分税制改革、网络主播黄薇偷税案、郑州市新业态征税、农产品收购发票案等多个不同领域的典型案例，深入阐述税务征管，指出在税务治理时税务人员需要依靠自身所拥有的基本知识作出正确的分析、判断与决策，这也是本教材追求的教学目标初衷。因此，不论是税务人员还是作为纳税者的企业和个人，都需要了解金税系统的运作原理和稽查重点，那么对于学习者来说，无论他们在学习完财税基础的课程后从事什么工作，拥有财税基础的知识都是最基本的标配，同时还要学会在了解金税系统的基础上运用合规的思维理念来分析、发现和解决纳税人依法纳税所面临的每一个实际问题。

（2）教材形式新颖，引导财税人才拓展知识视野。本教材章节体系按照最新的金税系统征管业务流程体系，引导读者树立一个完整的业务流程，便于深入学习后的实际操作运用。每章从"学习目标""导入案例"入手，让读者带着疑问了解本章节的主要内容与实际运用，确定学习目标，认识到在数字经济下我国税制改革势在必行，充分挖掘数据的价值，从实施"以数治税"的现实问题开始讲解知识点。通过"问题与讨论"模块引入一些实际案例，引导读者进行深入思考，将所学知识运用于解决实际问题。最后通过每章末尾"本章小结""练习题"巩固加强本章节的知识。引导培养的财税人才不仅是站在财税的视野看待财务，而且要跳出财税微观角度、站在数字经济时代发展所需的宏观视角看待科学治税，聚财为民。为国家社会创造价值的同时也帮助企业和个人实现自身价值，构建税收治理的生态环境，运用大数据、云计算、物联网等信息技术，提高政务服务便利化和企业自身合规化水平。

本教材由河南财政金融学院张敏翔担任主编，河南财经政法大学刘阳、中南财经政法大学周志强共同担任副主编，河南地矿职业学院张倩倩、河南财政金融学院姚曼妮参与编写，并负责全教材的大纲制定、初稿审阅、修改和总纂工作。其中，河南财政金融学院张敏翔编写和修订第一章、第二章、第三章；中南财经政法大学周志强编写和修订第四章、第五章；河南财经政法大学刘阳编写和修订第六章、第七章；河南地矿职业学院张倩倩和河南财政金融学院姚曼妮分别编写和修订第八章、第九章。

本教材属于 2024 年度河南省高等教育教学改革与实践项目（编号：2024SICLX0564）"新文科背景下智能财税微专业建设研究"和 2024 年度河南省税务学会税收课题的阶段性成果。首先，感谢相关主管部门的立项，正是这些课题项目，让我们认真思考财税教学存在的问题并努力实践教学范式改革。其次，感谢经济科学出版社精心策划这套应用型教改系列规划教材，并为本书组织召开启动会和审稿会。由于编者认知水平和实践经验有限，书中难免存在不妥之处，恳请读者批评指正。

编者

2024 年 5 月于郑州

目　　录

第一章　中国金税学概述

学习目标

1. 了解中国税制体系和历史沿革。
2. 掌握中国税制变迁的制度环境和变迁阶段。
3. 熟悉中国税制改革的逻辑思路和未来发展趋势。
4. 了解金税工程的起源与发展。
5. 明确大数据时代税收管理的现状和挑战。

【导入案例】

全面取消农业税　终结 2 600 年的"皇粮国税"

中华人民共和国成立后，为保证国家政权稳定和推进工业化建设，农业税在相当一段时期内一直是国家财政的重要来源。1958 年，全国人大常委会颁布实施《农业税条例》，统一了全国农业税制度，对纳税人、征税范围、农业收入的计算、税率、优惠减免及征收管理等作出了明确规定。在当时的农业税法律制度框架下，主要有农业税、牧业税和农业特产税。

随着农业和农村发展逐渐迈入新阶段，为切实解决"三农"问题，减轻农民负担，保持农业、农村的健康稳定发展，中央开始出台一系列促进农民增收减负的政策措施。2000 年 3 月，中共中央、国务院发布《关于进行农村税费改革试点工作的通知》，以安徽省为试点正式启动了农村税费改革工作。2001 年 3 月，国务院印发《关于进一步做好农村税费改革试点工作的通知》，提出要在总结安徽等地试点经验的基础上，进一步做好农村税费改革试点工作。农村税费改革的主要内容是："取消乡统筹、农村教育集资等专门向农民征收的行政事业性收费和政府性基金、集资，取消屠宰税，取消统一规定的劳动义务工；调整农业税和农业特产税政策；改革村提留征收使用办法。"2002 年 3 月，国务院办公厅下发了《关于做好 2002 年扩大农村税费改革试点工作的通知》，将试点扩大到 16 个省份。2003 年 3 月 27 日发布的《国务院关于全面推进农村税费改革试点工作的意见》中，要求各地区应结合实际，逐步缩小农业特产税征收范围，降低税率，为取消这一税种创造条件。同年9月，国务院办公厅又下发了《关于进一步加强农村税费改革试点工作的通知》，强调坚决杜绝"一刀切"现象，各省份、各地区要根据不同的情况，因时因地制宜将中央的政策落到实处。2004年3月，《政府工作报告》中提出："从今年起，要逐步降低农业税税率，平均每年要降低1个百分点以上，五年内取消农业税。"到2005年，全国免征农业税的省份已有28个，河北、山东、云南3个省份也有210个县（市）免征了农业税。2005年12月29日，十届全国人大常委会第十九次会议决定：一届全国人大常委会第九十六次会议于1958年6月3日通过的《中华人民共和国农业税条例》自2006年1月1日起废止。2006年全面取消农业税后，与农村税费改革前的1999年相比，农民每年减负总额将超过1 000亿元，人均减负120元左右，8亿农民得到实惠，广大农民衷心拥护和支持这一政策。

全面取消农业税，标志着在我国延续了2 600年的农业税从此退出历史舞台。这是具有划时代意义的一件大事，是解决"三农"问题、建设社会主义新农村这一"万里长征"迈出的具有标志性意义的关键一步；是减轻农民负担，增加农民收入，调动农民生产积极性，巩固农业基础地位的重要举措；是适应建设社会主义新农村的要求，坚持统筹城乡发展的方略，坚持工业反哺农业、城市支持农村方针的直接体现。在经济全球化的宏观背景下，中国取消农业税，采取"少取、多予、放活"的政策，顺应世界经济一体化的发展形势。

资料来源：中国农村网，http：//journal. crnews. net/ncgztxcs/2018/dessq/sdlsxsj/926158_20181221014954. html；中国政府网，https：//www. gov. cn/zwhd/2005 - 12/30/content_142368. htm。

第一节　中国税制体系与历史沿革

中国税制从最初的极简税制到复合税制，再到加快建立现代税收制度，凝聚经济内生动力，有效驱动了经济社会发展。保障税收收入持续稳定增长是我国税制改革取得成功的重要标志之一。1978年全国税收收入仅为519. 18亿元，而2018年全国税收收入已达到156 401亿元，比1978年翻了301倍。[①] 税制改革是通过税制设计和税制结构的边际改变来增进社会福利的过程，我国现已初步建立了一个基本符合新时代要求的现代税收制度和政策体系。

自中华人民共和国成立以来，中国税制改革的发展经历了以下两个历史时

---

① 中国经济时报：改革智说｜中国40年税制改革基本经验的思考，https：//baijiahao. baidu. com/s？id＝1619793583610408116&wfr＝spider&for＝pc；中国财经报：税收凸显经济平稳向好——2018年税收增长背后的中国经济，https：//jiangsu. chinatax. gov. cn/art/2019/1/30/art_8794_246301. html。

期。一是中华人民共和国成立至 1978 年党的第十一届三中全会召开以前的 29 年，即计划经济时期，这是中华人民共和国成立以后税制建设起步和曲折发展的时期。二是 1978 年党的十一届三中全会召开以来的改革开放时期，这是中国税制改革随着改革开放逐步展开和深化的时期，初步建立适应社会主义市场经济体制和新时代税收现代化需要的新税制。

一、我国税制结构与主要改革

（一）税制体系的集中统一时期

中华人民共和国成立初期，国家财政工作处于分散状态，全国税收制度尚未统一，严重影响着新生政权的巩固和国民经济的恢复。1950 年 1 月 30 日，中央人民政府政务院公布了《关于统一全国税政的决定》，随即下发《全国税政实施要则》，规定全国统一设立 14 个税种，即货物税、工商业税、盐税、关税、薪给报酬所得税、存款利息所得税、印花税、交易税、屠宰税、遗产税、房产税、地产税、特种消费行为税和使用牌照税。农业税、牧业税和契税等其他税种一般由省、市拟定办法，报中央批准后实施征收。当时的税收法规以政务院发布的暂行条例等为主。在税收政策执行过程中又将原制定的税种作出了一些调整：增加船舶吨税；房产税和地产税合并为城市房地产税；特种消费行为税改为文化娱乐税；部分税目并入工商业税；将使用牌照税确定为车船使用牌照税；将交易税确定为牲畜交易税；决定原制定的薪给报酬所得税与遗产税暂不征收。1950 ~ 1957 年，我国税收总收入从 49 亿元增长到 155 亿元，其中，1952 年直接税占比 49.4%，间接税占比 50.6%，1957 年工商业税与关税合计 125 亿元，间接税占比超过 70%。[①] 从总体上看，1950 ~ 1957 年，中国根据当时的政治、经济状况，在原有税制基础上建立了一套以多种税、多次征为特征的复合税制。对于保障财政收入、稳定地方经济、促进国民经济及时恢复和有效发展、巩固社会主义经济制度发挥着积极的驱动作用。

（二）税制体系简化时期

1958 年第二次大规模税制改革是税制建设的探索时期。探索的主要内容是简化税制，逐步试行工商统一税，建立全国统一的农业税制度，依照法律程序进行工商统一税、农业税的立法。1959 年停征利息所得税，1962 ~ 1966 年短暂征收了集市交易税，1966 年停征文化娱乐税。1973 年税制改革，《中华人民共和国工商税条例》全面试行，将国营企业和集体企业的工商统一税及其附加、城市房

---

① 中国经济学人：中国财政 70 年：建立现代财政制度，https：//www. 163. com/dy/article/E6U67KQA 0519C1Q6. html；国家税务总局江西省税务局：我国税制结构演变及未来改革路径，https：//jiangxi. chinatax. gov. cn/art/2021/10/27/art_32880_1472395. html。

地产税、车船使用牌照税、盐税和屠宰税合并为工商税。此后，国营企业只需要缴纳工商税，集体企业只需要缴纳工商税和工商所得税，而城市房地产税、屠宰税、车船使用牌照税仅对企业以外的部分单位、个人、外侨征收。1958～1977年，我国税收收入由 187 亿元增长到 468 亿元，其中，1974 年税收收入为 360 亿元，直接税占比 17.6%，间接税占比 82.4%。[①] 中国税制形成 14 个税种，即工商统一税、关税、盐税、工商所得税、利息所得税、城市房地产税、契税、屠宰税、牲畜交易税、车船使用牌照税、船舶吨税、文化娱乐税、农业税和牧业税。1962 年，为了配合加强集贸市场管理，开征集市交易税，1966 年以后停征。

（三）税制体系逐步完善时期

改革开放以后，我国实施对外开放政策，出现新的经济成分，原有的税收体制已经不足以适应经济发展的现实需要，开始进行新一轮的税制改革。1980 年颁布《中华人民共和国个人所得税法》《中华人民共和国中外合资经营企业所得税法》，到 1981 年《中外合资企业所得税法》与《外国企业所得税法》合并为《外商投资企业和外国企业所得税法》。1982 年国务院颁布《中华人民共和国对外合作开采海洋石油资源条例》。1983 年国务院决定在全国试行国营企业第一步"利改税"，制定了《国营企业所得税条例》和新的《集体企业所得税条例》，1984 年试行国营企业第二步"利改税"并开始税收制度的再一次改革，将工商税按缴纳对象划分为产品税、增值税、盐税和营业税，增加资源税、城建税、房产税、城镇土地使用税和车船使用税等税种。1978～1993 年，我国税收收入由 519 亿元增长到 3 577 亿元，其中，1993 年直接税占比 22.9%，间接税占比 77.1%。

这一时期我国完成了从旧税制到新税制的过渡，农业税税率定为统一的比例税率，建立起全国统一、适应多种经济成分的税收制度；建立了一套内外有别、城乡不同，以流转税、所得税为主体，财产税和其他税收相配合的较为完整的税制体系框架，税收收入随经济发展持续稳定增长。经过四次税收制度改革，我国税制结构有了很大变化，1950 年，直接税包括薪给报酬所得税、利息所得税、房产税、地产税等 14 个税种，间接税包括货物税、工商业税、关税及盐税 4 个税种，演变至 1993 年，直接税包括企业所得税、外商投资企业和外国企业所得税、个人所得税、城镇土地使用税、房产税等 17 个税种，间接税包括增值税、消费税、营业税等 5 个税种；同样，直接税与间接税比重也发生了改变，如表 1-1 所示，直接税占比由 1952 年的 49.4% 降至 1993 年的 22.9%，间接税占比由 1952 年的 50.6% 上升至 1993 年的 77.1%，所以间接税是这一时期税

---

① 国家税务总局江西省税务局：我国税制结构演变及未来改革路径，https：//jiangxi. chinatax. gov. cn/art/2021/10/27/art_32880_1472395. html。

制结构的主要部分，这种税制结构能够较好地适应当时的劳动生产率水平，既保证了国家的财政收入，又有利于国民经济的恢复和发展。

表 1-1　　　　　　　　我国四次税制改革后税收结构的变化

年份	税收收入（亿元）		税制结构（%）	
	税收收入总额	直接税收入总额	直接税收入占税收总额比重	间接税收入占税收总额比重
1952	97.8	48.3	49.4	50.6
1959	204.7	44.1	21.5	78.5
1974	360.4	63.5	17.6	82.4
1985	2 040.8	794.5	38.9	61.1
1993	4 255.3	973.2	22.9	77.1

资料来源：编者根据历年的《中国财政年鉴》《中国统计年鉴》整理所得。

（四）税制体系统一与多税制改革时期

1994 年全面推进分税制改革，税制改革的主要内容如下。在直接税方面，分别统一了内资企业所得税、内外籍个人所得税，扩大资源税征税范围，开征了土地增值税，取消了烧油特别税、集市交易税等多个税种，并将屠宰税、筵席税的管理权下放到省级地方政府。在间接税方面，全面改革货物和劳务税制，实行了以比较规范的增值税与营业税为主体，辅之以消费税引导消费行为的税制模式。1997 年发布了《契税暂行条例》，2000 年停征固定资产投资方向调解税，2001 年实施《车辆购置税暂行条例》。2006 年正式废止农业税，农业税的取消是推动中国统一城乡税制的重大举措。同年，国务院将对内征收的车船使用税与对外征收的车船使用牌照税合并为车船税，公布了《中华人民共和国车船税暂行条例》。2005～2006 年，国务院先后取消了牧业税、屠宰税，对过去征收农业特产税的烟叶产品改征烟叶税，公布了《中华人民共和国烟叶税暂行条例》。从 2009 年起，全面实施消费型增值税，2010 年实现内外税制的全国统一，使得原有涉外税收优惠逐步减少或者取消，中国基本实现了税制统一、税种简化的良好局面。2012 年开始营改增试点，2008 年、2009 年先后取消了筵席税及对外征收的城市房地产税，规定中外纳税人统一缴纳房产税。

分税制的完成，有利于中央政府集中更多的经济资源，拥有更大的主动权和调控余地，对于加强中央宏观调控能力、实现经济社会的持续发展起到了重要作用。这一时期的税制改革是中华人民共和国成立以来规模最大且范围最广的改革，我国初步建立了适应社会主义市场经济体制需要的税收制度，对于保证财政收入，促进经济社会发展起到了重要的作用，1994～2012 年，我国税收收入由 5 127 亿元增长到 100 614 亿元，相比 1994 年税收收入增长了 18.6 倍；其中，

1994 年直接税、间接税收入分别为 1 354 亿元、3 773 亿元，占比分别为 26.4%、73.6%，2012 年直接税、间接税收入分别为 29 864 亿元、70 750 亿元，占比分别为 29.7%、70.3%。

（五）税制体系深化改革时期

自 21 世纪后，我国进入全面深化改革时期，随着经济全球化和区域一体化的到来，建立一个与现代化制度相适应，与国际税制相接轨的现代税制成为新一轮财税改革的重要任务。这期间税制改革的主要内容如下。在直接税方面，2017 年和 2018 年，全国人民代表大会常务委员会先后修改了企业所得税法的个别条款，增加多项企业所得税优惠政策，2018 年修改了个人所得税法，2019 年起实行综合与分类相结合的个人所得税制度，从费用扣除限额、征收方式、征税时间等各方面作了调整。此外，逐步调整了资源税的税目、税率。在间接税方面，自 2012 年起逐步实施营业税改征增值税的试点，到 2016 年全面推行营改增；2017 年废止了《中华人民共和国营业税暂行条例》，修改了《中华人民共和国增值税暂行条例》，将增值税税率由四档减至 17%、11% 和 6% 三档，2018 年税率调整为 16%、10% 和 6%，2019 年税率再次降至 13%、9% 和 6%，同时调整了征收率且统一了小规模纳税人的标准；调整消费税征收范围、环节、税率，把高能耗、高污染产品及部分高档消费品纳入征收范围；2018 年 1 月 1 日起正式实施《中华人民共和国环境保护税法》；逐渐降低进口关税的税率。此外，从 2018 年起我国省级和省级以下国税地税机构合并；2020 年因新冠疫情影响，为助推企业复工复产，我国制定了一系列税费减免政策，从企业复工到复工之后的发展都作出了一定的扶持。2013 ～ 2020 年，我国税收收入由 110 531 亿元增长到 154 310 亿元。2013 年直接税、间接税分别为 36 201 亿元、74 330 亿元，占比分别为 32.8%、67.2%；2020 年直接税、间接税分别为 83 572 亿元、70 738 亿元，占比分别为 45.8%、54.2%。

1994 ～ 2020 年，我国经历了统一税制与多种税改革及税制体系深化改革两个重要时期。经过多年的探索与实践，我国税制改革取得了重大突破，形成了一套由 18 个税种构成，符合社会主义现代化要求的复合税制体系。其中，税制结构变化如下。1994 年直接税包括企业所得税、外商投资企业和外国企业所得税、个人所得税、城镇土地使用税、房产税等 17 个税种，间接税包括增值税、消费税、土地增值税等 6 个税种；2020 年直接税包括企业所得税、个人所得税、城镇土地使用税、房产税等 12 个税种，间接税包括增值税、消费税、关税等 6 个税种。直接税占比由 1994 年的 26.4% 提升至 2020 年的 45.8%，间接税占比由 73.6% 降至 54.2%，直接税与间接税所占比重差距逐渐缩小，税制改革成效明显，另有环境保护税、烟叶税等 11 个税种完成立法，税收法治建设与法治化的趋势逐渐加快。

通过上述改革，我国逐渐构建了中国特色社会主义现代税收制度，税制进一步简化、规范，税负更加公平并有所减轻，税收的宏观调控作用进一步增强，在促进经济持续稳步增长的基础上实现了税收收入的稳定增长。1950～2020年，我国财政收入从62亿元增加到182 895亿元，其中，税收收入从49亿元增加到154 310亿元，税收收入占财政收入比重从1950年的78.8%降至1978年的45.9%；改革开放后，我国经济发展突飞猛进，税收收入逐年大幅度增加，占比由1978年的45.9%提高到2020年的84.4%，有力地支持了改革开放和各项建设事业的发展。未来，我国还将继续深化税制改革，不断健全税制体系、优化税制结构，逐步提高直接税比重、完善税收调控机制与税收法治建设，税制结构也将经历由间接税为主向直接税为主的历史性转变，努力构建与社会主义现代化经济体制要求相适应、相协调的现代税收制度。

二、我国税制的改革时期与结构变化

1950～2020年，我国税制经历了五个改革时期，使得税制结构、税种数量、税目都发生了改变，如表1-2所示。第一阶段：1950～1957年税制体系集中统一时期；第二阶段：1958～1977年税制体系简化时期；第三阶段：1978～1993年税制体系逐步完善时期；第四阶段：1994～2012年统一税制与多种税制改革时期；第五阶段：2013～2020年税制体系深化改革时期。

表1-2　　　　　　　　　1950～2020年我国的税制结构

年份	税种	税目
1950	直接税（14种）	薪给报酬所得税、利息所得税、房产税、地产税、遗产税、使用牌照税、船舶吨税、印花税、屠宰税、农业税、牧业税、契税、交易税、特种消费行为税
	间接税（4种）	货物税、工商业税、盐税、关税
1958	直接税（10种）	工商所得税、利息所得税、城市房地产税、车船使用牌照税、船舶吨税、契税、屠宰税、农业税、牧业税、牲畜交易税
	间接税（4种）	工商统一税、盐税、文化娱乐税、关税
1973	直接税（9种）	工商所得税、城市房地产税、车船使用牌照税、船舶吨税、契税、屠宰税、农业税、牧业税、牲畜交易税
	间接税（4种）	工商税、工商统一税、集市交易税、关税
1994	直接税（17种）	企业所得税、外商投资企业和外国企业所得税、个人所得税、城镇土地使用税、房产税、城市房地产税、耕地占用税、固定资产投资方向调解税、车船使用税、资源税、车船使用牌照税、印花税、契税、屠宰税、筵席税、农业税、牧业税
	间接税（6种）	增值税、消费税、营业税、土地增值税、城市维护建设税、关税

续表

年份	税种	税目
2013	直接税（12种）	企业所得税、个人所得税、城镇土地使用税、房产税、耕地占用税、契税、车船税、车辆购置税、资源税、印花税、烟叶税、船舶吨税
	间接税（6种）	增值税、消费税、营业税、土地增值税、城市维护建设税、关税
2020	直接税（12种）	企业所得税、个人所得税、城镇土地使用税、房产税、耕地占用税、契税、车船税、车辆购置税、资源税、印花税、烟叶税、船舶吨税
	间接税（6种）	增值税、消费税、土地增值税、城市维护建设税、环境保护税、关税

资料来源：笔者整理。

首先，我国税制结构的改变，由最初的直接税与间接税比重相当，发展至1994年直接税与间接税之比约为1∶3，差距悬殊，此后直接税比重开始提高，间接税比重开始下降，截至2020年，两者之比约为1∶1。其次，我国税种数量的改变，由1950年的18个税种增加至1994年的23个税种，再精简至2020年的18个税种。最后，我国税目的变化：多次税制改革后，原有税目大多已改头换面或是停征取消等。

[案例拓展]

唐朝中后期两税制的变革

两税法是中国唐代后期用以代替租庸调制的赋税制度。开始实行于德宗建中元年（公元780年）。由于土地兼并逐步发展，失去土地而逃亡的农民很多。农民逃亡，政府往往责成邻保代纳租庸调，结果迫使更多的农民逃亡，租庸调制的维持已经十分困难。与此同时，按垦田面积征收的地税和按贫富等级征收的户税逐渐重要起来。安史之乱之后，赋税制度非常混乱。赋税制度的改革势在必行。唐德宗即位后，宰相杨炎建议实行两税法。到次年（建中元年）正月，正式以敕诏公布。两税法的主要原则是只要在当地有资产、土地，就算当地人，上籍征税。同时不再按照丁、中的原则征租、庸、调，而是按贫富等级征财产税及土地税。这是中国土地制度和赋税制度的一大变化。从此以后，再没有一个由国家规定的土地兼并限额。同时征税对象不再以人丁为主，而以财产、土地为主，而且越来越以土地为主。具体办法如下。第一，将建中以前正税、杂税及杂徭合并为一个总额，即所谓"两税元额"。第二，将这个元额摊派到每户，分别按垦田面积和户等高下摊分。以后各州、县的元额都不准减少。第三，每年分夏、秋两次征收，因此被称为两税。第四，无固定居处的商人，所在州县依照其收入的1/30征税；第五，租、庸、杂徭悉省，但丁额不废。这是中国古代社会赋税制度的重大变化，从"舍地税人"到"舍人税地"方向发展始于两税法。

资料来源：[1] 刘玉峰. 从租庸调制到两税法——唐代赋税制度的主要变化 [J]. 中学历史教学，2004（11）：2.

[2] 魏明珠. 从租庸调到两税法——唐代赋税制度的变迁 [J]. 人文之友，2019.

第二节　中国税制改革的发展趋势

一、中国税制变迁的制度环境和中国税制变迁阶段

任何制度变迁都离不开一定的制度环境。制度环境是一系列用来建立生产、交换和分配基础的基本的政治、社会和法律基础规则，其影响和制约着制度安排。作为内嵌于经济制度的税收，中国经济转型无疑是影响其变迁的主要制度环境。改革开放以来的中国经济同时经历着两种转型，即体制转型和发展转型。体制转型是指计划经济体制向市场经济体制的转变；发展转型是指从传统的农业社会向工业社会转变。两种转型的结合和叠加在历史上和世界范围内都是没有先例的。改革开放以来，这两种转型的关系是以体制转型来带动发展转型，即以改革促进发展，为发展开路。体制转型的关键在于资源配置方式的转变，即从通过政府计划这只"有形的手"转变为通过市场价格这只"无形的手"去配置资源。而能够有效配置资源的价格机制形成依赖于以下几个关键要素：第一，具有对市场价格反应灵敏并能够据此进行理性决策的市场主体；第二，能够弥补市场失灵并具有宏观调控能力的有限政府；第三，统一开放、竞争有序的市场体系。

中国经济体制改革的过程就是上述市场要素形成的过程。自中共十一届三中全会以来，中共历届三中全会都决定了每届政府经济体制改革的方向、内容和重点。其中中共十一届、十二届、十四届、十六届、十八届等几届三中全会对上述市场要素的形成起到至关重要的作用，决定了我国经济体制改革的分期和进程，如表1-3所示。

表1-3　　　　　　　　　　　中国经济体制改革的进程

时间	政策背景	主要内容
1978 年 12 月 18～22 日	中共十一届三中全会	确立对外开放政策
1984 年 10 月 20 日	中共十二届三中全会	确立有计划的商品经济
1993 年 11 月 11～14 日	中共十四届三中全会	建立社会主义市场经济体制
2003 年 10 月 11～14 日	中共十六届三中全会	完善社会主义市场经济体制

续表

时间	政策背景	主要内容
2013 年 11 月 9~12 日	中共十八届三中全会	明确市场在资源配置中起决定性作用；推进国家治理体系和治理能力现代化
2018 年 2 月 26~28 日	中共十九届三中全会	积极发展混合所有制经济，坚持社会主义市场经济改革方向

中国税制改革配合经济体制改革，与之相对应也经历了以下重要的时间节点和阶段。

改革开放初期税制改革主要是配合对外开放政策，建立涉外税制。自中共十二届三中全会提出有计划的商品经济到中共十四届三中全会社会主义市场经济目标的确立这个改革过渡阶段，税制改革主要是配合培育市场主体而进行的两步"利改税"，以及工商税制的改革。由于 1984 年全面实行第二步"利改税"以及工商税制改革，因此，本教材把过渡阶段的税制改革简称"84 税改"。1994 年，为了配合社会主义市场经济体制的确立实行了分税制及工商税制的改革，1994年成为这一阶段的重要时间节点，简称"94 税改"。随着 2004 年增值税转型试点的启动，为了配合中共十六届三中全会提出的经济体制改革展开了"04 税改"。随着中共十八届三中全会国家治理体系和治理能力现代化以及现代财政制度概念的提出，中国税制改革进入了从传统税制向现代税制转变的"14 税改"阶段。配合中国经济转型，中国税制改革经历了五个阶段，如表 1-4 所示。

表 1-4　　　　　　　　　中国税制改革的重要节点和分期

划分阶段	时间	主要内容
第一阶段"改革阶段"	1978~1982 年	建立涉外税制
第二阶段"84 税改"	1984~1993 年	两步"利改税"
第三阶段"94 税改"	1994~2003 年	分税制改革
第四阶段"04 税改"	2004~2013 年	多税种改革
第五阶段"14 税改"	2014 年至今	构建现代税收制度

下面将按照上述阶段对中国经济转轨背景下的税制变迁路径进行梳理和分析。

二、中国税制变迁的内容、绩效和问题

（一）税制改革初期：建立涉外税制，适应对外开放

根据中共十一届三中全会确立的对外开放政策，中国在经济方面采取一系列对外开放的重大举措，中外合资经营、中外合作经营和外商独资等企业应运而生。为了适应对外开放政策的要求，当时在计划经济体制内，除了新建立起一套

符合市场经济运行规则、有立法基础的涉外税制，如通过立法分别建立了个人所得税制、中国合资经营企业所得税、外国企业所得税等，还恢复了原来已经立法并已停征的流转税——工商统一税和城市房地产税、车船使用牌照税等税种。初步形成了一套基本适用对外开放初期的涉外税收制度，一定程度上适应了中国对外开放初期引进外资和对外经济、技术合作的需要，为我国对外开放政策的实施创造了必要的税制环境。

（二）"84 税改"：规范政企关系，培育市场主体

1. 税制改革的背景和目标

在计划经济时期，国家和企业之间的分配关系采取的是"统收统支"的形式。即使当时国家收入汲取方式中也有税收形式，但税收也是作为指导社会主义企业经营的手段、清理市场的工具而存在的。在马克思的《资本论》中所讲的商品生产三个阶段（购买阶段、生产阶段及售卖阶段）中，当时国有工业企业只承担中间的生产阶段任务，与市场联系的前后两个环节都是国家通过计划手段来统筹安排。国营企业不是自负盈亏的市场主体，而只是国家的生产单位，它既没有经营的内在动力，也缺乏外在的竞争压力，其使命是完成任务而不是创新和创造利润。由此导致在改革开放之初，中国陷于经济和财政双重困境之中。为了搞活经济，当时在总体改革目标还不明晰的情况下，理性的改革选择就是在原有的制度框架内进行渐进式的改革。因此，调整政府与国营企业之间"统收统支"的分配关系来调动生产主体的积极性以解决当时面对的财政和经济的双重困境，就成为当时经济体制改革的现实要求和最初动机。

在改革初期，从对国营企业放权让利到推行利润留成形式的经济责任制，国家先后尝试了不同类型的改革措施。尽管这些改革举措短期内对企业的确起到了一定的激励作用，但在"统收统支"的财政制度下，以利润留成制度为特征的初期改革，是在政府和企业谈判的基础上来确定利润的上缴比例，带有较大的随意性和不确定性，导致出现"鞭打快牛"的现象，因此，从长期来看，又对企业产生一定的负向激励，直接后果就是导致国家财政收入水平的下降。为了从制度上解决国营企业的激励和约束问题，我国于 1983 年和 1984 年分两步对国营企业实行"利改税"改革以及工商税制的改革，并借此启动城市经济体制改革，以配合从计划经济向有计划的商品经济体制转轨。

2. 税制改革的原则和内容

1981 年，国务院在批转财政部《关于改革工商税制的总体设想》中明确了这次税制改革的六项原则，指出要正确处理和合理调节各方面利益关系，这些关系主要有：国家、企业和个人之间的关系，中央和地方之间的关系，不同行业之间的关系，国内生产和鼓励出口之间的关系等。由于改革开放初期执行的还是计划价格体系，因此，税制改革原则中特别指出要用税收杠杆来调节一部分企业的

利润,不能由于税制改革影响物价上涨,增加人民负担。

1983 年的第一步"利改税"主要是根据企业规模大小实行不同的征收方法,如在大中型企业实现利润先征收所得税,对缴纳所得税后的利润再采取多种形式在国家和企业之间进行分配,即采取"税利并存"的暂时性过渡办法;而小型国营企业则一步实现"利改税"。尽管第一步"利改税"是一种不彻底的改革,但是这种办法与过去的利润完全上缴相比,是国营企业分配制度上的一项重大改革。这一改革打破了国营企业只能向国家缴纳利润而不能上交所得税的理论束缚,具有重大的理论创新意义,堪称国家与国营企业分配关系改革的一个历史性转变。

针对第一次"利改税"存在的"税利并存"的遗留问题,1984 年 10 月,我国实施了改革开放后的第一次大规模的税制改革——国营企业第二步"利改税"和工商税制改革。第二步"利改税"的核心内容是将国营企业原来上缴国家的财政收入改为分别按 11 个税种向国家交税,完成了由第一步"利改税"的"税利并存"向完全的"以税代利"的过渡。1984 年 9 月 18 日,国务院批转了财政部报送的《国营企业第二步利改税试行办法》,同时还发布了有关产品税、增值税、营业税、盐税、资源税和国营企业所得税等六项条例(草案)(均自当年 10 月 1 日起试行)。工商税按纳税对象"一分为四",即产品税、增值税、盐税和营业税,初步建立了包括增值税制度在内 32 个税种的工商税制整体框架,从而完成了由单一税制向复合税制的转变。至此,中国初步建成了一套适应"有计划的社会主义商品经济"发展要求的,内外有别的,以流转税、所得税为主体,其他税种相配合的多税种、多环节、多层次的复合税制体系,为中国经济体制市场化进程奠定了税制基础。

虽然从改革的时间顺序来看,"利改税"政策是在中共十二届三中全会之前出台的,但中共十二届三中全会通过的《中共中央关于经济体制改革的决定》所确立的建设社会主义有计划商品经济的改革目标,给第二步"利改税"方案的实施提供了一个强有力的制度保证。

随着经济体制改革的深入,国民经济成分和企业主体发生了巨大变化。原来计划经济体制下国有经济一支独大的所有制结构逐渐转向集体经济、私营经济等多种经济成分和主体并存的所有制结构。因此,在国营企业"利改税"改革和工商税制改革实施以后,针对多种经济成分并存的状况,我国进行了完善所得税制度的改革,即将国营企业的所得税制度扩展到其他经济类型的企业,主要有完善集体企业所得税制度和个体工商户所得税制度,开征个人收入调节税、制定私营企业所得税暂行条例等。

3. 税制改革的绩效和问题

"84 税改"的直接目标,即提高财政收入、解决财政困境的目标迅速得以实现。"84 税改"后，1985 年的财政和税收收入出现大幅度提高。

从配合经济体制改革的目标来看，在两步"利改税"及工商税制的改革后，我国初步建立了一套基本适应"有计划的社会主义商品经济"发展要求的税制体系，适应了国营企业、集体企业、城乡个体工商户、私营企业、外资企业等多种市场竞争主体形成的需要，不仅为此后要进行的政企分开、两权分离，培育市场主体，建立现代企业制度等一系列深化的经济体制改革奠定了良好基础，而且促进了政府经济职能的转变，使政府从计划经济时期对企业的直接管理逐渐转变为通过价格、税收等经济手段进行的间接管理。

由于"84 税改"是在有计划的商品经济条件下进行的，这套建立在计划价格体系之上并根据所有制性质进行区别对待的税制远远不能适应社会主义市场经济体制的要求。主要问题表现在以下方面。

（1）在有计划的商品经济向市场经济的过渡阶段，为了调动地方政府发展经济的积极性，中央和地方之间的收入分配关系都是通过中央政府和地方政府之间多次谈判形成的多种形式的财政包干制。这种行政性分权的制度虽然在短时期内达到了制度激励的效果，但是也引发了地方政府的机会主义行为，造成地方经济割据的诸侯经济和藏富于地方、藏富于企业的现象，不仅影响全国统一市场的形成，而且导致"两个比重"的逐年下降，严重影响中央财政职能的履行和政府宏观调控能力的发挥。

（2）过渡期间税制改革按照所有制性质分设税种，导致国营企业、集体企业、私营企业、外商投资企业分别使用不同的税种和税率。这种以所有制为基础区别对待的税制体系存在着税法不统一、税负不公平的问题，显然违背了税收的平等原则，阻碍了市场公平竞争机制的形成。

（3）在过渡阶段，由于市场价格机制还未完全形成，因此，与其他转型国家一样，税收除了具有组织财政收入的功能外，还被赋予了更多配合经济体制改革的功能，如调节政府、各类企业、个人等多方利益。税收体制以某种方式取代了计划成为经济和社会政策的主要工具，并贯彻执行经济政策的职能。

（4）这个时期的税种繁多，不利于提高税收的行政效率，而且增值税仅限于生产环节，重复征税现象严重。

（5）税收调控的范围和程度不能适应生产要素全面进入市场的要求。税收对土地市场和资金市场等领域的调节远远没有到位。

因此，如何建立适应社会主义市场经济体制的税制体系成为下一阶段税制改革的目标和重点。

（三）"94 税改"：规范中央和地方财政关系，提高政府宏观调控能力

1. 税制改革的背景和目标

党的十四大明确了我国要实行社会主义市场经济体制的目标模式，中共十四

届三中全会通过的《关于建立社会主义市场经济体制若干问题的决定》也给出了详细的经济体制改革目标和步骤。因此，为解决上述问题，建立有效的市场经济机制以及全面统一的市场体系，我国于 1994 年实施了中华人民共和国成立以来规模最大、范围最广、内容最深刻的税制改革，即分税制改革。

2. 税制改革的原则和内容

此次税制改革按照统一税法、公平税负、简化税制和合理分权的原则进行。该原则基本上符合亚当·斯密在《国富论》中提出的平等、确定、便利和经济的税收原则。围绕以上原则，"94 税改"主要进行了以下几项改革。

（1）针对中央和地方之间的财政收入分配关系所产生的问题，"94 税改"建立了适应社会主义市场经济体制的较为规范的中央和地方税收框架体系，即分税制税收管理体制，将中央和地方之间的财政关系以制度形式取代过渡时期的中央和地方之间一对一的行政谈判。

（2）针对不同性质的企业税法不统一、税收不公平的问题，"94 税改"有计划、有步骤地统一税制，包括统一税种和税率。从税种来看，主要进行了以下改革。一是分两步分别统一内资企业所得税和内外资企业所得税，即先统一内资企业所得税，再统一内外资企业所得税，结束了两套企业所得税多法并立的局面；二是合并了内、外两套个人所得征税制度，统一了个人所得税制；三是将内外资两套流转税制改为统一的流转税制。从税率来看，在市场价格机制没有形成之前，对不同产品流转税的设计原则是利用不同税率去平衡各种产品价格。例如，针对价格偏高的产品，其产品税率就相应提高，以此减少超额利润从而平衡高价格。因此，在这种价格体制下，很难建立起来公平的税负机制。但是随着市场化改革的推进，产品的定价机制逐渐从政府定价转向市场定价。截至 1992 年，中国当时由市场决定价格的比重已经扩大到 80% 左右。"94 税改"建立了以增值税为主体，对大多数产品使用 17% 基本税率的税制设置，这是我国第一次以贯彻公平原则为目的的流转税体系，为不同行业在市场中的公平竞争奠定了税制基础。

（3）征税时会产生两种成本，一是因征税而产生的行政成本，二是由于征税引起市场主体决策的改变而损失了本应产生的市场交易，即无谓损失。要降低行政成本，就需要遵循便利原则，设计有效的税收征管体制。"94 税改"进行了税收征管体制改革，在原有税务机构基础上，分设中央税务机构和地方税务机构。另外，秉承简化原则取消和合并了一些税种，提高了税收征管效率。经过改革，中国工商税制的税种从原来的 32 种减少为 17 种。这些改革旨在降低行政成本。要降低无谓损失，就要求税收做到税收中性。"94 税改"将具有中性特征的增值税扩展到覆盖所有货物的生产和销售，提高了整个税制的中性特征。

3. 税制改革的绩效和问题

"94 税改"的直接效果立竿见影，迅速提高了"两个比重"，尤其是中央财政收入占全国财政收入的比重在分税制以后有了一个大幅度的提高。同时也按市场经济的要求，初步建立了符合市场经济的统一、平等、有效的税收制度和税收体系框架。税制改革为经济市场化改革创造了条件，促进了市场体系的发育，增强了市场有效配置资源的能力。

"94 税改"虽然解决了"两个比重"偏低的问题，但是也造成了矫枉过正的现象，即在提高"两个比重"的同时，也导致了另外两个比重（居民收入和地方收入）的下降。税收的任务就是满足国家不可计量、不断变化的需要，因此，税收决不能伤害私人经济中那些客观上有限的要素，如果税收取走了这些要素中的一部分，那就不仅当即消耗了这部分要素，而且慢慢摧毁了所得和资本形成这一再生产进程，摧毁了私人经济，税收也就摧毁了自己的源泉，并最终摧毁了国家和共同体。基于此，税收经济原则中的第一个命题是，永远不要伤害资本。

因此，如何构建公平合理的税制，降低国民负担便成为第三阶段税改要解决的核心问题。

（四）"04 税改"：进一步规范政府和市场的关系，完善市场机制

1. 税制改革的背景和目标

随着我国改革开放的不断深入，2001 年，我国成为世界贸易组织成员；2002 年 11 月，党的十六大明确社会主义市场经济体制已初步建立；2013 年，党的十八届三中全会通过的《中共中央关于全面深化改革若干重大问题的决定》提出要建设统一开放、竞争有序的市场体系。以此为标志，我国改革开放进入了完善社会主义市场经济体制的阶段。

2. 税制改革的原则和内容

这个时期的税制改革除了要配合经济体制改革的进度，也要适应经济发展阶段的要求，改革不仅要促进市场经济体制的进一步完善，厘清政府和市场的边界，而且要通过结构性减税来降低国民负担。为此，根据中共十六届三中全会决定中明确提出的"简税制、宽税基、低税率、严征管"以及稳定推进税收改革的原则和要求，国家推行了完善税制的系列改革，主要包括费改税、内外资企业所得税合并、增值税由生产型转为消费型、深化农村税费改革。

3. 税制改革的绩效和问题

"94 税改"奠定了基本适应社会主义市场经济体制要求的税制框架，因此，"04 税改"不像"84 税改"和"94 税改"那样涉及税收制度的根本性变革，只是在"94 税改"建立的税制框架内进行结构性的调整。因此，这次税改不像前两次税改那样有一个明确的改革时间表，需要在规定的时间内完成目标任务，改革绩效也不像之前的改革那样立竿见影，但税制还是得到了调整和优化。与不突出的改革绩效相反，存在的问题却是显而易见，即新的"两个比重"问题仍然没有解决，尤其是地方财政困境问题依然严重。当然，地方政府财政困境问题不

单是税制改革造成的，还涉及财政支出以及不同层级政府间的财力配置等调查。

（五）"14 税改"：建立财政和国家治理之间的关系，促进中国税制从传统向现代的转型

党的十八届三中全会提出市场要在资源配置中起决定性的作用，并首次提出现代财政制度的概念，把财政上升到国家治理的高度。现代财政制度建设必须服务于政府与市场关系的重新定位，既要维护市场在资源配置中的决定性作用，又要更好地发挥政府职能。

目前已完成了"营改增"的全面改革。但这项改革在实现了结构性减税的同时，却使地方财政困境问题更加突出。因此，解决地方财政困境仍是"14 税改"要解决的核心问题之一。现行的税制基本框架是"94 税改"为适应社会主义市场经济体制的需要而逐步建立的，尽管在此之后不断加以调整和完善，但是依然带有传统税制体系的痕迹，不适应与国家治理现代化相匹配的现代税收制度的要求。随着国家治理现代化的提出和推进，完善税收制度的方向定位发生了根本性变化，由"建立与社会主义市场经济体制相适应的税收制度基本框架"到"建立与国家治理体系和治理能力现代化相匹配的现代税收制度"是这一变化的基本线索。因此，为了顺应实现国家治理体系和治理能力现代化的需要，必须加快建立形成一套有利于科学发展、社会公平、市场统一的成熟完备的现代税收制度体系，尽快实现由传统税制体系向现代税制体系的根本性转变。

三、中国税制改革的逻辑思路与未来发展趋势

（一）中国税制改革的逻辑和特征

从以上对改革开放以来中国税制变迁的梳理和分析可以发现，中国税制改革具有以下逻辑和特征。

1. 经济体制改革决定税制变迁的路径

本教材将每次税制改革所实施的具体制度调整和改革内容称为微观路径，将每次税改所要达成的改革目标称作宏观路径。通过上述对税制变迁的历史脉络梳理可以发现，中国税制变迁离不开相应的微观路径和宏观路径，宏观路径需要微观路径来实现。例如，在我国改革开放初期，放权让利、培养市场主体既是经济体制改革的整体思路和目标，又是税制改革应当遵循的宏观路径。通过"利改税"以及工商税制改革这个微观路径，调整政府和企业的关系，培育能够独立决策、自担风险的市场主体。纵观改革开放以来的税制改革可以发现，中国经济体制改革决定中国税制变迁的宏观路径，而税制变迁的宏观路径又决定税制变迁的内容即微观路径。

配合经济体制的转型，每个阶段都有其阶段性的税改目标。"84 税改"目标

旨在规范政企关系，培育市场主体，建立有计划的商品经济；"94 税改"目标在于规范中央和地方财政关系，加强政府宏观管理职能，促进社会主义市场机制的建立；"04 税改"目标在于进一步厘清政府和市场关系，进一步完善市场机制；正在进行中的"14 税改"目标定位于促进中国税制从传统向现代转变并与国家治理现代化相匹配。而实现每个阶段的微观路径也不同，相应阶段的税制改革内容和重点也各有侧重。"84 税改"重点在产品税，"94 税改"重点在增值税，"04 税改"涉及多税种，"14 税改"的重点则从流转税转到直接税。由此可见，不仅中国税制改革和中国的经济体制改革具有高度的内在一致性，每个阶段改革的宏观路径和微观路径也具有高度的内在一致性。不同阶段税改的宏观路径连接起来构成了改革开放以来中国税制变迁的完整脉络。

另外，改革开放以来，作为财政制度一翼的税制改革，每一个阶段的主要财政目标都是解决财政困境、提高政府的收入汲取能力，不过每次税改的区别在于每一个阶段要解决财政困境的政府层级不同，"84 税改"目标是解决全国财政困境，"94 税改"是解决中央财政困境，"04 税改"重点要解决的是地方财政困境。因此，"84 税改""94 税改""04 税改"重点在流转税，因为流转税具有税源广、易征收的特征。无论是哪一层级政府的财政困境，其解决方法都是依赖于经济体制的改革和推动，因此，经济体制改革构成了税制改革的重要背景和约束条件。

2. 中国税制变迁是强制性变迁和诱致性变迁相互作用的一种渐进性的制度变迁

首先，从中国税制变迁的重要节点和分期来看，除了"84 税改"在十二届三中全会之前启动，其余每次重大税改的重要时间节点都是在历届的三中全会之后，税制改革的目标、原则及重点内容也都是由三中全会明确。税制改革基本上十年为一个阶段，与中国的政治经济周期高度吻合，和中国的经济体制变迁直接相对应。与经济体制改革一样，中国税收制度变迁是在政府主导下通过一系列的制度改革和创新，通过改变商品或要素价格比率，即土地与劳动、劳动与资本或资本与土地的等比率的变化，信息成本的改变，技术的变化（包括重大的、重要的军事技术），重新建立合同来获取一些潜在的贸易收益。通过税制改革形成市场要素，推动资源配置方式的转变，促进经济体制的转变。因此，从政府主导的传统来看，至少在形式上，中国的税制变迁存在较为突出的建构性和强制性特征。

其次，从每次税改的微观路径来看，每次税改要解决的问题正是前一阶段税改所导致或者未解决的问题。例如，"84 税改"虽然通过"利改税"以及工商税制的改革使各类企业获得了更多的制度激励，并逐渐成为市场主体，实现了当时国家通过"放权让利"搞活经济和解决财政困境的目标，但是同时也引发了"两个比重"偏低的问题，导致了政府宏观经济调控职能的弱化。因此，国家通过适度集权以解决"两个比重"偏低问题便成了"94 税改"的直接目标。随着"94 税改"分税制改革的实施,"两个比重"偏低问题得到了解决,但新的"两个比重"偏低问题又成为下一阶段经济发展的主要矛盾,因此,如何结构性地减税便成为"04 税改"的重点。从这个角度看,中国税制变迁又呈现出诱致性变迁的特点。

最后,从税制变迁的历史脉络来看,中国税制变迁目标并不是一蹴而就的,而是呈现出阶段性的特点,其改革路径是沿着计划型税制体系逐步向市场型税收体系方向改革、过渡以及完善。

(二)中国税制改革未来发展趋势

1. 现代税收制度的特征

根据前面的分析,"14 税改"除了要解决地方财政困境外,还要建立与国家治理体系和治理能力现代化相匹配的现代税收制度。现代税收制度主要具备以下几个特征。

(1)从要遵循的原则来看,现代税收制度要遵循税收法定原则。税收法定原则与现代国家相伴而生,该原则的核心在于控制和规范征税权,保护纳税人权利。

(2)从税收功能来看,现代税收制度要具备资源配置、收入分配和宏观经济稳定三大职能。

(3)从税制结构来看,直接税和间接税之间保持一定的比例均衡是现代税制体系的基本标志之一。缺乏直接税或直接税偏低的税制体系会阻碍现代税收功能的实现。

(4)从税收体系来看,在现代市场经济社会中,与市场经济相对应的税制体系应该是以资本或商品的流向或流程为基础形成的现代税制体系,即对国民收入生产与分配过程征的税,包括在要素市场对要素收入征收的所得税和在产品市场对商品和服务消费征收的商品税(又称货物与劳务税)。对于投入产出流程之外的财富存量,单独征收财产税。

2. 未来税制改革的方向

根据现代税收制度的特征和税制变迁的逻辑,未来的税制改革将集中在以下几个方面。

(1)在税制目标定位上,要适应国家治理需要,建立公平、效率和经济可持续发展的三维取向的改革目标。

改革开放以来,中国税制改革的目标取向主要是配合经济体制改革的进程,旨在培育市场要素,侧重于经济层面的改革,主要关注的是效率。"14 税改"的目标是与国家治理相匹配。而现代国家治理是政府、市场、社会公众多方协同共治的治理模式。因此,税制改革目标维度至少要从效率一个维度扩展到公平、效率和经济可持续发展三个维度，要协调政府与市场、政府与社会、人与自然三方面的关系。政府和市场的关系关注的是经济效率问题，对应的税制目标是效率，实现效率要求做到"税收中性"和简化税制，使税制产生较小的无谓损失和行政成本。由于间接税有助于实现经济效率的目标，因此，之前的税制改革主要集中于流转税及工商税制改革。政府和社会关系主要涉及公平问题，党的十九大报告指出，我国社会主要矛盾已经转化为人民日益增长的美好生活需要和不平衡不充分的发展之间的矛盾。体现在税收制度上，就是要遵循公平原则，协调政府与社会、人与人之间的关系，而直接税具有累进性质，具有再分配功能，有助于实现公平分配的目标。人与自然的关系主要涉及经济可持续发展问题，要以可持续发展为目标解决经济增长与资源消耗、生态破坏之间的矛盾。从税制角度来看，就是从税收制度上来规范和约束人的行为，加强环境税制度建设，建立和完善环境税系。

（2）根据上述税制目标，在税制改革的内容上，需要重点涵盖以下几个方面。

第一是在税收制度上要落实税收法定原则。市场经济中税收制度应当以法律为基础，通过法律来确立税率和税则。要制定国家提取和课征岁入的规则和程序，即"财政宪法"（fiscal constitution）。十八届三中全会《中共中央关于全面深化改革若干重大问题的决定》首次在党的纲领性文件中提出"落实税收法定原则"。目前，由于地方政府普遍面临着财政困境，为了完成财政指标，各地政府通过各种税收优惠的形式去吸引税源，搞所谓的"总部经济"，结果一些地方政府通过先收后返的方式变相予以税收优惠，形成恶性竞争。随意的税收优惠不仅严重破坏了税收的严肃性和法制性，而且使国家税款大量流失，严重背离了税制法治化的要求。因此，迫切需要在实践中落实税收法定原则，如十八届三中全会报告中指出的一样，税收优惠政策统一由专门税收法律法规规定。

第二是在税收体系和税制结构上建立与市场经济相适应的现代税收体系和税制结构。从税收体系来看，改革开放以来，中国市场是逐步放开和形成的。先从货物和劳务市场改革，例如，历史上重要的"84税改"和"94税改"都是围绕着以货物与服务为征税对象向城市工商经营者征收的工商税进行改革。随着产业升级，以服务业为主要特征的第三产业比重逐渐提高，与之相配合的中国税制也进行了"营改增"的全面改革。下一步在货物和劳务市场的改革重点应是消费税的改革。按照十八届三中全会决定要求，主要是调整消费税征收范围、环节、税率，把高耗能、高污染产品及部分高档消费品纳入征收范围。通过消费税的改革，影响消费者选择，引导理性消费。通过40多年的经济体制改革，以货物和劳务为特征的产品市场体系逐渐完善，经济体制的深层改革将要转移到要素市场，推进生产要素市场化。因此，未来的税制改革重点将是要素市场的税收制度和税收体系的建立和完善。

要素市场主要由人、土地和资本这三个生产要素组成，税制改革将围绕着上述三个要素展开。对人的征税包括最典型的个人所得税制度的改革和完善以及社会保障税的开征。改革开放的不同阶段针对个人所得税制度也进行了多次改革和调整。但是由于个人所得税的主要功能是收入再分配即实现公平功能，而在改革开放以来几个阶段的税制改革中，税制改革目标主要关注资源配置的效率，重点放在了工商税制改革，由此导致在我国现行的税收收入体系中针对居民个人征收的直接税，截至 2016 年，个人所得税收入在全部税收收入中所占份额不足7.74%，而经济合作与发展组织（OCED）国家个人所得税收入占税收收入比重平均达到41.2%（1970～2008 年）。对应土地这个生产要素的税收就是房地产税。按照发达国家的普遍做法，针对个人开征房地产税，并将其作为地方政府的主要税种，这是解决地方政府财政困境的一条有效途径。无论是针对人这个要素进行的个人所得税或社会保障税，还是针对土地这个生产要素征收的房地产税，这些税收都是直接税。因此，要建立现代税收制度，并匹配国家治理现代化目标，以后税制改革重点是将间接税改革转移到直接税的建立和完善上，适当降低流转税的比重，提高所得税的比重，逐步建立以增值税、所得税和社会保障税为主体的税制结构。

另外，为了协调人与自然的关系，保证经济的可持续发展，十八届三中全会以来，全国人大、财政部等相关部门也出台了保护环境资源的相关税收法律和法规。例如，全国人大于 2016 年 12 月 25 日通过了《中华人民共和国环境保护税法》，并于 2018 年 1 月 1 日开始施行；财政部、国家税务总局颁发《关于全面推进资源税改革的通知》。下一步的改革重点就是按照上述法律规定，从征税范围、计征方式等进一步建立和完善环境税和资源税的征收与管理，以实现十八届三中全会提出的生态文明建设目标。

中国经济的双重转型具有独一无二的特征，那么作为经济改革重要组成部分的中国税制改革与其他国家的税制改革相比也具有其自身特殊性。改革开放经历了 40 多年，中国税制改革的成效和问题也都有了结果。在税制改革背景由经济转型向国家治理转变之际，研究中国税制变迁路径，探索变迁逻辑，对下一步的税制改革具有重要的理论价值和实践意义。通过研究可以发现，中国税制改革和中国经济转型具有内在一致性，中国经济改革决定了税制改革的宏观路径和微观路径。虽然经过 40 多年的改革，中国税制已经从计划型税制体系逐步转向了市场型税制体系，但是与国家治理现代化相匹配的现代税收制度还存在不少差距。因此，下一阶段的税制改革的目标和重点将由"建立与社会主义市场经济体制相适应的税收制度基本框架"向"建立与国家治理体系和治理能力现代化相匹配的现代税收制度"的方向转变。

[案例拓展]

1994 年我国分税制改革

行政性分权的"财政包干"是中国 20 世纪 80 年代末 90 年代初的主要财政模式，其要点是"划分收支、分级包干"，并根据不同地区的情况，采取六种不同形式（收入递增包干、总额分成、总额分成、总额分成加增长分成、上解额递增保、定额上解、定额补助）。

根据党的十四届三中全会通过的《关于建立社会主义市场经济体制若干问题的决定》，为了进一步理顺中央与地方的财政分配关系，更好地发挥国家财政的职能作用，增强中央宏观调控能力，促进社会主义市场经济体制的建立和国民经济持续、快速、健康发展。1993 年 12 月 15 日国务院下发《国务院关于实行分税制财政管理体制的决定》，决定从 1994 年 1 月 1 日起改革原有的财政包干体制，对各省、自治区、直辖市以及计划单列市实行分税制财政管理体制。所谓的分税制改革就是按中央与地方的事权，合理确定各级财政的支出范围；根据事权与财权相结合的原则，将税种统一划分为中央税、地方税和中央地方共享税，并建立中央税收和地方税收体系，分设中央与地方两套税务机构分别征管，科学核定地方收支数额，逐步实行比较规范的中央财政对地方财政的税收返还和转移支付制度，建立和健全分级预算制度，硬化各级预算约束。

资料来源：中华人民共和国财政部，http：//www. mof. gov. cn/zhuantihuigu/czjbqk2011/cz-tz2011/201208/t20120831 _ 679739. html，焦作市财政局，http：//czj. jiaozuo. gov. cn/article/384. html。

第三节 金税工程的起源与发展

金税工程是经国务院批准的国家电子政务工程之一，目的是构建覆盖全国的、统一的税收管理信息系统。金税工程是吸收国际先进经验，运用高科技手段结合我国增值税管理实际设计的高科技管理系统。该系统由一个网络、四个子系统构成。一个网络是指国家税务总局与省、地、县税务局四级计算机网络；① 四个子系统是指增值税防伪税控开票子系统、防伪税控认证子系统、增值税稽核子系统和发票协查子系统。金税工程实际上就是利用覆盖全国税务机关的计算机网络对增值税专用发票和企业增值税状况进行严密监控的一个体系。

---

① 2018 年 6 月 15 日，全国各省（自治区、直辖市）级以及计划单列市国税局、地税局合并且统一挂牌。

一、金税工程的起源

1994 年，我国的工商税收制度进行重大改革。这次税制改革的核心内容是建立以增值税为主体的流转税制度。从税制本身来看，增值税易于公平税负，便于征收管理。但新税制出台以后，由于税务机关当时还比较缺乏对纳税人使用增值税专用发票进行监控的有效手段，一些不法分子就趁此机会利用伪造、倒卖、盗窃、虚开增值税专用发票等手段进行偷、逃、骗国家税款的违法犯罪活动，有的还相当猖獗，严重干扰了国家的税收秩序和经济秩序。对此，国家除了进一步集中社会各方面力量，加强管理，开展打击伪造、倒卖、盗窃发票违法犯罪专项斗争，坚决维持新税制的正常运行外，还决定引入现代化技术手段加强对增值税的监控管理。

为了组织实施这项工程，我国成立了跨部门的国家税控系统建设协调领导小组，下设"金税工程"办公室，具体负责组织、协调系统建设工作。1994 年 3 月底，金税工程试点工作正式启动。

二、金税工程的发展

（一）金税一期

1994 年，我国开始实施以增值税为主要内容的新一轮工商税制改革，为适应增值税改革的要求，增值税专用发票应运而生。增值税专用发票不仅能作为购销凭证，而且能够抵扣税款，因此，在利益的驱使下，利用虚开、代开、伪造增值税专用发票等手段进行经济犯罪的行为屡禁不止。为了彻底打击这些违法犯罪行为，税务部门开始筹建以增值税计算机稽核系统、增值税专用发票防伪税控系统、税控收款机系统为子系统的金税一期。

虽然金税一期实现了利用计算机网络进行的增值税专用发票交叉稽核和增值税防伪税控，但是当时采集增值税专用发票信息需要由税务机关组织手工录入，工作量大，数据采集不全，而且由于只在 50 多个城市建立了稽核网络，对其他地区的专用发票还无法进行交叉稽核。因此，金税一期于 1995 年在全国 50 个试点单位上线后，至 1996 年底便停止运行。针对金税一期的问题，国家税务总局又对"金税工程"重新进行了优化设计，推出了"金税二期"。

（二）金税二期

1998 年，金税二期开始启动。"金税二期"的整体思路是，建立基于企业申报信息稽核为主导、以发票信息稽核为辅助的增值税计算机稽核系统，旨在强化以两级稽核为核心的增值税日常稽查管理，以便及时发现和查处不法分子的增值税偷骗行为。金税二期由增值税防伪税控开票子系统、防伪税控认证子系统、增值税稽核子系统、发票协查信息管理子系统四大系统组成，并于 2001 年 7 月 1

日在全国全面开通。

（三）金税三期

金税三期于 2016 年 10 月完成了全国全面上线。金税三期包括"一个平台，两级处理，三个覆盖，四个系统"，即基于统一规范的应用系统平台；依托计算机网络，在总局和省局两级集中处理信息；覆盖所有税种，国税、地税局的所有工作环节；设置征管业务、行政管理、外部信息、决策支持四大系统。

金税三期不仅标志着国家税收管理系统的一次重大进步，而且是税收征管改革进程中的必要环节，税收征管改革的转型从金税三期中可见一斑。

第一是管理环节的后置。随着简政放权大潮，税务机关对前置的审批项目正在大面积地缩减，取而代之的是后置环节的后续管理与风险控制，金税三期中特别为风险控制开发了相应的决策系统，助力税收征管事后发力。

第二是专业化管理的转型。由于管理对象体量的逐年壮大，传统的税收管理员单点方式已难以应对，推进专业化链条管理有利于在有限征管力量的前提下提升管理的效率，降低管理风险，此次金税三期基本统一了全国涉税管理事项流程，既提升了扣缴义务人和纳税人的办税体验，也为专业化管理奠定了有力的信息系统基石。

第三是数据化管理的推进。在信息网络的大潮下，征管改革的重点也逐步由凭证管理转向数据管理，逐步朝向信息化、数据化、网络化的方向不断推进。金税三期的上线不仅为数据化管理的标准、处理、应用打下了坚实的基础，也为未来的全数据化征管开展了有益的尝试。

（四）金税四期

2020 年 10 月，"十四五"规划明确提出了数字化的发展方向：迎接数字时代，激活数据要素潜能，推进网络强国建设，加快建设数字经济、数字社会、数字政府，以数字化转型整体驱动生产方式、生活方式和治理方式变革。其中，二十一章提到建立现代财税金融体制，完善现代税收制度。金税四期就是在这种背景下诞生的。

2020 年 11 月，政府发布采购意向公告，准备启动金税四期。金税四期是实现税务总局决策指挥端的指挥台以及相关配套功能系统的总称。主要部署于税务局的内网，实现对业务更全面的监控，同时搭建了各部委、人民银行以及银行等参与机构之间信息共享和核查的通道。

金税四期主体功能有"全电发票""视频指挥台""重大事项""重要日程"四大项，同时保留接口提供功能扩展能力。

对比于金税三期，金税四期不再仅是税务方面，将"非税"业务一起纳入，在整体业务层面上进行更全面的监控；同时，各部委、人民银行及部分商业银行等共同参与，搭建与各机构之间信息共享和核查的通道；另外，不仅企业和法人的信息能实施调取，更能实现企业相关人员手机号码、企业纳税信息状态、企业登记注册信息核查这些功能。

简而言之，"金税四期"的推进将会使得现代化税收征管系统更加强大，实现"税费"全数据、全业务、全流程的"云化"打通，为智能办税、智慧监管提供条件和基础，实现"以票控税"向"以数治税"的转变。

[案例拓展]

金税工程的起源

金税工程，是国家的"十二金"工程之一。"十二金"工程是指 2002 年《国家信息化领导小组关于我国电子政务建设的指导意义》中提出的十二个重要业务系统建设。包括金财工程、金农工程、金盾工程、金保工程、金税工程、金关工程、金水工程、金质工程、金审工程、金卡工程、金贸工程、金企工程。其中，金税工程是吸收国际先进经验，运用高科技手段结合我国增值税管理实际设计的高科技管理系统。该系统由一个网络、四个子系统构成。一个网络是指国家税务总局与省、地、县税务局四级计算机网络；四个子系统是指增值税防伪税控开票子系统、防伪税控认证子系统、增值税稽核子系统和发票协查子系统。金税工程实际上就是利用覆盖全国税务机关的计算机网络对增值税专用发票和企业增值税纳税状况进行严密监控的一个体系。

资料来源：[1] 张昕楠. 十二金　推动电子政务辉煌 [J]. 软件世界，2006（16）：16.

[2] 王长林. 金税工程二十年：实践、影响和启示 [J]. 电子政务，2015（6）：104 - 110.

[3] "金税工程"建设实施 [J]. 中国税务，2019（10）：36.

[4] 张敏翔，张来生. 财税数字化 [M]. 北京：经济科学出版社，2022.

第四节　大数据时代税收管理的现状和挑战

自 2015 年国家税务总局提出《"互联网 + 税务"行动计划》以来，互联网技术在税务领域得到了更加广泛深入的应用。特别是随着营改增的全面推进以及商事登记制度的深化改革，纳税人数量呈井喷式增长，产生了越来越多的涉税数据，税收大数据时代已经到来。海量的涉税数据对当前税收管理思维、技术手段、法律体系等均产生了较大的影响，既带来机遇又面临挑战。建立国家税收大数据库，统筹规划税收数据资源，推动数据共享开放，强化大数据分析应用，将是我国税收管理的发展方向和核心内容，也是"互联网 + 税务"的必然选择。

抓住机遇，采取适应大数据时代要求的税收管理办法，必将实现涉税数据的价值红利，同时，也有利于防范税收风险，提升税收管理效率，促进税收管理从"以票控税"向"信息管税"转变，有效推进国家税收治理的现代化。

"十四五"规划提出加快数字化发展，建设数字中国的篇章，其中提高政府数字建设水平，将数字技术广泛应用于政府管理服务，推动政府治理流程再造和模式优化，不断提高决策科学性和服务效率是数字化建设的一个重要构成部分。2021年发布的《关于进一步深化税收征管改革的意见》中对于税务数字化建设方向有了明确指示，提出全面推进税收征管数字化升级和智能化改造。加快推进智慧税务建设，2025年实现税务执法、服务、监管与大数据智能化应用深度融合、高效联动、全面升级；稳步实施发票电子化改革，2025年基本实现发票全领域、全环节、全要素电子化，着力降低制度性交易成本；深化税收大数据共享应用，2025年建成税务部门与相关部门常态化、制度化数据共享协调机制。

一、大数据时代税收管理的机遇分析

(一) 大数据将加快推进"智能税务"和"智慧税务"的发展

目前，"互联网＋税务"主要体现在"电子税务局"的建设层面，税收业务基本通过网上办理。例如，国家税务总局苏州市税务局实施"掌上税务"，纳税人办理各种涉税事宜，可以通过手机实时在线办理；国家税务总局深圳市税务局推出了"电子税务局"，涵盖域名共享、身份互认、业务互通、一网通办等多种亮点特色服务；国家税务总局湖南省税务局大力推行"互联网＋政务"，推广普及自助办税终端、完善网上纳税人学堂、推出智能税务 App 等，最大限度为纳税人提供便利服务。然而，这只是"互联网＋"背景下税收管理的初级阶段。下一步，随着大数据时代的到来，可依托互联网技术，对海量涉税数据进行分析处理，挖掘数据的有用价值，找出数据之间的关联性，形成关系驱动下的动态可视化管理策略，加快我国税务向"智能税务"和"智慧税务"方向发展。

(二) 大数据利于搭建数据仓库平台，唤醒"沉睡"涉税数据

数据仓库是为支持决策而设立的数据集合，属于数据库应用的高级阶段。一些税收征管手段先进和信息化较强的发达国家的税务部门很早就将纳税人的税务登记、纳税申报表、缴款记录等信息存放于数据仓库中，以备分析之需。例如，意大利就建有数据处理中心，拥有较为完善的税收信息管理系统（italy tax information system，ITIS），将各种海量涉税资料集中存放，为地区、部门和系统之间的信息决策提供了强大支持；美国于1960年开始了税收信息化建设，国内收入局成立了研究分析和统计司（research analysis and statistics division，RAS），负责联邦税务系统涉税数据的收集、研究、分析和统计，为决策提供参考建议。我国

的税收信息化起步较晚，长期以来，税收管理工作更多依赖"人盯户，票管税"，涉税数据始终未能成为税收管理的主要资源而被有效利用。虽然我国的"金税工程"建设为税务部门积累了大量的涉税数据，但受税收征管体制不完善、数据采集标准不规范、数据采集和应用技术较为落后等因素的制约，迄今为止，大量涉税信息仍游离于税务机关的掌控之外，数据之间口径不统一、数据独立存储、大量涉税数据仍处于碎片式分布和"沉睡"状态等问题仍较为突出。因此，随着大数据时代的到来，税务机关可搭建数据仓库平台，运用先进的技术手段，唤醒"沉睡"涉税数据，将"静态数据"变为"动态信息"，为涉税数据的进一步分析处理提供支撑。

（三）大数据将加速构建 Fenix 平台，科学制定风险管理策略

税收风险管理的核心工作是通过提供纳税服务和加强税收执法来进行，两者都迫切需要数据支撑，都离不开对涉税信息的完整把控。然而，2018 年国税地税机构合并以前，我国自分税制以来形成的各自为政的征管系统严重阻碍了涉税信息的共享，税收征管系统内部以及各相关部门之间的数据分析平台尚未有效建成。目前，除了增值税专用发票形成数据共享以外，其他涉税数据均不能有效共享，产生诸多涉税数据孤岛，大部分涉税数据未能及时得到整合以及深度开发利用，使用效率偏低，不利于税收风险的防范和管控。随着互联网的日益发展和大数据时代的到来，各组织和部门之间的边界将逐步被弱化，外部数据的来源会愈加丰富，有利于大数据分析平台和涉税数据共享交换机制的建立，真正实现税务、海关、工商、银行、公安等部门之间，乃至淘宝、京东等第三方涉税信息部门之间高效的数据交换和共享，以便税务部门更高质量地搜集和整理涉税数据，更有效地对涉税信息进行分析和处理，更直观地了解纳税人的生产经营情况和税负变化，从而有利于税务部门深度挖掘涉税信息的价值，获取税收风险点，评估其风险等级，科学制定税收风险管理策略，更好地监控重点税源，有效杜绝偷逃税行为，减少税收流失。

二、大数据时代税收管理的挑战

（一）管理思维有待转变

"互联网＋"、大数据是近几年才出现的新词，许多税务人员由于受长期业务模式的影响，仍停留在较为传统的线下服务管理思维中。一是在具体组织征税活动时，只简单地将计算机网络视为操作工具，用其进行一些单据的互传与申报。二是涉税数据来源渠道较为单一，一般只从纳税人的自行申报、税务机关的日常管理和重点稽查当中获得，很少主动向第三方索取涉税数据，所搜集的涉税数据呈碎片化状态。三是涉税数据采集方式比较落后，在相当长一段时间内主要采用存储介质到相关部门提取，无法满足大数据时代税收管理效率的要求，大大

降低了数据的质量。四是长期以来对纳税人"重管理、轻服务""重义务、轻权利"的思维导向也与"互联网＋"、大数据时代不相吻合，有待转变。

（二）技术手段有待加强

1. 传统数据存储方式难以满足海量涉税数据的需要

金税三期上线后，税收征管数据在税务总局和省局两级数据处理中心集中处理，为大数据在税收领域的应用提供了可能，也预示着税收大数据时代的到来。传统关系型数据库系统逻辑非常复杂，一旦存储文件布置不合理，在面对海量、多样、访问量大、时效性强的涉税数据时，其诸多不足之处便会暴露，例如，对爆炸式增长的存储文件难以有效管理，对海量数据文件读写处理存在磁盘性能瓶颈，集中式存储的架构扩展成本代价高等。不但如此，传统关系型数据库一般适用于储存结构性数据，而绝大多数涉税数据是非结构化数据，存在一定的时效性，在存储方式上对数据库有更高的要求。

2. 传统的数据库技术对海量涉税数据处理能力不足

传统的数据库技术，如分区表技术和物化视图技术等，虽然存在数据查询效率较高、处理速度较快等优点，但这些技术在海量数据处理能力方面仍存在不足。具体表现在进行筛选处理时，传统数据库的单一磁盘读取影响了海量数据大量输入输出操作的效率，存在计算机资源整合瓶颈，无法提升查询性能，于是不可避免地要做大量的数据关联，这对数据库服务器的 I/O 系统、磁盘以及 CPU 单元均是较大的考验。

3. 大数据应用分析平台有待完善

在"互联网＋"背景下，数据已然成为核心资源，如何深挖数据的价值，其核心手段是分析。传统的数据分析手段一般是利用人工筛选各类数据，将数据转换为各类分析、统计报表，分析形式流于表面，关联性不足，很大程度依赖于分析人员的个人经验与业务水平，决策结果主观性较大，缺乏科学性。尽管现阶段各地税务机关已经搭建了许多涉税数据综合分析平台，但仍局限于部分数据的纵向对比，并未深挖成因、追根溯源，分析模式单一，分析自动化程度不高，结果依然不够准确。

（三）相关法律法规有待完善

现行税收管理办法是基于传统的产业、产品及交易模式制定的，而"互联网＋"给市场经济带来了各种新兴业态、新型交易手段及产品供给方式，这显然会造成税收相关管理办法的缺位，产生税收管理盲区。例如，电子发票和电子缴税法律制度的缺失，使电子商务尤其是跨境电商等业务长期游离于税收监管之外。在"互联网＋"背景下，必然要求扩大信息和数据的共享范围，虽然现行《中华人民共和国税收征收管理法》（以下简称《税收征管法》）也明确要求政府部门应信息共享，但由于缺乏具体的实施办法，各部门对数据共享的积极性并不高，这不仅影响了税务部门数据采集的质量，而且增加了税务人员的执法风险。

（四）安全环境有待打造

互联网和大数据是双刃剑。利用互联网技术，挖掘大数据价值，对提高税收管理效率、防范税收风险具有重要意义，但也存在网络安全隐患。税务机关通过互联网技术搜集到的涉税数据，一般会涉及纳税人的商业秘密、个人隐私、会计账务、资金流水等，虽然目前对税务机关内外网进行了人工隔离，但计算机病毒和黑客无处不在，不能保证涉税数据存储环境的绝对安全。一旦这些涉税数据遭受病毒、黑客的冲击就会被泄露或删除，给纳税人造成不可估量的经济损失。而且，我国尚未构建完善的数据保护制度体系，网络密码管理和政府信息系统管理制度不健全，难以保障网络信息安全。在电子数据保密制度中，没有明确征纳双方的权利、义务和责任，作为数据提供方，纳税人就不可避免地承担着被黑客袭击和隐私被泄露等风险。不仅如此，信息化基础建设的不完善，如信息中心设施建设不规范，消防、防雷、防震等设施不齐全，供电设备不稳定等，都会成为数据的安全隐患。

（五）技术人员有待培养

"互联网＋"背景下，由于纳税人的经营业务不断拓展，经营方式不断创新，导致税源在部门、行业和地区之间相互渗透，涉税业务日益复杂，涉税数据逐渐增加。这都对税务人员的业务素质提出了更高的要求，税务人员不仅要熟悉税收、财务等业务知识，而且要掌握计算机网络技术。然而，由于年龄、专业和思维的限制，目前，税务系统中掌握税务专业知识的人不熟悉互联网技术或对计算机业务操作不熟练、精通网络技术的人员不了解涉税专业知识的情况很普遍，两者兼而有之的人才少之又少。在这样的人员结构下，面对"互联网＋"和大数据时代的到来，税务系统高精尖复合型人才的培养尤为迫切。

三、大数据时代税收管理的举措

（一）转变税收管理思维方式

1. 要有互联网的管理思维

税务机关各级领导干部，应提高认识，从传统的小数思维中解放出来，高度重视税收大数据在转变税收管理方式、提高税收现代化水平上的重要作用，学会用互联网思维来开展税收工作，提高管理决策的科学性。对于税务人员而言，并非仅限于税务工作线上化，也要运用互联网思维改造传统业务流程，依靠云计算、人工智能等先进技术，转变传统操作理念和操作模式，努力提高政策执行的精准性。

2. 要有开放共享、团结协作的管理思维

在"互联网＋"和大数据背景下，开放意味着打破原有的思维定式，意味着分享和资源的有效整合。税务机关获取涉税数据的渠道将不断拓宽，不再局限于纳税人的自行申报以及税务机关的日常管理和重点稽查，所有征纳双方之外的企业事业单位和其他法人团体都可以成为涉税数据的来源渠道。这需要税务部门与社会多部门进行协同合作，数据互换共享，实现真正意义的由"以票管税"向"信息管税"转变。

3. 要有对纳税人参与度高度重视的管理思维

在"互联网＋"背景下，税务机关与纳税人应建立密切联系，并通过纳税人的反馈，不断推动税收工作的创新与进步。税务机关要在进一步深化"放管服"改革、优化营商环境的基础上，为纳税人提供更加优质、便捷的服务，增强纳税人在纳税过程中的获得感，提高其纳税遵从度。

（二）升级涉税数据管理技术

1. 实行分布式文件系统存储管理，提高涉税数据存储能力

分布式文件系统（HDFS），是通过网络与并行技术，构建一个完整的虚拟存储设备，将数据文件以数据块大小进行分割整理，再通过哈希算法与数据流相结合的方式散列在存储区域的每个存储节点之中，对外提供统一数据访问接口的数据存储系统。HDFS避免了大吞吐量的读、写操作，更能满足大数据的存储需求。因此，大数据时代，实行集中式向HDFS分布式存储方式的转变，可以更高效地对涉税数据进行存储和读取，对磁盘阵列的操作也不再局限于某一个热点区域，可有效减少税收数据文件移动时造成的输入、输出性能瓶颈。同时，HDFS易于扩展，当HDFS进行水平伸缩扩展时，只需增加可以部署在廉价硬件上的数据节点（datanode），便可大大降低扩展成本。以纳税人申报表的存储为例，可有两种不同的数据存储方式。如图1-1所示，在分布式存储模式下，当要读取纳税人申报表信息时，HDFS通过名称节点（namenode）调动一组datanode协同工作，查询配置文件找到申报表对应的存储节点，针对所有存储节点的数据文件（dataflies），datanode并发获取数据块（block），并把获得的所有数据块进行数据合并，从而获得整张纳税人申报信息表，然后返回给客户端。这种并发获取数据的方式相对传统技术显得更加简单高效。

2. 运用分布式计算技术（mapreduce），提高涉税数据处理能力

mapreduce，也称为"映射/归约并行编程模型"，是一种应用于大规模数据集（大于1TB）的并行运算技术模型，它借助映射（map）和归约（reduce）两个函数编程实现基本的并行计算任务，主要解决在大数据中如何提高数据处理性能和效率的问题。mapreduce模型最基本的处理思想是"分而治之，然后归约"，即把所有具有相同性质的数据归为一类，将分类后的数据进行切割并切割得足够

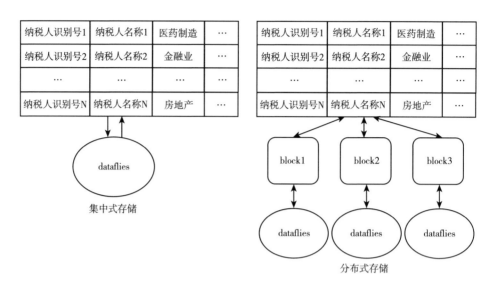

图 1-1 集中式、分布式存储转变示意图

小，然后进行处理，最后再汇总所有处理结果。其中，map 函数的工作是对数据进行分类切割，reduce 函数则负责对分组后的数据进行汇总处理。如图 1-2 所示，以近十年全国各省份行业纳税人企业所得税年报情况统计结果为例，分成输入、map、reduce 和输出四个阶段进行数据统计处理。首先，将需要统计的省、市，统计年份，纳税人行业等参数输入系统。其次，把统计任务根据行业、区域等分解成多个子任务，即把全国纳税人信息分割成各省份纳税人信息，再把各省份纳税人信息分割成各市纳税人信息，在各市纳税人信息基础上又可以按年份或按行业进行分割。数据切割后经过 map 并行处理，遍历所有纳税人信息数据，求出某省、某市、某行业、某年份的企业所得税申报信息。最后，通过 reduce 将每个 map 阶段产生的企业所得税申报信息进行汇总，得出全国各省、各市、各行业企业所得税的年报记录，并转化为简单明了的纳税申报表。

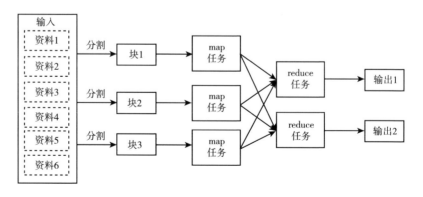

图 1-2 mapreduce 处理流程

mapreduce 是一种简单、高效、稳定的并行处理应用，同时，mapreduce 的冗余并行处理机制具有高度的可扩展性和可靠性，这让其在大数据处理方面获得广泛应用。因此，利用 mapreduce 模型，将涉税数据从金税三期数据仓库转移到 Hadoop 架构中进行分布式计算处理，可极大地提高涉税数据处理的能力和效率。

3. 运用人工智能技术，有效提高涉税数据分析应用能力

人工智能（artificia intelligence，AI）是一种研究如何应用计算机的软硬件来模拟人类某些智能行为的基本理论、方法和技术，实质是通过训练海量数据和模拟人脑构建学习模型来挖掘数据更有用的特征，进而实现数据的准确分类或预测。人工智能技术模型主要应用于互联网背景下各种预测领域，有较高的预测精度和较强的实用性。以税收大数据为基础，以 Hadoop 分布式架构为体系，结合人工智能技术可以搭建一个涉税数据智能分析应用平台，如图 1 - 3 所示，实现数据的组织、加工、计算、输出等过程的全自动化，促进税收管理从信息化到智能化的转变。一是税收决策智能化。目前，税务人员一般要查阅各种统计分析报表和建立各种预测模型开展对大数据的分析，过程非常复杂。税收智能数据分析平台一旦建成，凭借电脑在大数据记忆、计算、分析等方面存在的巨大优势，其替代人脑直接进行税收决策并非天方夜谭，税务人员只需描述自己的需求，系统就会自动分析得出决策依据和建议。二是涉税办理自动化。税收智能数据分析平台会根据纳税人的收入、支出、消费、资产、信用等信息自动计算出纳税人的应纳税账单，并自动推送给纳税人，在纳税人确认后，缴税系统可自动实现税款征收。

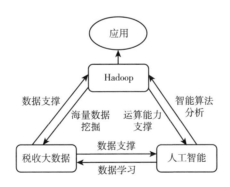

图 1 - 3　人工智能技术应用模型

（三）完善税收相关法律制度

应从国家层面进行顶层设计，完善相关法律制度，强化法治保障。第一，完善电子政务方面的法律法规，对电子身份的认证方式、内容以及法律责任等进行明确，以满足互联网时代税收管理模式的需要。第二，完善政府信息公开及信息保护等法律法规，对纳税人的知情权、隐私权、知识产权等相关权益进一步明确，对税务机关的数据控制以及数据使用行为加强规范，增加网络密码管理、政

府信息系统管理等内容，进一步明确涉税数据安全管理标准、具体实施办法以及相应的惩戒措施，有效落实信息共享制度，确立第三方信息报送义务，保障涉税数据的有效流动。第三，积极推动《税收征管法》的修订，以适应"互联网＋"背景下产生的新型经营主体、范围和交易模式的需要。例如，完善电子发票的法律制度，明确其管理标准和具体的实施规则；完善电子缴税法律制度，加强第三方支付以及网络银行的系统管理。

（四）打造涉税数据安保体系

在实际税收管理工作中，应构建起一个税收大数据安全保障系统。一是采取数字签名、虚拟专用网络（VPN）等安全技术对纳税人的各类信息进行加密处理，提升信息安全程度。二是在不违背税务系统网络与信息安全管理制度的前提下，与专业机构合作，共同维护建设税务安全系统和监控系统，并及时更新木马病毒库。在日常办公过程中要求税务人员严格按照网络操作规范进行操作，隔离内外网，注重系统的定期维护与检查。在硬件采购上，应选用技术能力过硬、有良好声誉的厂商，从根源上减少安全隐患。同时，还要加大财政资金的投入，支持网络基础设施建设和网络安全软件的开发等。

（五）培养专业信息技术人才

做好税收数据管理工作，离不开专业信息技术人才。税务系统应重视对专业信息技术人才的培养，逐步组建涉税大数据分析应用技术团队。一是创新人才引进机制，通过公务员招录，吸引一批互联网技术人才，充实到税收数据管理工作中，为系统的开发、运营和维护提供技术支持。二是加强内部技术人员的培训。随着大数据、人工智能等技术在税收领域的广泛运用，税务人员作为信息管税的直接操盘手，必须加强现代信息技术学习，努力成为"懂财税知识、懂电脑使用、懂数据分析"的复合型税收人才。为此，应定期对相关税务人员开展培训，使之能够熟练操作数据软件，掌握涉税风险数据分析模型及分析方法。

［案例拓展］

"大数据"成为郑州税务部门对于新兴业态税收征管的重要手段

2021年10月，河南省郑州市金水区税务局通过"自然人电子税务局"平台对汇缴欠税数据的例行监测，金水区税务局税政二股在系统内查询到，文化路税务分局有一笔2020年汇算清缴的大额欠税存疑团。二股的工作人员在第一时间与文化路税务分局进行沟通，了解这笔税款的来龙去脉。接到这一信息后，文化路税务分局的税务人员立即着手了解情况。户籍管理员多次与纳税人联系，但纳税人一直不接电话，随后工作人员又联系其任职单位，向企业了解该笔大额申报情况。单位财务人员说该纳税人为一名网络主播，已离职前往北京。经过税务人员对相关税收政策的宣讲，这家企业财务人员表示尽快通知到这名网红，积极配合做好追征工作。随后，这名纳税人和文化路税务分局取得了联系，当即表态服从税收管理，清缴税款。但是由于本人在北京，受银行限额的规定，税款不能一次性缴纳，需要逐日分批支付，这名纳税人分 15 笔结清了税款，共补交税款634.66 万元，滞纳金 27.78 万元，合计 662.44 万元。

资料来源：中国商报网，https：//legal. zgswcn. com/article/202110/202110190933351022. html。

本章小结

税乃国之根本，民乃国之根基。税收与国民经济发展密不可分，我国通过税制演变逐渐构建了中国特色社会主义现代税收制度，税制进一步简化、规范，税负更加公平并有所减轻，促进经济持续稳步增长。中国经济的双重转型具有独一无二的特征，因而作为经济改革重要组成部分的中国税制改革与其他国家的税制改革相比也具有其自身特殊性。中国税制已经从计划型税制体系逐步转向了市场型税制体系，但是距离与国家治理现代化相匹配的现代税收制度还存在不少差距。因此，税制改革目标和重点将由"建立与社会主义市场经济体制相适应的税收制度基本框架"向"建立与国家治理体系和治理能力现代化相匹配的现代税收制度"的方向转变，以适应社会主义经济的发展所需。

练习题

1. 简述我国税制体系如何变革。
2. 简述我国税制改革的逻辑和特征。
3. 简述大数据时代税收征管的机遇与挑战。

第二章 金税工程及金税一期

学习目标

1. 了解金税工程信息、金税一期发展过程。
2. 理解金税工程的进展状况、有待完善的地方。
3. 掌握金税工程的工程背景、框架。

【导入案例】

金税工程是什么？

金税工程是由国家税务总局发起的一个全国性的税收管理软件升级解决方案。主要目的是实现税务信息系统的统一改造，实现税务系统多元化建设，推行现代税收管理模式，控制税收风险，提高收入筹集效率，实现税收管理的集成，提高税收管理信息化水平，为改善经济社会发展作出贡献。

金税工程的实施范围包括：财务管理系统的统一改造，统一的税务档案管理，统一的税务发放管理，统一的税务统计分析系统，统一的税务报表管理系统，统一的税务审计系统，统一的税务电子报表系统，统一的税务综合监管系统，统一的税务信息集成系统等。

金税工程实施后，可以提高税务管理的信息化水平、增强对税务管理的控制力度和效率，以提高收入税率，实现与国家经济发展的紧密结合。

金税工程的拓展知识：近年来，我国税务部门极大地加强了税务管理，采取了一系列的措施，其中，金税工程占据突出的地位，随着技术的不断发展和变革，金税工程也不断更新完善，提高了税务管理的效率和质量，为全国经济社会发展作出了重要贡献。

资料来源：［1］何丹. 我国金税工程发展探析［J］. 法制博览，2015（22）：199－200.

［2］巴埃秀. 对完善我国金税工程的思考［J］. 内蒙古科技与经济，2013（11）：8－11.

第一节　金税工程

中国自 1993 年底开始建立以增值税为主体的流转税制。随后，以加强增值税发票管理为主的金税工程开始在辽宁鞍山、江苏镇江和广东珠海试点。现已基本形成了覆盖全国所有增值税一般纳税人和部分小规模纳税人的国家税务信息系统。金税工程的成功实施，既有效地遏制了犯罪分子利用增值税专用发票进行偷逃税的违法活动，又有力地保障了国家的税源。例如，稽核有问题专用发票比例从 2001 年的 8.51% 下降到 2005 年的 0.033%；增值税征收率由 2000 年的 52.60% 提高到 2007 年的 83.83%。同时，为金税工程开发的增值税防伪税控系统及其配套软件被企业广泛采用，直接推动了企业的信息化建设和管理水平。政府以服务外包的方式建立的为金税工程服务的庞大技术支持体系也提高了对纳税人的服务质量。

金税工程从 1994 年开始至今已经实施了 30 多年，它是经国务院批准的国家级电子政务工程之一，目的是构建覆盖全国的、统一的税收管理信息系统。通过吸收国际先进经验，运用高科技手段结合我国增值税管理实际设计的高科技管理系统。该系统由国家税务总局与省、地、县级税务局四级计算机网络，以及增值税防伪税控开票子系统、防伪税控认证子系统、增值税稽核子系统和发票协查子系统构成。金税工程实际上就是利用覆盖全国税务机关的计算机网络对增值税专用发票和企业增值税纳税状况进行严密监控的一个体系。它被视为中国电子政务实施的典型代表，是目前较为成熟和完善的政府信息化工程。特别是其通过服务外包的方式来推动税务信息化建设，成为一种典型的政府公共服务外包，这与目前政府大力提倡向社会机构购买公共服务极其吻合。

一、金税工程背景回顾

金税工程总称为中国税收管理信息系统（CTAIS），是国家信息化建设的重点工程（"十二金"工程）之一，它是为加强对增值税开票、认证、交叉稽核和协查的管理，将增值税一般纳税人专用发票的认定、领购、纳税申报、税款缴纳的全过程实现网络运行。金税工程的最终目标是搭建全国统一的税务服务基础技术平台，实现业务数据在国家税务总局和省级税务局的集中处理，覆盖所有税种、国地税务机关和税务征收管理的重要环节，并建立税收业务管理、税务行政管理、外部信息管理、决策支持管理四个决策支持系统的信息化系统工程。从本质上讲，金税工程是以税收征管业务为主体，实现中国税务系统各项管理工作的信息化和专业化。金税工程覆盖全面、功能强大、监控有效、全国联网运行，已成为中国电子政务工程的核心系统之一。

金税工程始于20世纪90年代的流转税制改革。1994年，中国实行以增值税为主体的流转税制度，新税制实施以后，一时还难以对增值税专用发票的使用进行全面有效的监督和管理。一些不法分子趁机伪造、倒卖、盗窃、虚开增值税专用发票。例如，在短短几年内，司法机关就查处了广东鼎湖、浙江金华、河北南宫、广东潮汕、深圳福田、广西钦州、北京海淀等地虚开增值税专用发票的恶性案件，这些案件严重扰乱了国家的税收秩序和经济秩序。对此，国家在打击伪造、倒卖、盗窃发票违法犯罪的同时，还决定利用现代信息技术手段来加强对增值税专用发票的监控和管理。由此，我国成立了跨部门的国家税控系统建设协调领导小组，下设"金税"工程办公室，具体负责组织、协调系统建设工作。1994年3月底，"金税"工程试点工作正式启动。1994年7月，作为金税工程一期的增值税交叉稽核系统在50个大中城市试点。

与此同时，根据国务院领导同志"先试点，后推广"的指示精神，金税工程中的重要环节——增值税防伪税控系统也开始在辽宁鞍山、江苏镇江和广东珠海三市试点。自1996年1月1日起，全国凡是开具百万元版增值税专用发票的企业需要全部安装和运行防伪税控系统。为了建立起一个对增值税专用发票进行监控的全国性的网络，国务院决定从1998年8月开始在全国推行金税二期工程建设。自2000年1月1日起，应国家税务总局要求，全国所有十万元版以上的增值税专用发票全部纳入防伪税控系统的监控。截至2003年7月底，全国大约有140万增值税一般纳税人的增值税专票全部由防伪税控开票子系统开具。自2003年8月1日起，一般纳税人的增值税专用发票全部交由防伪系统开具，手写发票的历史宣告结束，金税二期建设原定目标圆满完成。

2005年，为进一步加强税收信息化建设，保证税收收入持续增长，金税三期建设经国务院批准立项。2008年9月24日，国家发展和改革委员会正式批准金税三期的初步设计方案和中央投资概算，这标志着金税三期正式启动。2013年2月22日，金税三期建设工程的重大阶段性成果开始运行——主要征管应用系统在重庆市的国税、地税系统开始单轨运行。可以说，增值税防伪税控系统是中国"前无古人，后无来者"的创造发明，该系统于2003年获得国家科学技术进步二等奖。目前已经进入到四期阶段。金税四期的启动，是财政政策在"稳增长"和"债务持续性"间选择平衡，在保障财政支出力度的同时，财政纪律和效能也不容忽视，未来，税收数字化将不断加强。

简言之，金税工程是一项中央推行、地方密切配合的税务信息化系统工程，已被看作增值税的生命线，是打击偷骗税的撒手锏，是税务干部队伍廉政建设的重要保障，还有利于提高税收部门工作效率和税收征管质量，加强企业内部管理和提高防范财务风险的能力。金税工程发展历程如图2-1所示，分别经历了金税一期、金税二期、金税三期、金税四期这4个阶段。

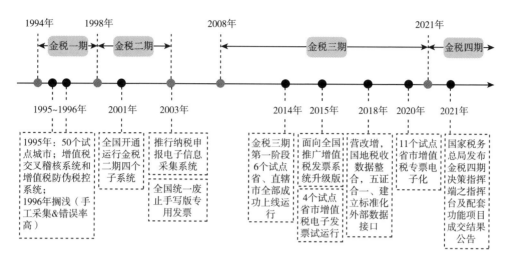

图 2-1　金税工程发展历程

二、金税工程的主体和客体

从金税工程的发展实践来看，政府是防伪税控系统的推广方，负责提供内容服务（如税务资讯、相关法规）；服务代理商（如航天信息股份有限公司）通过政府（如国家税务总局）授权，负责全国防伪税控系统的技术支持和服务，服务代理商还负责系统的开发和设计（如防伪税控系统），并为一般纳税人企业提供技术支持服务。值得强调的是，服务代理商在防伪税控系统的服务过程中扮演着中介和桥梁的作用，它既为企业提供软件和技术支持等服务，又同时负责收集企业对防伪税控的意见和建议，并将其反馈给政府。因此，以增值税防伪税控系统为核心的金税工程涉及的主体（主要参与方）有三个：以各级国税系统为代表的政府，负责防伪税控系统技术支持的服务代理商，以及使用防伪税控系统的一般纳税人企业；金税工程的客体是指增值税防伪税控系统。它们之间的具体关系如图 2-2 所示。

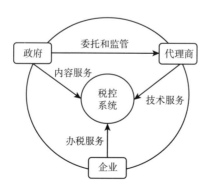

图 2-2　金税工程的主体与客体

三、金税工程框架

早在 20 世纪末，国家就开始重视信息化治理了，其实"金税工程"只不过是《国家信息化领导小组关于我国电子政务建设的指导意见》中提出的十二个重要业务系统建设（其他包括金财工程、金农工程、金盾工程、金保工程、金关工程、金水工程、金质工程、金审工程、金卡工程、金贸工程、金企工程）之一罢了。

金税工程由一个网络、四个子系统构成基本框架。一个网络，就是从国家税务总局到省、地市、县四级统一的计算机主干网；四个系统，就是覆盖全国增值税一般纳税人的增值税防伪税控开票子系统、覆盖全国税务系统的防伪税控认证子系统、增值税交叉稽核子系统，以及发票协查信息管理子系统。四个子系统紧密相连、相互制约，构成了完整的增值税管理监控系统的基本框架。

四、金税工程组成

由一个网络，四个软件系统组成，即覆盖全国国税系统的区县局、地市局、省局到总局的四级广域网络，以及防伪税控开票系统、防伪税控认证系统、计算机稽核系统、发票协查系统〔注：2018 年 6 月 15 日，全国各省（自治区、直辖市）级以及计划单列市国税局、地税局合并且统一挂牌〕。

（一）金税工程网络

税务局系统整体管理呈四级分层结构，即国家税务总局；省、自治区、计划单列市国税局；地市级国税局；区县级国税局。总的看来，国税系统具有机构分布广、层次多的特点。网络设计遵循层次化设计的总体原则，将整个金税网络进行垂直分层（按照管理模式）和水平分割（按照地域），从而将大型网络面临的复杂问题分解到多个层次相对简单的网络中去解决。这样既有利于简化网络的管理，又符合整体业务流程。金税网络在垂直方向按照功能划分成骨干层、分布层、接入层三个层次，在水平方向上按照地域划分成各个省、自治区、计划单列市内部的网络（简称省内网络）。各个省内网络在地位上都是平等的，它们向上连接国家税务总局，内部包括省级国税局、地市级国税局、区县级国税局这四级机构。

（二）金税工程软件系统构成

1. 增值税防伪税控开票子系统

增值税防伪税控开票子系统是运用数字密码和电子信息存储技术，通过强化增值税专用发票的防伪功能，监控企业的销售收入，解决销项发票信息真实性问题的计算机管理系统。这一系统将推行到所有增值税一般纳税人，也就是说，所有的增值税一般纳税人必须通过这一系统开增值税发票。税务机关配套使用的是增值税防伪税控系统金税卡和税控 IC 卡发行、发票发售和认证报税子系统。

2. 防伪税控认证子系统

防伪税控子系统是对增值税一般纳税人申报抵扣的增值税发票抵扣联进行解密还原认证。经过认证无误的，才能作为增值税一般纳税人合法的抵扣凭证。凡是不能通过认证子系统认证的发票抵扣联一律不能抵扣。

3. 增值税交叉稽核子系统

增值税交叉稽核子系统主要进行发票信息的交叉稽核和申报信息的稽核。为了保证发票信息正确性，发票销项信息由防伪税控开票子系统自动生成，并由企业向税务机关进行电子申报；发票进项数据通过税务机关认证子系统自动生成。进项销项发票信息采集完毕后，通过计算机网络将抵扣联和存根联进行清分比对。稽核的方法采取三级交叉稽核，即本地市发票就地交叉稽核，跨地市发票上传省级税务机关交叉稽核，跨省发票上传国税总局进行交叉稽核。之后将在税收规模较大、增值税专用发票流量较多的区县增设稽核系统，实现四级交叉稽核的管理模式。

4. 发票协查信息管理子系统

发票协查信息管理子系统是对有疑问的和已证实虚开的增值税发票案件协查信息，认证子系统和交叉稽核子系统发现有问题的发票，以及协查结果信息，通过税务系统计算机网络逐级传递，国税总局通过这一系统对协查工作实现组织、监控和管理。

（1）2001 年将增值税防伪税控系统推行到所有开具万元以上销售额增值税专用发票企业。自 2002 年 1 月 1 日起，所有增值税一般纳税人必须通过增值税防伪税控系统开具销售额在万元以上的专用发票，同时全国统一废止手写万元版专用发票。自 2002 年 4 月 1 日起，万元版手工发票一律不得作为增值税扣税凭证。

（2）2002 年完成增值税税控系统的全面推行工作。自 2003 年 1 月 1 日起，所有增值税一般纳税人必须通过增值税防伪税控系统开具专用发票，同时全国将统一废止手写版专用发票。自 2003 年 4 月 1 日起，手写版专用发票一律不得作为增值税的扣税凭证。

五、金税工程前期的主要内容

金税工程原由三个紧密衔接的系统组成，这三个系统是：增值税计算机稽核系统、增值税专用发票防伪税控系统和税控收款机系统。

增值税计算机稽核系统是指，在全国区、县以上税务部门，建立四级计算机稽核网络，全面采集纳税人开具的增值税申报及专用发票票面信息，建立增值税专用发票数据库，通过计算机网络进行统计分析和抽样稽核，发现各种利用增值税专用发票进行偷、漏、骗税的案件线索，并通过网络将这些线索传递给与之相关的税务部门进行重点查实。

增值税专用发票防伪税控系统是指，为具有一定规模的增值税纳税人配备防伪税控设备，用其开具增值税专用发票，在打印发票时，对数据进行特定的加密，并将密文（加密结果）打印在发票指定位置；同时在各级税务部门装备认证系统，通过加密的逆运算将发票抵扣联上的密文还原为明文，通过与票面实际填写数据比较，来识别和防止通过各类假票、阴阳票等骗取抵扣税款的行为。

税控收款机系统则主要装备在商业、服务业、娱乐业等行业中适合使用收款机的小规模企业和有一定经营规模及有固定场所的个体工商户，它可以将全部应纳税商业活动数据记录在不可更改的存储器中，便于税务部门检查、管理和监控税源，以减少和防止税收流失。

六、金税工程的主要实践

（一）金税工程的服务体系

国家税务总局在金税工程伊始，就委托中国航天工业总公司（现在由航天信息股份有限公司承担）负责技术推广和维护，逐步形成了"航天信息总公司—省（市）级分、子公司—市（县）级分公司（服务站）"的服务体系，该服务体系基本可以概括为"覆盖范围广、服务单位多、服务成本高、单位性质多样"。截至 2012 年底的状况如下。

（1）服务体系覆盖了全国除港、澳、台以外的所有省、自治区和直辖市，地市级城市覆盖率达 100%，区县级城市覆盖率达 35%。

（2）服务体系共由 221 家独立法人的公司组成，其中包括 36 家省级服务单位、137 家地市级服务单位和 48 家区县级服务单位，共建立有 509 个服务网点。

（3）服务体系现有技术服务人员达 15 000 余人，热线电话达 2 000 余条，服务用车约 1 000 辆，培训教室约 260 个。

（4）服务体系的服务单位既有航天信息自己组建的分公司和子公司，也有其他公司联合组建的公司，还有个体私人公司。其中，航天信息参控股服务单位 81 家，授权服务单位 140 家，二者之比约为 1：1.7。通过国家税务总局授权，航天信息负责全国防伪税控的技术推广和服务，在此基础上形成的服务商代理制度具有以下显著的优点：①政府将金税工程的服务外包给航天信息，这种市场化的服务机制有利于提高服务效率。②航天信息授权省（市）级分、子公司负责当地的服务，并制定了全国统一的服务规范且严格的服务质量考评制度。年末依据各服务单位考评结果进行优胜劣汰，保证了服务体系的健康发展。③各省（市）级服务代理商通过对本地区一般纳税人企业的本地化服务，拉近与客户的距离，提高客户的响应速度，也有利于服务质量的提高。

（二）金税工程的服务模式

金税工程服务模式的变化过程大致经历了三个阶段。第一阶段，1994～2000年，服务代理商主要是派技术人员直接去企业做相关的技术服务，这一阶段以上门技术服务为主。第二阶段，2001～2008年，随着互联网的兴起，越来越多的服务代理商引入了在线服务的方式，这一阶段是上门技术服务与互联网的在线服务方式相结合。第三阶段，2009年至今，传统服务、互联网以及移动服务相结合。金税工程服务模式的变化，一方面与信息技术的发展密切相关；另一方面与航天信息严格的服务考核制度和各级税务机关加大对服务代理商监管的力度密切相关，为不断提高服务质量，各级分、子公司都积极采用不同形式的服务来满足防伪税控客户的需求。本教材将以负责防伪税控服务的中部某省的服务商（以下简称A公司）为例，来说明目前防伪税控服务模式的主要特征。

1. 线下服务模式

线下服务是指借助传统的交流方式（如面对面的交流、电话等）为客户提供的技术支持和服务。A公司为企业提供的线下服务方式主要有以下四种。

（1）系统使用前的技术培训服务。为满足初次安装使用防伪税控系统用户（一般称为"新户"）的服务需求，公司专门设有培训部，培训部每月都会举办免费的培训活动，对用户进行税控系统使用方法的培训和指导。

（2）上门技术支持服务。目前，A公司已经形成了完整的三级服务体系：A公司总部（工程技术服务中心）—市级分公司（18个地市级分公司）—区县级服务站（71个）。公司拥有400多名员工专门为用户提供防伪税控系统的上门技术支持和回访服务。另外，还设有物流中心和维修部负责为企业提供硬件设备的调拨和维修服务。

（3）电话技术支持服务。A公司建有呼叫中心，7×24小时为防伪税控用户提供"400"开头的热线电话技术支持服务；同时还设有监察部，对上门技术支持服务人员和服务中心的热线技术服务人员的服务质量进行抽查，对不合规的行为及时进行纠正。

（4）A公司用户联谊会和专题座谈会。A公司还定期在全省各个地市举办由当地税务局主管业务部门的领导和A公司的领导参加的客户联谊活动和专题座谈会，向用户传达国家税收的最新政策法规，收集客户对A公司和税务局的意见建议，并积极对问题作出回应。面对面和电话等线下服务手段具有及时、可视化、传递的信息丰富等特点，能够很好地拉近与客户的距离，这对形成良好的客户关系、提高客户满意度具有积极作用。

2. 线上服务模式

线上服务是利用互联网等新兴技术手段为客户提供的技术支持和服务。为改善服务质量，A公司还利用互联网等现代技术为用户提供在线技术支持和服务，特别是A公司网的开通，为在线技术支持和服务提供了平台。目前，A公司提供的线上服务主要有以下六种。

（1）在线业务办理。A公司的在线服务一直坚持"凡是能搬上网络的业务都要最终通过在线的方式来解决"的基本思路，他们将培训申请、税控机等硬件购买、防伪税控软件的安装申请、在线培训的课件、网上报税等业务全都搬到A公司网上，有效地降低了客户的业务办理成本，赢得了客户的好评。

（2）在线技术支持。即时通信工具为客户提供服务时具有快速、高效、成本低的特点。A公司研发设计了自己的即时通信工具，并有技术人员专门负责在线解答客户的技术问题。同时，A公司网还提供税务相关信息查询服务，为客户提供最新的税务资讯。

（3）在线服务监督。为保证服务质量，及时对服务人员的不规范行为进行纠正。A公司网设有员工服务满意度评价专栏，让客户对上门技术服务人员和电话热线服务人员的服务行为进行评价。同时，设有总经理信箱，接受客户的意见反馈和建议。

（4）在线访谈和在线调查。A公司还不定期举办在线访谈，由总经理和公司高管参加，对最新的税收政策进行解读，对客户关心的问题进行解答。同时，还进行有奖在线调查，收集客户的意见和建议，为改善服务提供依据。

（5）虚拟社区服务。为给全省的防伪税控用户提供一个交流互动的平台，A公司在其网站上设有税务服务论坛。该论坛有业务模块、咨询模块和娱乐模块，供广大客户分享和交流经验，共同学习和提高。

（6）移动技术支持服务。为顺应移动技术的发展，A公司又开发了相应的移动技术产品来提高在线服务质量。例如，掌上办税大厅、移动信息服务平台、掌上12366网站和相应业务模块的手机客户端应用。线上服务快速、便捷、随时随地和全天候不间断的特点，对降低客户业务处理成本、改善服务质量具有积极作用。

（三）金税工程双重监管制度

早期税务系统犹如一个大金字塔，其结构是"国家税务总局—省市（县）级税务局—税务所"，最底层的税务机关具有很大的权力，特别是税务专管员。一个税务专管员通常负责若干家企业，企业的纳税申报需要通过税务专管员的签字认定。因此，要控制税源，就必须改变单纯由税务专管员签字认定的模式，需要把每一个税务干部的自由裁量权缩小，甚至消除。否则，技术的先进性会因为人为因素的干扰而制约其发挥控制作用的空间。为此，国家税务总局在防伪税控技术和业务上都作了大量的调整。例如，在企业报税层面，一方面，通过流程管理来取代原先的税务专管员制度，每个流程均需要交叉授权；另一方面，将一部分业务交由上级税务机关处理。国家税务总局通过削减具体工作人员的税收自由裁量权，有利于防伪税控技术真正发挥监控税源的作用。专管员自由裁量权的降低，减弱了在确定企业纳税额过程中税务专管员的干扰作用，这就确保了企业在纳税额分配上的公平性，有利于保障企业的纳税权益，为营造公平纳税的社会环境提供了可能。从系统功能上划分，防伪税控系统分为企业客户端和税务局客户端，企业客户端用于企业开具增值税专用发票，税务局客户端用于税务机关对企业开票的制约和监管，如图 2－3 所示。

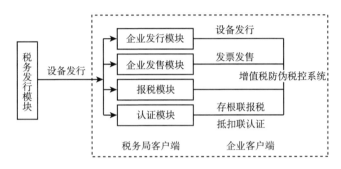

图 2－3　防伪税控系统的功能结构

为确保程序公平，金税工程在设计防伪税控系统时，在规范征纳行为、监督税务工作人员和企业纳税行为方面进行了一系列创新性的设计。金税工程在设计时遵循以下四条原则。

（1）为把一部分执法权从基层收到县、市、省和总局，金税工程在税局架构上只设"国家—省—市—县"4 级网络，不设税务所。

（2）金税工程按流程设计，纳税人和基层税务人员的征纳行为由专人负责并备案，并且每个环节都要交叉授权。

（3）纳税人和基层税务人员的征纳行为在防伪税控系统中均有记录，并且这些记录不能随意更改或删除。

（4）上级税务机关可以直接监控纳税人和基层税务人员的征纳行为，而且能在全国范围内核查和比对。

七、金税工程的影响

（一）有效地遏制了偷税与漏税

金税工程利用信息网络技术实现了全国税务系统之间的互联互通、信息共享，并对各税种和各环节实行监控与管理。国家税务总局的统计分析表明，这一工程有效提高了税务机关防范和打击虚开增值税专用发票案件的能力，犯罪分子的活动空间越来越小。例如，在金税工程的二期建设过程中，国家税务总局对2001年由总局稽查局督办的57起虚开增值税发票案进行了分析，结果表明，金税工程全面开通之后，案件数量明显减少，虚开发票的作案周期越来越短，虚开增值税发票企业骗抵税款的手段受到了有效的限制，单份发票涉及金额大幅降低。在作案企业中，商贸企业所占比重越来越大。金税工程的成功实施，既有效地遏制了犯罪分子利用增值税专用发票进行偷逃税的违法活动，又有力地保障了国家的税源。

（二）提高了纳税人的服务质量

服务代理商的服务方式可以分为线下服务（上门技术服务、技术培训会、电话服务、座谈会、联谊会等）和线上服务（在线业务办理与技术支持、在线访谈和服务调查、虚拟社区、移动服务等）两种。面对面和电话等线下服务手段很好地拉近了与客户的距离，有利于形成和保持良好的客户关系、提高客户满意度。线上服务有利于降低客户业务处理成本、改善服务质量和提高客户满意度。

（三）营造了公平的纳税环境

防伪税控系统通过流程管理取代原先的税务专管员制度来提高程序公平；通过削减税务工作人员的税收自由裁量权来提高分配公平；通过网上申报减少企业与税务机关工作人员接触的机会来提高人际公平。也就是说，防伪税控系统通过规范税务管理人员的执法行为，减少税务执法人员的自由裁量权，减少了税务机关工作人员的腐败和徇私舞弊，为营造一种公平的纳税环境提供了保障。这在具有浓厚"关系"文化的背景中显得尤为重要，因为它能有效地降低因"关系"强弱而导致的业务办理难易程度的差异。研究表明，组织中员工感知到的公平性越强，其对组织的满意度就越高。从这个意义上说，企业对金税工程提供的相关服务的公平性感知越强，其对政府的满意度也可能越高。

八、金税工程的经验

（一）分步实施，重点突破

在信息系统建设过程中，分步实施战略又称为渐进性实施战略。在实施信息化的过程中，之所以需要采用分步实施战略，是因为分步实施能把投资风险降到最低，有利于积累经验、培养人才和树立团队信心，从而形成良性循环。金税工程的实施过程整体分为三期建设，一期重点是开发增值税专用发票管理系统，二期重点是实施金税工程的四个子系统，三期主要目标是构建全面的税收管理系统。通过分步实施、重点突破，有利于集中优势和资源，先解决最重要的环节，保证了金税工程系统建设的顺利实施。

（二）技术与业务相结合

技术与业务相结合是实施信息化的基本原则。信息技术从本质上讲是一种手段，使用技术的根本目的是促进业务的发展。实施金税工程的主要目的就是控制税源，防止偷税漏税。金税工程在实施过程中，除了建立相应的技术系统（如增值税防伪税控系统）外，也伴随着一系列的税收管理体制的变革。例如，在税收征管体制上，取消税务所的执法权；在业务流程上，实行交叉授权，逐渐缩小税务机关的自由裁量权。

（三）良好的服务模式是支撑

金税工程初期能否成功推广的重要因素在于对防伪税控系统技术服务的好坏，主要有以下原因。第一，以增值税防伪税控系统为核心的金税工程是一个复杂的系统工程，涉及面广泛（包含全国增值税一般纳税人和各级税务局），部分企业对于新系统的认识还存在不足，难免在推广过程中存在抵触情绪。第二，20世纪 90 年代，国内计算机技术刚刚兴起，企业对电脑和软件知识的了解还很少。但增值税一般纳税人几乎每天都要用电脑和防伪税控系统开票，由于国家对专用发票的抵扣时间有严格的限制，一旦系统出现问题，特别需要有专业的技术服务人员尽快解决。第三，为了防止系统漏洞和完善系统本身存在的一些不足，软件也需要不断升级和更新换代。所有这些，都离不开专业的技术服务人员，而专业的技术服务能够降低金税工程推广应用的难度，降低客户维护成本。通过摸索，金税工程建立了覆盖全国的三级服务体系，实行线上与线下相结合的业务模式，较好地满足了客户的需求，保障了金税工程的顺利实施。

九、总结

金税工程是一项中央推行、地方密切配合的税务信息化系统工程，它在提高纳税人服务质量、确保社会公平方面发挥了重要作用。金税工程成功实施主要有以下原因。

（1）通过公共服务外包建立了一个覆盖全国一般增值税纳税人的服务网络，特别是服务代理商采用线上与线下相结合的服务模式提高了服务质量，赢得了用户的理解和支持。

（2）增值税防伪税控系统在对纳税人的缴税行为进行监督的同时，也对基层税务局办税工作人员的行为进行监督和规范，营造了公平的纳税环境，从而提高了企业对电子政务系统的信心。

（3）通过渐进性的实施战略，减少了实施风险，保障了金税工程的顺利推进。

第二节　金税一期

一、金税一期——计算机管税的初步尝试

1994 年 1 月 1 日，我国开始推行以增值税为核心的税制改革，并实施以专用发票为主要扣税凭证的增值税征管制度。为了保证新税制的正常运行和起到对利用增值税专用发票进行偷、逃、骗税的违法犯罪分子的震慑作用，国家决定引入现代化技术手段强化增值税征收管理。根据国务院领导同志的指示，在金税工程的三个系统中，首先进行的是增值税计算机交叉稽核系统。从 1994 年 3 月底开始，金税工程办公室组织实施了以建设 50 个城市为试点的增值税计算机交叉稽核系统，即金税一期。这是税务系统在较短的时间内组织实施的一项较大规模的信息化工程，这项工程在没有现成经验可以借鉴的情况下，要在半年内完成，确实是时间紧、任务重、要求高。但有关部门为确保完成任务，密切合作，相互支持。财政部特事特办，拨专款 1.25 亿元，电子部长城计算机集团公司承担了工程的总承包任务，中国人民银行为增值税专用发票的传递提供了卫星通信手段，国家计委和航天工业总公司也积极参与，国家税务总局和有关地区税务机关更是全力以赴，确保了该系统于 1994 年 8 月按计划开通。同年 8 月 1 日，增值税专用发票计算机交叉稽查系统正式在全国 50 个试点大城市率先运行，该系统主要采用纳税人提供的票面税额在 5 000 元以上、购销双方均在 50 个试点城市之内的增值税专用发票，基层税务机关采取手工录入的方式进行数据采集。但仅靠几十万税务人员手工操作，无法辨别几亿张增值税专用发票的真伪，无法从根本上解决增值税专用发票伪造、虚开、骗抵等问题，对税务系统内部人员不严格执行税法甚至参与犯罪活动的行为也无法有效监控。而偷、骗税分子正是在这种情况下，大肆伪造、虚开增值税专用发票，不仅造成了国家税款的大量流失，而且严重破坏了国家经济和税收秩序，任其发展下去，不仅作为我国第一大税种的增值税前途堪忧，而且整个新税制的运行都要受到威胁。

二、金税一期发展过程

1994 年，随着税制改革的进行，为了对增值税专用发票进行有效管理，启动金税一期：增值税交叉稽核系统（该系统主要采用企业提供增值税专用发票，由税务机关组织手工录入的方式进行数据采集）和增值税防伪税控系统在全国范围内进行推广使用，1995 年在全国 50 个试点单位实施上线，进一步明确了金税工程包括的内容，即增值税计算机稽核系统、防伪税控系统和税控收款机系统，

要同时抓好这三个系统的紧密衔接。

1996 年底金税一期停止运行。1997 年 12 月，全国税务工作会议中把金税工程列为 1998 年税务系统的一项重要工作。1996 年 11 月，税务系统向国家计委报送了金税工程立项的有关材料，计委相关部门表示，他们积极支持此项工程，只要财政部出具一个明确落实资金的答复，计委即可批复立项报告。1998 年初，财政部同意拨资金 15.75 亿元（包括一期试点工程的 1.25 亿元）用于金税工程的建设，其中，13.5 亿元用于增值税稽核系统的建设，1 亿元用于防伪税控系统和税控收款机的推广。1998 年 6 月 8 日，金税工程项目建议书经国务院批准，国家计委同意立项。

三、金税一期停止原因

（1）手工采集数据，错误率高；覆盖面窄，只有 50 个城市运行。

（2）发票防伪技术方面不理想，卖假发票和开"大头小尾""阴阳票"等偷逃国家税款的行为有增无减。1994 年手写增值税发票如图 2－4 所示。

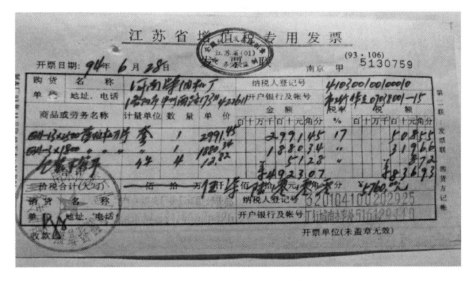

图 2－4　1994 年手写增值税发票

第三节　金税一期尚需完善之处

金税一期是国家税务总局于 20 世纪 90 年代开展的涉税管理信息化项目，主要目的是通过计算机技术对涉税管理进行全面升级和改进，提高税务工作的效率、准确性和公正性。然而，该项目在实施过程中也存在一些问题和需要完善之处，下面针对部分问题进行分析。

（1）数据采集方式需要转变。手工采集数据方式效率低、错误率高，无法满足大规模税收数据的采集需要。需要采用更加自动化的方式，如纸质发票识别技术、电子发票等。这可以大幅度提高数据采集的效率与准确性，为后续的税收数据分析与应用奠定基础。

（2）覆盖范围需要扩大。只有50个城市实现税控系统，这使得税收数据只能覆盖较小范围，无法全面反映全国范围内的税收运行情况。需要加快系统在全国范围内的推广，采集更加广泛与全面的税收数据，这有助于税收管理机关进行宏观政策制定。

（3）发票防伪技术需要提高。目前的发票防伪技术手段不足以遏制虚票利用等行为。需要增强发票防伪技术水平，如采用更加先进的物理防伪技术、电子防伪机制等。加强发票的溯源与追溯管理，遏制虚票流入市场。这也有助于提高税收的征管效果。

（4）数据分析与应用创新需要加强。目前的税控系统可能仍主要侧重于税收数据的采集，但数据本身的价值还需要通过分析与应用来实现。需要加大对税收大数据分析的投入，开展线上预警、税收诚信评价、跨地区税源劫掠等应用，这可以发挥数据价值，强化税收管理。

（5）法律法规与技术结合需要加强。税收管理涉及法律、技术、管理等多方面。税控系统的运行不仅需要技术支持，而且需要相应的法律法规进行规范和许可。需要进一步完善电子税控相关的法律法规，结合新技术发展趋势与需求不断修订和改进，为技术应用提供制度保障。

因此，总体来说，金税一期虽然在计算机化应用、数据管理、涉税信息透明等方面取得了显著的进步，但进一步完善金税一期，需要在数据采集方式的转变、覆盖范围的扩大、发票防伪手段的提高、数据应用的创新和法律法规的健全等方面下功夫。这些举措可以弥补现有系统存在的不足，发挥税控系统作用，为税收管理的现代化提供有力支撑。

［案例拓展］

金税一期的作用及问题

在国务院有关领导的关心下，在各级税务部门的共同努力下，1994年3月，"金税一期"中的增值税计算机交叉稽核系统率先开展。从1994年3月到1997年12月，国家税务总局在全国50多个城市进行了增值税交叉稽核系统试点，涉及的增值税一般纳税人10多万户，3年试点期间，共收集票据数亿笔，录入票据数千万笔，查出犯罪线索3万多起，查补税款达1亿多元，对打击不法分子的虚开增值税专用发票活动发挥了重要作用。

　　1998 年，国家税务总局在总结"金税一期"工作时发现，"金税一期"建设存在两个亟待解决的突出问题：一是依靠人工录入专用发票数据，工作量大，工作强度高，数据采集不全，存在大量人为错误，有些纳税人通常情况下也不会提供虚开发票的数据；二是由于只在 50 多个城市建立了稽核网络，对其他地区的专用发票还无法进行交叉稽核。针对这两个问题，国家税务总局又对"金税工程"重新进行了优化设计，推出了"金税二期"。

资料来源：张敏翔，张来生. 财税数字化［M］. 北京：经济科学出版社，2022.

本章小结

　　本章主要介绍了金税工程的发展背景、主要内容与实践成果。金税工程是税务总局推进税收管理信息化的重要举措，其目标是实现税收管理的现代化。金税工程的主体是税务总局，客体是税收征管业务流程与手段。工程框架包括税收管理业务信息系统、征管业务支撑平台和安全传输平台三个层面。在实践中，重点推进了税控系统的建设与应用，实现了覆盖全国近 2 000 万纳税人的税控系统网络，对提高税收管理水平和征管效率发挥了重要作用。总之，金税工程的实施推动了税收管理现代化进程，但仍需在技术创新、应用拓展和体制机制改革等方面不断深化，以适应经济社会发展新常态，为税收治理体系现代化提供全面支撑。这也是金税工程未来发展的着力点及方向。

练习题

1. 简述金税工程的工程背景。
2. 简述金税工程的工程框架。
3. 简述金税工程的进展状况。
4. 简述对金税一期的认识。

第三章　金税二期

学习目标

1. 了解金税二期相关信息、发展过程。
2. 理解金税二期的进展状况、有待完善的地方。
3. 掌握金税二期的工程背景、框架。

【导入案例】

国家税务总局关于正式恢复推行防伪税控系统和对金税工程二期进行完善与拓展有关工作的通知

各省、自治区、直辖市和计划单列市国家税务局：

防伪税控系统 PCI 标准接口的技术开发工作已完成，总局决定正式恢复推行防伪税控系统。同时，为了充分发挥金税工程二期防范增值税专用发票犯罪活动的作用，总局决定对金税工程二期的功能进行完善与拓展。现就有关工作通知如下。

一、鉴于江苏、浙江、上海尚未推行防伪税控开票系统的一般纳税人数量较多，总局决定首先集中供应防伪税控专用设备给江苏、浙江、上海等二省一市，以保证实现年底前二省一市对 6 万户企业扩大推行防伪税控系统的目标，其他省、自治区、直辖市和计划单列市原则上从明年初开始正式恢复推行防伪税控系统。如果今年底以前江、浙、沪新推行的防伪税控系统运行情况良好，总局决定于 2003 年 7 月 1 日起一般纳税人不再使用手工版增值税专用发票。各地现应按这一目标制定防伪税控系统推行计划，报经总局批准后，与航天信股份有限公司及其各省级公司衔接好计划落实工作。

二、完善与拓展金税工程二期功能的工作定于明年上半年完成。拟完善与拓展的具体内容如下。

（一）完善内容

（1）推行专用发票抵扣联信息企业采集方式；

（2）税务端防伪税控系统实现网络化运行；

（3）分离防伪税控发行系统和发售系统，两个系统各自相对独立运行；

（4）增设红字专用发票稽核功能；

（5）完善涉嫌违规发票查处流程；

（6）完善金税工程运行监控台，加强对金税工程二期系统运行的管理。

（二）拓展功能

（1）开发增值税一般纳税人认定系统；

（2）开发增值税专用发票内部管理系统；

（3）开发增值税电子申报系统；

（4）开发增值税纳税评估系统，将增值税税款申报、缴纳信息与专用发票信息进行比对，以及时发现"真票虚开"犯罪活动，充分发挥金税工程二期的税控功能；

（5）开发成品油零售环节增值税管理系统。

三、针对目前部分小型企业一时难以完全具备使用防伪税控开票系统的技术素质这一实际情况，浙江等地国税部门组织开发了防伪税控开票系统共享设备，指定按有关规定可以从事税务代理业务的社会中介机构使用该共享设备为小企业集中代开专用发票。实践情况表明，此种集中开票方式不仅有利于税务部门加强对这些小企业的管理，而且使这些小企业节省了支出，因此，税务部门要做好宣传介绍工作，让小企业对其优点充分了解，从而选择这种方式，税务部务必认识到引导和鼓励小企业选择集中开票方式是明年上半年完成推广工作的关键措施。但是否采用集中开票方式应由纳税人自愿选择，税务部门不得强制要求纳税人采用集中开票方式。

四、有关企业采集抵扣联信息的软件和增值税申报软件，总局决定制定并公布统一的业务、技术标准，实行市场准入原则由软件开发企业进行开发，总局组织测试合格后向社会公布有关企业名单及其软件产品的品牌，纳税人自愿选择使用何种软件，凡未经总局测试合格的这两种软件，各地国税部门不得推行使用，目前已经使用这两种软件的地区不要再扩大推行范围，以避免浪费。

五、总局将于今年年底以前或明年年初召开全国金税工程工作会议，主要内容是对推行防伪税控系统和完善与拓展金税工程二期的工作进行动员与部署，请各省、自治区、直辖市和计划单列市国税局主管金税工程的副局长和流转税处、信息中心、稽查局的领导各一个参加，会议的具体时间和地点另行通知。

六、各省、自治区、直辖市和计划单列市国税局的防伪税控系统扩大推行工作和完善与拓展金税工程二期的工作，仍按现行职责分工由流转税处、信息中心和稽查局共同负责，流转税处牵头。

资料来源：国家税务总局，https://www.chinatax.gov.cn/n810341/n810765/n812198/n813091/c1207407/content.html。

第一节　金税二期概述

金税二期相较一期，最大的变化是建立起四大子系统，包括防伪税控子系统，当中有开票子系统、认证子系统、发票的协查信息管理系统和交叉稽核子系统。金税二期从1998年进行到2003年，主要目的在于打击发票犯罪。2003年开始推行纳税申报电子信息采集系统，防伪税控开票子系统覆盖全国一般纳税人。在这个时间点，手写的专用发票正式退出历史舞台。1994年1月我国推行新税制，核心内容之一是建立以增值税为主体税种的税制体系，并实施以专用发票为主要扣税凭证的增值税征管制度。为有效防止不法分子利用伪造、倒卖、盗窃、虚开专用发票等手段进行偷、骗、逃国家税款的违法犯罪活动，国家决定在纸质专用发票物理防伪的基础上，引入现代化技术手段强化增值税征收管理。

一、项目介绍

1994年，我国实施了以推行增值税为主要内容的工商税制改革。增值税实行环环抵扣的原则，避免了重复征税，是国际上普遍采用的先进的税收制度。新税制实施以来，我国税收收入平均每年增长1 000多亿元，国家每年95%的财政收入来自税收，而税收收入中40%来自增值税，这一巨大成绩的取得，标志着税制改革的成功。但增值税的运行过程并不是一帆风顺的，由于增值税专用发票不仅能作为购销凭证，而且也是税务抵扣凭证，发票的重要性也导致了其危险性。在利益的驱动下，一些不法犯罪分子采取虚开、代开、伪造增值税专用发票等手段进行经济犯罪，造成国家税款大量流失。因此，用好、管好增值税专用发票，成为税制改革的重中之重。

为了打击犯罪，管好增值税专用发票，确保增值税成功实施，保护国家利益，国家税务部门按照"科技加管理"的思路，加快税务部门管理信息化的进程，建立了有中国特色的增值税监管体系——金税工程。1994年，增值税征管信息系统项目一期（以下简称金税一期）开始在全国部分城市试点。试运行发现交叉稽核系统存在一些缺陷，影响了系统功能的发挥。原因有以下两点。一是依靠人工录入专用发票数据存在大量的采集错误，导致计算机产生许多错误的稽核结果，使大家对系统失去信心。二是试点的范围有限，当时只在50个城市建立了稽核网络，对其他地区的专用发票没有办法进行交叉稽核。1998年，国家税务总局在总结试运行经验的基础上提出了金税工程二期（以下简称金税二期）的建设方案。项目总体目标是：在建设全国税收电子化基础网络和电子数据采集系统的基础上，建成覆盖全国的增值税计算机监控网络，在增值税一般纳税人中逐步推广防伪税控系统，并把稽核系统和防伪税控系统"捆绑"运行，实现税务机关对增值税的严密控管。金税二期项目的主要建设内容是：建立计算机稽核系统，建立 1 个全国增值税计算机稽核总中心，31 个省级稽核中心，400 个地市级稽核中心，4 500 个数据采集分中心；推广防伪税控系统，为具有一定规模的纳税人配备开具增值税专用发票的防伪税控设备，并将其数据纳入计算机交叉稽核系统。

1994 年 2 月，国务院召开专题会议，指示要尽快建设以加强增值税管理为主要目标的"金税工程"。会议同意利用人民银行清算中心网络建设交叉稽核系统，同时指出防伪税控系统要先试点，后推行。当年下半年防伪税控系统和交叉稽核系统开始试点，金税工程正式启动。

1998～2003 年底，金税二期实施并取得阶段性成果。

二、实施步骤

1998 年 6 月，经请示国务院批准，金税二期正式立项。2000 年底，全国税务系统主干网建成，完成总局与各省、市国税局的四级网络建设。自 2001 年 1 月 1 日起，金税二期四个系统在辽宁、江苏、浙江、山东、广东，以及北京、天津、上海、重庆"五省四市"开通运行。2001 年 7 月 1 日在其他 22 省区开通运行，国家税务总局到省、市、县国税局的四级网络全部联通，金税二期覆盖到全国所有省市县。2003 年 7 月底，防伪税控开票子系统全面覆盖全国所有约 140 万增值税一般纳税人，自 2003 年 8 月 1 日起，一般纳税人使用手写版专用发票的历史从此宣告结束。2003 年 7 月，在全国推行增值税纳税申报"一窗式"管理，将报税、抵扣联认证、纳税申报集中到一个窗口，对金税二期认证、抄报税数据和申报数据进行票、表稽核。为堵塞除增值税专用发票以外的其他扣税凭证存在的漏洞，分别于 2003 年 11 月、2004 年 2 月、2004 年 6 月开始对运输发票、海关代征进口增值税专用缴款书、废旧物资发票和税务机关代开增值税专用发票进行数据采集和稽核比对，有效解决了企业开具发票或取得扣税凭证不如实申报、票表不一、偷骗税的问题，为税务机关进一步核实企业是否足额纳税提供了支持。2004 年 2 月，全国税务系统税务端防伪税控系统由原来的磁盘操作系统（DOS）单机版统一升级为网络版，税务端网络版系统将服务器置于地、市级税务机关，税务机关征收大厅工作人员通过浏览器进行操作，产生的业务数据集中存储在地、市局的服务器中，实现了数据集中、数据共享和网络实时监控的目标。目前，纳税评估、税银库联网等工作也正在准备实施。这些工作全面完成后，将建立完整的增值税征管信息系统，实现从监控增值税专用发票到监控增值税征管各个环节的转变。

具体来说，金税二期的主要实施步骤如图 3-1 所示。

关键词：电子防伪

时间&背景	标志事件	较前期进步
• 1998~2003年 • 发票犯罪（虚开发票等）行为屡禁不止	• 推广四个系统：防伪税控、交叉稽核系统、防伪认证、发票协查，2001年7月全国开通运行； • 2003年3月，推行纳税申报电子信息采集系统； • 2003年7月，防伪税控开票子系统覆盖全国一般纳税人，手写专用发票历史结束	• 全国开通运行，实现四级网络连通，覆盖一般纳税人； • 实现增值税专用发票信息与增值税一般纳税人税款申报和缴纳信息的交叉比对，即"票税稽核"； • 形成以增值税专用发票监控为主的税收应用系统

图 3-1　金税二期关键词电子证伪

（1）在全国范围内建立覆盖总局、省局、地（市）局、县（区）局的四级交叉稽核；把稽核和防伪税控原本相互独立的系统捆绑在一起运行，做到数据共享、功能互补，解决交叉稽核中由于人工录入数据造成的数据错误；同时把海关增值税完税凭证纳入金税工程管理。

（2）将增值税征管各环节都放在网络上运行，尤其要采集纳税人的增值税申报信息和税款缴纳信息，以此对纳税人进行纳税评估和监控。金税二期取得的主要成果是增值税交叉稽核系统和发票协查系统在全国范围内联网运行；防伪税控认证子系统在全国范围内推广运行，防伪税控开票子系统得到大规模推广。

三、系统构成

金税二期由一个网络、四个软件系统组成，即覆盖全国国税系统的区县局、地市局、省局到总局的四级广域网络，以及防伪税控开票子系统、防伪税控认证子系统、计算机稽核子系统、发票协查子系统四个软件系统，如图 3-2 所示。防伪税控开票子系统是运用数字密码和电子信息存储技术，通过强化增值税专用发票的防伪功能，监控企业的销售收入，解决销项发票信息真实性问题的计算机管理系统。该系统适用于增值税一般纳税人。防伪税控认证子系统可以对增值税一般纳税人申请抵扣的增值税专用发票抵扣联解密还原、认证，及时发现假票，并解决进项发票的信息真实性问题。计算机稽核子系统主要是进行发票信息交叉稽核和申报信息稽核。该系统可以及时发现购货方已申报抵扣但销货方未申报纳税的增值税发票，并动态监测企业纳税情况。发票协查子系统可以对有疑问的发票或是已证实虚开的增值税专用发票进行调查处理。在这四个子系统的联合作用下通过覆盖全国的计算机网络实现税务机关对企业开具增值税专用发票和纳税状况的严密监控。

所有的增值税都有一个销售方来开具销售行为中的增值税发票，针对一张增值税专用发票，抵扣联是给买方做经销税抵扣的，发票联也是给买方的，记账联是销售方自己的，还会有个存根联。买方在拿到抵扣联跟发票联以后，会去做防伪认证，这时就使用防伪税控的认证子系统，这两个系统都由购货方通过认证子系统输入进项信息，销货方通过防伪税控开票子系统输入销项信息。这两个信息汇集到增值税的交叉集合子系统以后做集合，信息如果匹配得上，就是符合标准的发票。这四个系统是金税系统的重要基石。金税二期系统运作流程如图3-3所示。

运用数字密码和电子信息存储技术，强化发票的防伪功能，监控企业的销售收入，解决销项发票信息真实性问题

对增值税一般纳税人申报抵扣的发票抵扣联进行解密还原认证。认证无误的，才能作为增值税一般纳税人合法的抵扣凭证

发票信息的交叉稽核和申报信息的稽核。发票销项信息由防伪税控开票子系统自动生成，并由企业向税务机关进行电子申报；发票进项数据通过税务机关认证子系统自动生成。进项销项发票信息采集完毕后，通过计算机网络将抵扣联和存根联进行清分比对

对有疑问的和已证实虚开的增值税发票案件协查信息，认证子系统和交叉稽核子系统发现有问题的发票以及协查结果信息，通过税务系统计算机网络逐级传递，国税总局通过这一系统对协查工作实现组织、监控和管理

图3-2 金税二期四个软件系统

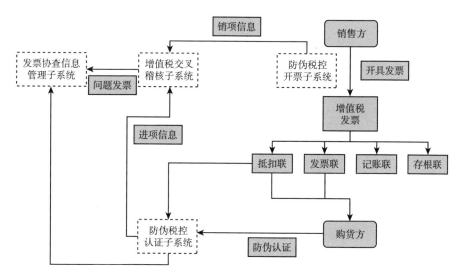

图3-3 金税二期系统运作流程

四、金税二期的意义

金税二期不仅能通过计算机信息系统对纳税人的增值税发票资料分级进行交叉认证、稽核，有效地实施增值发票的控管和查处，打击利用增值税发票的犯罪行为；而且能运用现代电子网络系统，实现从传统的人海战术、手工征管方式向

现代化、信息化征管方式转变，大幅提高税收征管质量和效率，该系统的运行是我国增值税征管方式质的转变。另外，金税二期建设投资额大、覆盖面广、建设期长，国家为其投入了大量的人力、物力、财力。

金税二期取得的主要成果是增值税交叉稽核系统和发票协查系统在全国范围内联网运行；防伪税控认证子系统在全国范围内推广运行，防伪税控开票子系统得到大规模推广，手写版专用发票也于 2003 年正式退出历史舞台。

第二节 金税二期总体业务流程

防伪税控认证系统主要功能是认证和采集纳税人抵扣联专用发票。

1. 红色虚线框表示系统还未开发完成或未正式使用

2. 粉红虚线椭圆表示外部数据录入或获取

3. 防伪税控发售系统主要功能是发售发票

4. 防伪税控发行系统主要功能是发行 IC 卡和金税卡，授权纳税人能够使用开票软件

5. 防伪税控报税系统主要功能是采集纳税人存根联专用发票信息

从发票管理、发票发放、发票使用、发票申报、票税稽核、票票稽核和发票检查等角度分析金税二期的总体业务流程，如图 3 - 4 所示。

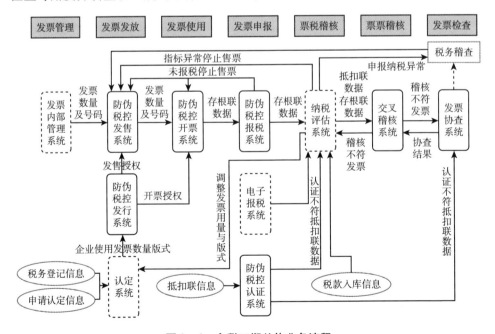

图 3 - 4 金税二期总体业务流程

（1）发票管理。金税二期需要进一步提高对发票的全生命周期管理，实现跟踪与监控。这需要防伪税控认证系统、发售系统和报税系统实现发票数据的共享，实时掌握各环节发票信息，防伪技术的应用可以提高发票真实性鉴别能力。

（2）发票发放。电子发票等新技术的应用可以实现发票在线统一发放，更加高效与规范。新系统也需支持电子发票等新型发票的发售与管理。防伪技术应用可以防止虚票发放。

（3）发票使用。电子发票等新技术应用可以实现发票在使用环节的管理与监控，并便捷服务纳税人。但也需要进一步推广电子发票的应用，获得更广泛的社会认可。

（4）发票申报。防伪税控报税系统可以实现发票信息自动采集与申报，但需要与其他系统实现发票生命周期全流程的数据共享，提高申报的准确性。也需要不断完善申报规则，简化程序。

（5）票税稽核。利用发票生命周期全流程数据，可以实施对纳税人的税收检查与核定。但需要建立科学的稽核模型与方法，提高精准性；也需要稽核信息共享，避免重复检查。

（6）票票稽核。利用发票生命周期数据，可以对特定发票实现精细化的追踪与核查，查实发票真实性和使用情况。但需要设置科学的抽样机制和方法。

（7）发票检查。稽查机关可以利用发票生命周期全流程数据，实现对发票使用情况的后续监控与检查。但检查机制也需要进一步科学化，避免形式化和宽泛检查方式。

因此，从关键业务环节分析，金税二期总体业务流程需要在数据共享、技术应用、管理创新等方面不断完善，建立发票生命周期全流程的闭环管理，实现对纳税人和发票的精细管理。但各环节也存在进一步提高的空间，需要不断优化与改进，逐步达到闭环管理和精准管控的目标。这需要推动技术创新与政府管理现代化，获得社会各界的理解与支持。

第三节　金税二期尚需完善之处

一、金税二期成效

金税二期成功实施。金税工程是国家信息化重点工程之一。1994 年，作为金税一期的增值税计算机交叉稽核系统在 50 个大中城市试点，对加强增值税征收管理起到了积极作用。尽管金税一期未能解决好信息录入的准确性和完整性问题，网络也没有覆盖全国，因而没有完全实现预期的效果，但其为我们带来了利用高科技手段解决增值税专用发票管理问题必须保证信息的准确性和完整性的启示。于是，以"一个平台、四个系统"为内容的金税二期应运而生了。1998 年，金税二期正式立项，建设经费逐步到位。2000 年，在总结实践经验的基础上，继续完善金税二期的建设思路，提出了整体方案，加快了建设步伐。总局到省、市、县国税局的四级网络全部联通，从 2001 年 1 月 1 日四个系统在辽宁、江苏、浙江、山东、广东，以及北京、天津、上海、重庆"五省四市"开通运行，到 2001 年 7 月 1 日四个系统在其他 22 个省份开通运行，金税二期基本建成，取得了重大成效。到 2001 年底，防伪税控开票系统已推行约 40 万户，百万元版、十万元版和部分万元版专用发票不再用手工方式而改用该系统开具。防伪税控认证系统的全面推广使用，使利用假票、大头小尾票骗抵税款的违法犯罪活动逐步得到遏制。2001 年全国共认证专用发票 9 416 万份，发现涉嫌违规发票 58 341 份，占全部认证发票的 0.06%。2002 年上半年，全国共认证专用发票 5 937 万份，发现涉嫌违规发票 5 031 份，占全部认证发票的 0.008%。发现涉嫌违规发票占全部认证发票的比例已从 2001 年 1 月"五省四市"的 0.227% 降到 2002 年 6 月全国的 0.005%，增值税计算机交叉稽核系统的全国联网运行，促进了企业依法申报纳税。2001 年全国共采集销项发票 11 486 万份，稽核出 92 万份涉嫌违规发票。2002 年上半年，全国共稽核出 3.7 万份涉嫌违规发票。销项发票采集率已从 2001 年 1 月"五省四市"的 92.45% 提高到 2002 年 6 月全国的 99.99% 以上，稽核发现涉嫌违规发票占全部参与稽核的进项发票的比例从 2001 年 2 月"五省四市"的 8.51% 降到 2002 年 6 月全国的 0.062%。发票协查系统正常运行，协查质量和效率不断提高。2001 年全国共协查涉嫌违规发票 67.5 万份，查实确认违规发票 15.8 万份，占 23.5%。2002 年上半年，全国共协查涉嫌违规发票 25.5 万份，查实确认违规发票 11.1 万份，占 43.3%，比上年提高了近 20 个百分点。[①]

金税二期的实施，实现了把税收征管业务放到网上运行这样一种现代化的征管方式，有效解决了犯罪分子利用增值税专用发票偷、骗国家税款的问题，虚开增值税专用发票大案要案呈明显下降趋势，增值税收入形势大大好转。税务机关对增值税的征管工作逐步实现了系统化和规范化，以及不同环节在信息共享基础上的相互监督制约。一是纳税人与基层税务人员的征纳行为均记录在案，无总局授权无法修改；二是纳税人与基层税务人员的征纳行为均需授权，未经授权无法作出合法的征纳行为；三是纳税人与基层税务人员的征纳行为在全国范围内可以核对和比对；四是上层税务机关对纳税人与基层税务人员征纳行为实现了监控，总局可以利用网络直接监控到县级税务机关。这四个特征为我们今后设计其他应

---

① 国家税务总局：统一思想 做好准备 大力推进税收信息化建设——国家税务总局局长金人庆在全国税务系统信息化建设工作会议上的讲话，https：//www. chinatax. gov. cn/chinatax/n810341/n810765/n812203/200206/c1208591/content. html.

用系统提供了重要的参考价值。更为重要的是，金税二期的成功实践证明了在我国这样一个发展中大国，不仅可以管住增值税，而且可以管好增值税，这大大增强了我们加强增值税管理、完善增值税制的信心和决心，并为在其他方面加强税收信息化建设提供了宝贵经验。

二、金税二期阶段性完善之处（2001～2003年）

各级税务机关要坚持"巩固、完善、提高、拓展"的原则，继续完善金税二期建设。第一，要加快推行进度，扩大防伪税控系统的覆盖面。力争2002年年底将该系统覆盖到所有使用万元版专用发票的增值税一般纳税人，到2003年一季度覆盖到所有增值税一般纳税人。同时，要研究降低一般纳税人标准，扩大一般纳税人范围，进一步扩大防伪税控系统推行范围的问题。还要解决企业到税务机关认证时间长的问题，切实方便纳税人，减轻企业负担。另外，为了保证税务系统内部的数据共享，功能不重叠，各个系统之间既相互联系，又相互制约，使防伪税控系统在管理上形成有机的整体，要将防伪税控的发行、发售、报税、认证等几个税务机关内部使用的系统升级为网络版运行。第二，要将海关代征增值税专用缴款书纳入金税工程管理。目前国务院信息办正在协调方案，方案确定以后要力争尽快完成各项工作。第三，要开发增值税一般纳税人认定系统、增值税专用发票内部管理系统、增值税一般纳税人多元化电子申报纳税系统、增值税一般纳税人纳税评估系统。通过上述系统的开发，完成金税二期的功能拓展，使其成为加强增值税征收管理的信息系统，实现对增值税纳税人从一般纳税人认定、发票领购、纳税申报、税款缴纳全过程的计算机管理，有效控制纳税人增值税异常申报和虚开增值税专用发票案件的发生，强化增值税一般纳税人的征收管理，进一步实现金税工程的税控功能。第四，要利用金税工程网络和税控加油机监控生产、批发企业销售成品油的信息和零售企业购进、销售成品油的信息，以加强成品油零售企业的税收管理，防止加油站税收流失。

三、金税二期尚需完善之处

（1）技术创新力度需要提高。金税二期尚未充分利用人工智能、区块链等前沿技术，需要加大技术创新投入，推动技术研发与应用。这有助于实现管理的智能化升级。

（2）管理机制改革还需深入。金税二期的管理体制改革还未实现根本性突破，还需推进权责下放、程序简化等，以激发管理活力与创新能力。这需要转变理念，深化体制改革。

（3）数据资源开放空间大。金税二期的数据开放程度还较低，税收数据资源的活用空间较大。需要加快数据标准化与开放，实现多方共享，以激活社会力量，共同治理。

（4）跨部门合作有待加强。金税二期与财政、统计等部门的数据互通与协同还不够深入。这需要建立跨部门合作机制，加强信息共享，提高工作效率与精度。

（5）服务意识需进一步提高。金税二期虽然提高了服务水平，但服务理念的转变还需持续推进，提高服务便捷性与纳税体验。这需要转变管理观念，提高服务质量。

（6）国际视野拓展空间大。金税二期的国际化交流与合作还较为有限，国际前沿理念与技术引入还需要加强。这需要加大国际交流，吸收借鉴国际经验，提高管理水平。

（7）社会参与度还较低。金税二期的建设还主要依靠税务部门推进，社会各界的知晓度与参与度还较低。这需要加强宣传，扩大受众，增强社会认知，获得更广泛支持，共同推进。

因此，总体而言，金税二期尚需要在技术创新、管理改革、数据开放、服务理念、国际合作、社会参与等方面进一步努力，加强与社会发展的一致性。需要前瞻性地推进改革，与时俱进地更新理念，开拓视野，实现管理的智能化转型。这也为金税三期的后续建设奠定了基础，有利于实现金税工程的宏观目标。金税二期虽然也在相关方面有所提高，但潜力尚未充分发挥，与时俱进的力度还需加强。只有在现有基础上，推动政府治理现代化与社会发展相契合，才能成就新时代下金税工程的使命。这是金税三期与社会各界共同努力的方向。

［案例拓展］

服务器在国家金税二期中的应用案例

金税工程是一项全新的重大电子信息应用工程，目标是通过采用电子信息技术，改变传统税务管理手段落后的状态，最大限度地管理漏洞，避免国家税款流失，金税工程被誉为增值税的生命线，它的建设成为国民经济信息化的重中之重。随着覆盖全国税务系统的计算机网络在全国范围内建立，科技兴税已经卓见成效。本案例主要选取联志超跃服务器在国税金税网络构建中的应用为主。

一、用户背景

金税工程是国家经济信息化工作的重点工程，是全国税务信息化工作的重要组成部分，金税网络作为金税工程的基础设施同时要为整个税务信息化工作服务。金税网络的建设目标首先是满足金税工程增值税专用发票交叉稽核工作的需要，建成国家税务总局至各省级税务局、省级税务局至所属地市级税务局、地市级税务局至所属分局、区县级税务局的四级树状广域网络；其次，金税网络要建成为整个税务信息系统服务的网络基础设施。

二、用户需求

国税金税二期建设就是在原有网络架构基础上添加相应的设备，主要是增加运行以上应用系统的服务器设备，最终为全面开通运行金税工程计算机增值税稽核系统和发票协查系统做好准备。该基础网建成后，就能将区、县级税务局与地、市级税务局乃至省税务局和国家税务总局连在一起，形成一个税务电子化的四级树状广域网络平台满足当前的增值税计算机稽核系统工作的需要；同时，还将逐步满足税务系统征管、协查、出口退税、重点税源监控、办公自动化等应用的需求。

在本网络建设中，服务器不仅全面负责网络通信的工作，而且还要作为稽核（数据采集）服务器处理增值税发票的录入及交叉稽核工作，对将来业务的扩展如办公自动化应用、重点税源监控等业务应用还要具有一定的扩展能力。由于服务器担负工作的特殊性需求，需要它具有极高的网络以及 I/O 吞吐能力。以满足大量数据传输以及数据查询检索的需求；强大的处理性能。以满足现在和将来不断增长的数据处理的需求；庞大的扩展空间，以满足大量数据的存储工作；可靠的容错能力，以保障整个系统可靠运行和保证大量数据的安全存储。

三、用户选型

在本次网络建设中服务器作为整个网络的基础与核心，服务器的性能、可靠性能否得到有效的保障，关系到整个网络系统的性能与稳定性的正常发挥，因而服务器的选型显得特别重要。在本次服务器的选型工作中，国税部门的工程师对几个品牌的服务产品进行综合比较，在选型中他们既对厂家的生产能力、研发实力以及售后服务进行了全面考察，还对产品的质量、性能进行了全面的比较，最终他们选定近 300 套联志超跃 1200R 服务器。这是因为航天联志作为国内一流的服务器生产厂商，和 INTEL 有着非常深入、广泛的合作。并且积累了近 5 年的服务器开发经验，而航天联志的三级服务体系和专家服务可为国税用户从根本上解决国税用户的后顾之忧，而联志超跃服务器在金税一期网络建设中的出色表现更增强了国税用户选择联志超跃服务器的信心。

在机器的选型过程中，国税局的工程师们对不同厂家的几款产品进行了综合测试比较，最终选定联志超跃系列服务器的联志超跃 1200R 服务器。这是因为该款机器可支持两颗至强处理器、最大 8G 的内存扩展以及对 Ultra 320 SCSI 和 64−bit/133MHzPCI−X 的支持，可为系统提供超强处理能力，满足国税稽核对大量数据处理的需求；而对千兆网卡的无缝支持和双段 PCI 总线的支持可保障系统拥有很好的网络传输和 I/O 传输吞吐能力；ECC 内存、热插拔硬盘、RAID 技术以及双热拔插电源和故障预测技术的应用，可保障从数据处理到数据的存储，以及整机的可靠性运行，从而为国税关键业务的运营提供可靠的硬件平台保障；而联志超跃 1200R 在处理单元以及存储单元的强大扩展能力可保证国税未来业务扩展的需求。特别是联志超跃 1200R 服务器拥有的"变芯技术"，是该款产品在国税评测中脱颖而出的主要原因，这是因为该技术可支持两种类型的至强处理器，从而可满足国税各地不同业务需求。因为该款服务器的以上突出特点，可很好地保障国税稽核项目的稳定可靠运营，从而在招标中最终被国税的工程师选中。

四、软、硬件平台网络拓扑结构

（1）硬件平台：

联志超跃 1200R 服务器：355 台；

处理器：2×Xeon 1.8GHZ；

内存：512M；

RAID 卡：双通道 Ultra320 RAID 卡；

硬盘：3×18G（一万转）；

服务器专用 460W 电源。

（2）软件平台：

操作系统：Windows 2000 Server，高级服务器管理软件；

应用数据库：Oracle 8；

应用软件：增值税稽核系统和发票协查系统。

五、使用情况

整个系统经过一段时间的运行，表现稳定可靠，性能出色，为国税的省、市及县级稽核网络的增值税交叉稽核子系统、发票协查子系统、增值税的控管系统等信息系统提供了强劲的网络原动力。工程完成至今，整个系统运转正常流畅，极大地提高了地税系统的工作效率，保证了税务工作的高效进展。

资料来源：佚名. 浪潮英信服务器在国家金税二期的应用［J］. 信息系统工程，2001 （11）：1.

本章小结

最早的金税工程是 1994 年实行的金税一期，远比大家想象的久远。当时增值税专票刚刚推行，税务机关缺乏相应的监管手段，金税工程应运而生，可以说，是发票监管的启蒙。然而不到 2 年，金税一期就停止运行，原因是手工采集数据成本太高、错误率太高。金税工程核心内容之一是建立以增值税为主体税种的税制体系，并实施以专用发票为主要扣税凭证的增值税征管制度。1998～2003 年，金税二期开始实施。这一阶段的主要成果是在全国范围推广了增值税交叉稽查系统和发票协查系统，发票也进入了防伪控税时代。2003 年 4 月 1 日起，手写发票一律不得作为增值税的扣税凭证。

练习题

1. 阐述金税二期的背景。
2. 简述金税二期的系统构成。
3. 简述金税二期的建设有何意义。
4. 简述金税二期总体业务流程。

第四章　金税三期

学习目标

1. 了解金税三期相关信息、发展过程。
2. 理解金税三期的进展状况、有待完善的地方。
3. 掌握金税三期的工程背景、框架。

【导入案例】

河北警方破获全国首例虚开增值税电子发票专票案

2021年初，河北省公安厅指导石家庄市公安局成功破获全国首起虚开增值税电子专用发票案，抓获犯罪嫌疑人4名，涉案价税合计897万元。

涉案主体——石家庄某建材有限公司，在没有真实交易的情况下，于2020年12月22日至23日，为三家公司虚开增值税电子专用发票44份，合计金额400余万元，合计税额52万元。2020年12月23日，税务机关接到金三税务系统预警信息核查任务后，立即对涉案公司进行全方位检查。

这个案件非常典型，可以发现，税务机关、公安机关对虚开电子专票案件的破案时间更短、效率更高——1个月内完成破案。以往的虚开专票案件，虚开金额动辄几十亿元、上百亿元，本次虚开增值税电子专票案，因破案时间很短，还不到1个月，犯罪分子虚开的金额还没有形成"数额巨大"。这背后离不开大数据的功劳，电子化的证据更便于取得，税务机关、公安机关可以更快、更高效地破案。

税务大数据查税会越来越强大，虚开案件更容易在初期通过系统预警的方式被发现、被精准打击，技术手段违法犯罪也会越来越没有生存缝隙。

资料来源：光明网，https：//m. gmw. cn/baijia/2021 – 03/03/1302144131. html。

第一节　金税三期概述

2013 年，国家税务总局提出了构建"六大体系"，到 2020 年基本实现税收现代化的目标。金税工程作为中国最大的电子政务工程，承载着实现税收现代化的重要历史使命。金税工程从 1994 年上半年起，先后完成了覆盖国税系统增值税发票管理的"增值税发票防伪税控""增值税交叉稽核"等金税一期和金税二期关键业务系统建设。2001 年 5 月 14 日，国家税务总局向国务院提出金税三期建设构想。2002 年，中办和国办联合下发《国家信息化领导小组关于我国电子政务建设指导意见》，提出要大力推进金税三期建设。自此，金税三期正式拉开序幕。

一、金税三期背景及功能定位

在 20 多年的税收信息化建设过程中，国家税务总局主导开发推广的信息系统，除金税一期、金税二期外，还有 30 余个。但因标准规范不统一、没有总体规划，其功能交叉、覆盖不全、信息无法共享等问题凸显。为此，税务总局要求金税三期实现"一个平台、两级处理、三个覆盖、四类系统"总体目标。具体来说，"一个平台"是指建立一个包含网络硬件和基础软件的统一的技术基础平台，网络覆盖率达到 100%。"两级处理"是指依托统一的技术基础平台，实现应用、数据信息在总局和省局集中处理，形成年事务处理量近 100 亿笔、税务机关内部用户超过 60 万人、纳税人及其他外部用户超过亿人（户）的全国税收管理信息系统。"三个覆盖"是指信息系统覆盖所有税种，覆盖税收工作的主要环节，覆盖各级国税、地税机关，并与有关部门联网。"四类系统"包括征收管理、行政管理、决策支持和外部信息等系统，其中，征收管理系统包括核心征管、个人税收管理等子系统；行政管理系统整合了综合办公、人力资源、纪检监察、财务管理等系统的建设标准；外部信息系统包括外部信息交换等子系统；决策支持系统包括查询统计、征管状况分析、报表管理、风险管理、信用管理等功能。

金税三期建设，遵循以纳税人为中心，促进税法遵从，优化纳税服务，全面提升用户体验的理念，并将云计算、大数据等先进技术应用其中，体现了目前电子政务发展的最新方向和趋势。金税三期建设过程反映了中国税收管理法治化不断推进的过程，并将推动税制改革和税收法治化向更高水平发展，助力税收收入稳定增长，经济持续发展。

二、金税三期发展历程

金税三期事关税收工作全局，牵一发而动全身。为了最大限度规避税制变化、技术变化、体制变化所带来的投资风险，工程分为三个阶段完成。第一阶段为试点阶段，第二阶段为全面推广阶段，第三阶段为完善和验收阶段。

第一阶段：2005～2014年底。2005年9月7日，国务院审议通过金税三期工程项目建议书。2007年4月9日，国家发展和改革委员会批复金税三期第一阶段中央投资部分可行性研究报告。2008年9月24日，国家发展和改革委员会批复金税三期第一阶段初步设计报告，建设内容包括金税三期在税务总局和山西、内蒙古、山东、河南、广东、重庆6个试点省（自治区、直辖市）推广、应用，以及税务总局数据中心（南海）土建工程。2009年，税务总局全面启动金税三期第一阶段建设工作，先后组织实施了金税三期信息系统的开发、测试，以及全国广域网及试点单位计算存储、安全等基础设施建设工作。2012年6月底至2013年10月，为进一步检验软件功能和性能，优化和改进软件，金税三期在重庆、山西、山东国税、地税机关陆续开展单轨运行，为全国推广积累经验。

2013年底，根据金税三期系统在重庆、山西、山东的试点运行情况，结合近年来税制改革的要求和税务总局应用需求的变化，以及试点工作中针对分散运行风险、实现信息系统运维与组织机构关系相协调等需求，金税三期采用了"生产数据在省局落地，数据的集中处理和应用在总局"的模式，优化形成了全国推广的信息系统版本，并于2014年10月开始在广东、河南、内蒙古国税、地税机关陆续上线运行。至此，金税三期第一阶段6个试点省份全部成功上线运行。

经统计，2014年底金税三期第一阶段综合验收，共完成了3大类17个项目，各项建设要求已基本实现。一是完成制度和标准规范建设，形成税务标准规范体系和税收信息化管理制度；二是完成税收业务需求的分析与整理；三是完成税收信息化的总体规划设计，推动业务变革、技术创新，建立了包含业务、应用、数据、技术、安全、运维等内容的总体架构体系；四是开发完成征收管理、行政管理、决策支持、外部信息四大类应用系统并在试点省份成功上线运行；五是完成金税三期新建系统同总局和试点省份现有保留应用系统整合，实现新老系统的有效对接；六是建成总局数据中心（南海）；七是完成试点单位信息基础设施的建设、改造及运行维护体系的建设；八是完成税务系统信息安全体系的构建及安全策略制定，完成了试点单位安全管理系统、安全基础设施、应用安全支撑平台的搭建，开展了对网络系统、应用系统和安全基础设施的安全等级测评和风险评估；九是完成了全国税务系统五级网络建设，建成覆盖全国税务系统的综合性通信平台，网络覆盖总局数据中心、南海数据中心、71个省级税务局、800多个地市级税务局、近6 000个县（区）级税务局、近30 000个税务分局（所）。

第二阶段：2015～2017年底。在金税三期第一阶段建设成果的基础上，2015年3月4日，税务总局向国家发展和改革委员会报送了金税三期第二阶段可行性研究报告。11月23日，国家发展和改革委员会批复金税三期第二阶段可行性研究报告。12月23日，国家发展和改革委员会批复金税三期第二阶段初步设计概算。在第二阶段，金税三期的主要建设内容如下。一是完成征收管理、行政管理、外部信息和决策支持等应用系统在30个省（自治区、直辖市、计划单列市）国税、地税单位的全面推广；二是进一步优化金税三期四大应用系统业务流程，为适应国家财税体制改革工作，完成应用系统的完善以及补充开发；三是运用新技术进行业务和管理服务创新，完成税务总局数据资源建设与开发；四是完成税务总局数据中心扩容及30个省（自治区、直辖市、计划单列市）国税、地税推广单位的计算存储资源、数据库、中间件、系统管理软件及备份系统建设，提高各省（自治区、直辖市、计划单列市）国税、地税单位数据处理能力；五是完成30个省（自治区、直辖市、计划单列市）国税、地税单位数据中心相关网络系统建设；六是完成容灾备份系统建设；七是完成税务总局和各推广省（自治区、直辖市、计划单列市）国税、地税系统相应的安全体系建设；八是完成30个省（自治区、直辖市、计划单列市）国税、地税单位终端系统建设；九是完成30个省（自治区、直辖市、计划单列市）国税、地税单位运行维护体系建设；十是根据项目建设需要，对参与金税三期第二阶段的项目管理、信息技术和应用系统使用人员实施相关培训。

2015年起，税务总局金税三期征收管理等系统在全国的推广工作全面展开。2015年底，完成了河北、宁夏、贵州、云南、广西、湖南、青海、海南、西藏、甘肃、安徽、新疆、四川、吉林14个省（自治区）的推广上线工作。2016年10月上旬，完成了辽宁、江西、福建、上海、青岛、厦门、北京、天津、黑龙江、湖北、陕西、大连、江苏、浙江、宁波、深圳16个省市的金税三期系统推广上线工作，这标志着第一个全国统一的税收征管业务系统实现了对国税、地税机关的全覆盖。

第三阶段：全面推广完成后全国税务系统将进一步优化完善金税三期系统，并逐步推进完成工程验收。

三、金税三期总体目标和创新之处

（一）总体目标

金税三期总体目标是要建立"一个平台、两级处理、三个覆盖、四个系统"。

根据一体化原则，建立基于统一规范的应用系统平台，依托计算机网络，总局和省局高度集中处理信息，覆盖所有税种、所有工作环节、国地税局并与有关部门联网，包括征管业务、行政管理、外部信息、决策支持四大子系统的功能齐全、协调高效、信息共享、监控严密、安全稳定、保障有力的税收管理信息系统，即建立"一个平台、两级处理、三个覆盖、四个系统"。

一个平台是指包含网络硬件和基础软件的统一的技术基础平台；两级处理是指依托统一的技术基础平台，逐步实现数据信息在总局和省局集中处理；三个覆盖是指应用内容逐步覆盖所有税种，覆盖所有工作环节，覆盖国地税局并与相关部门联网；四个系统是指通过业务重组、优化和规范，逐步形成一个以征管业务系统为主，包括行政管理、外部信息和决策支持在内的四大应用系统软件，如图4-1至图4-4所示。

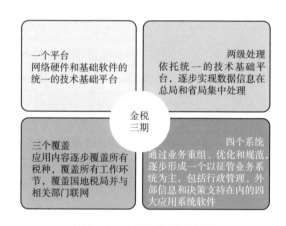

图4-1 金税三期总体目标

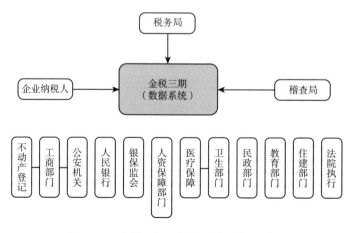

图4-2 金税三期（数据系统）部门联通

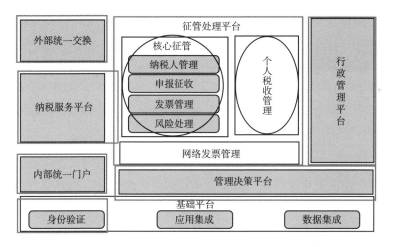

图 4 - 3　金税三期应用架构

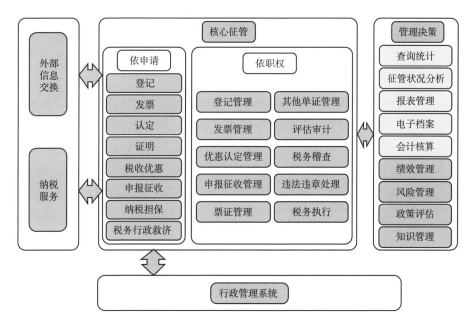

图 4 - 4　金税三期平台定位和相互关系

由图 4 - 1 至图 4 - 4 可知，金税三期打通所有相关部门信息，实现国、地税局信息并库；让每一张发票都有纳税人识别号，掌握所有货物、服务的购销、库存、增值情况，掌握企业的大数据。囊括了社保缴费系统，发票全链条快反系统、税源监管系统、税务稽查指挥管理应用系统。这套系统切实拥有了强大的信息采集、处理、分析、预警能力，全国所有企业的数百项数据，都处在这张天罗地网之中。而且信息不再是被简单记载，要靠人力、核查去发现问题、异常，系统对于产生的信息，会逐一、实时地采集、存储、查验、对比。企业的资金流、票据流、业务流，只要用一个纳税人识别号（相当于企业的身份号）作为起点，就能追查到所有相关的进项和销项发票，那些"掩耳盗铃"式的偷逃税手段根本就是小儿科，有没有虚开发票、有没有虚假交易，一目了然。税务、工商、银行、社保、统计，这些部门全部打通，企业的个税、社保、公积金、银行账户，全都在税务系统里一览无余；开票软件也配备了商品编码，商品增值额、库存等，也全都在电子底账里清清楚楚；甚至固定资产发票、费用发票（差旅、办公、接待等）都可以准确监控，可以说，所有税种都有据可查。小到企业办税人员的实名认证、人脸识别，大到企业的全部纳税数据、进出口退税数据，无一遗漏，并能够自动识别相应疑点。而且因为长期的沉淀，企业的经营习惯也被系统记录。

例如，一家文旅企业，往往会在节假日达到经营高峰，如果某年的数据和习惯不符，就会触发预警。由此出发，行业也会形成数据沉淀，并且产生行业参数。在动态区间值内，企业会被判定为正常纳税，如果高于、低于区间，也会触发相应的警报。

（二）创新之处

"互联网＋税务"的年代，金税三期有什么创新？

一是运用先进税收管理理念和信息技术做好总体规划；二是实现全国征管数据大集中；三是统一全国征管数据标准、口径；四是统一国地税征管应用系统版本；五是统一征管规范和纳税服务规范；六是建设网络实时开具的电子发票平台。

四、金税三期的建设原则

金税三期总体上遵循以下几个建设原则：

一是统一标准；二是突出重点；三是分步实施；四是统筹规划；五是讲究实效；六是加强管理；七是保证安全；八是整合资源。

第二节 金税三期的特点及影响

一、金税三期的特点

金税工程是国家税务系统的重点工程之一，它的重要环节在于增值税防伪税控系统，从1994年开始，经历了先期试点运行，实施了增值税防伪税控系统，对增值税发票进行了统一，所有增值税发票全部通过增值税防伪税控系统进行开具，截至目前，经过多次升级改造和不断试点运行，已经逐渐趋于成熟，在税务系统实现互联网办公平台，金税三期系统较之前的一期、二期相比，在系统稳定性方面有了很大的提高，运行起来也更加顺畅。金税三期系统涵盖了所有税种的管理，实现了数据平台软硬件相结合的管理模式，税务数据均在税务总局系统里处理，真正实现了全国性质的大联网。金税三期系统的数据库强大，能容纳近100亿笔处理工作量，实现税务用户80万元甚至过亿元的税务管理，减少税务系统工作人员的工作量并降低了工作难度，实现了标准化办公，在一定程度上降低了办税成本，实现了对纳税主体的全面监管，使税法、征税工作得到合理的把控，规范了我国税务执法制度，为纳税主体提供了强有力的保障。其特点主要概括为以下方面。

1. 实现业务规范统一化、税收管理规范化和制度化

金税三期优化系统通过统一税务标准代码体系，实现税务事项及类型的规范统一；通过统一表单文书标准，实现全国范围内的数据采集和利用；通过统一业务需求规范，统一编写业务工作手册，形成体系相对完整、逻辑相对严谨、覆盖面广的业务需求，并按照业务需求进行开发，使税收管理更加规范化和制度化。

2. 覆盖全业务

金税三期优化系统业务框架实现了全覆盖：覆盖各层级国、地税机关征管的全部税（费）种，覆盖对纳税人税务管理的各个工作环节。

3. 简化涉税事项

金税三期优化系统以简捷高效为目标，优化重组业务，明确受理即办事项，精简处理环节，实现税务事项的多业务处理模式。以流程管理为导向，实现"工作找人"。将执法结果监督转变为过程控制，规范统一执法。以"减轻纳税人不必要的办税负担、减轻基层税务机关额外的工作负担"为原则，简并了涉税事项、流程和表单。

4. 加强纳税遵从风险管理

引入风险管理理念，将提高税法遵从度作为税收管理的战略目标；立足风险防范，着眼预警提醒，聚焦高风险领域和对象。

5. 建设信息化纳税服务平台

金税三期优化系统引入以纳税人为中心的业务理念，突出个性化服务，建设能够提供多种渠道组合的、协同服务的信息化服务平台。为纳税人提供多样化的服务手段和统一的服务内容，能够提供网上、电话等多种办税服务渠道以及提供涉税事项处理、信息查询、推送与发布、双向交流互动等服务，从而满足纳税人多方位的纳税服务需求。

6. 实现信息共享和外部涉税信息管理

金税三期优化系统通过建设国税、地税统一标准的核心征管应用系统，实现国税与地税业务交互、信息实时共享，加强共管户的管理，实现联合登记、联合

双定户核定、联合信用等级评定、申报信息共享，提高双方信息采集准确率，达到国税与地税双方强化税源管理、提高税源管理水平的目的。并通过双方信息的共享共用，优化办税程序，减轻纳税人的税收负担，提高纳税服务水平。

以外部涉税信息交互为基础，充分利用现代信息技术手段，构建全国统一的外部信息管理系统和信息交换通道，形成以涉税信息的采集、整理、应用为主线的管理体系，为强化税源管理提供外部信息保障。

7. 推进全员建档管理模式

金税三期优化系统针对所有办理涉税（费）事项的组织和自然人建立税收档案，确认组织和自然人唯一有效身份证明，并在国税与地税通用，改变了以往基于税务登记制度的税收建档模式，实现税收全员建档。

将全员建档管理模式全面应用于各业务流程的业务处理过程，为管理决策系统实现一户式电子档案查询奠定基础。

此外，把自然人纳入税收建档的范围，强化自然人税收征管，为即将建设的全国统一个人税收管理系统，开展的个人所得税综合税制改革、财产税深化改革等奠定前期基础和提供数据准备。

推进自然人税收管理，基于现行税制和对个人税收管理的实践探索，实现对自然人的建档管理和信息共享，增加财产登记与投资管理、纳税信用等级管理、一户式档案查询等自然人税收管理的内容，建设自然人数据库，为个人所得税、财产税管理提供手段支撑。

8. 推进财产一体化管理

金税三期优化系统从精细化管理的角度出发，严格按照现行政策，提出了房地产税收一体化管理和车船税收一体化管理的要求，借助信息化手段，实现了跨税种、跨纳税环节的信息共享，深化了税收管理的颗粒度，将以前停留在纳税人层级的管理深入纳税人所拥有的财产层级。

以房地产一体化管理为例：分土地使用权取得环节—房地产开发或建筑环节—房产交易环节—房地产保有环节共四个环节进行管理。

不动产项目按照：土地受让申报—土地登记—不动产项目登记—建筑业项目登记—开发产品登记—销售房屋的信息采集—房产交易税费申报—土地增值税清算—项目注销等任务流一步步进行，以"税源管理编号"保持不变为抓手，实现全过程控制，使申报纳税、征收管理更加严谨规范。

二、金税三期工作面临的问题与挑战

随着大数据时代的到来，税收工作也发生了一系列变化，仅就税务管理工作人员而言，其需要处理的信息量大大增加。而金税三期还存在一些问题，影响了金税三期系统效果的充分发挥，对我国税收工作的深化改革造成一定阻碍。

（一）金税三期对数据信息的影响

1. 数据采集较为被动

金税三期系统中有一个登记——税务登记模块，其主要目的就是实现对纳税人基本数据、法人与财务人才、注册资本与总分机构数据以及投资总额等相关数据的有效采集。而在企业的生产经营过程中，税务部门主要是通过"金税三期"系统中的申报与征收模块来实现对企业数据的准确收集。这一过程主要是依靠纳税人的主动报送来实现的，税务部门不能有效获取企业有关供货、购买与销售等第一手数据。而且部分纳税人为了达到偷税、漏税的目的，还会在报送的财务数据中隐藏真实的经营状况。因此，这种单一、被动的企业涉税信息获取渠道，无法保证税务部门所获得的企业报告信息的真实与完整。获取企业涉税信息渠道单一，难以对企业报告交易信息的真实性和完整性进行判断是制约税务审计有效性的重要因素之一。

2. 数据信息归集难度较大

在金税三期系统中进行数据归集工作时，需要进行全员建档。而这一工作实现的基础就在于准确获取企业和相关个人的有效身份证件信息，而那些在我国境内没有设立分支部门的非居民企业信息获取工作难度较大，特别是在其没有组织结构代码证书时，税务部门很难对其身份的唯一性进行准确判断，也就无法有效归集涉税信息。与此同时，税务部门在开展数据信息的归集工作时，处于被动地位，只能依靠纳税人的主动上报，一旦纳税人没有主动办理税务登记，税务部门就无法获取企业纳税人的组织机构代码等信息，也就无法有效建立企业档案，这就增加了数据信息归集工作的难度。

3. 数据分析存在的问题

金税三期系统中涵盖了大量纳税人涉税信息，而在大数据时代，税务部门本应利用这些涉税信息来实现对税收风险的有效识别与合理规避，但是，部分地方税务部门在数据分析环节都会存在一定的问题，所使用的分析指标无论是在合理性还是在深度方面都无法达到大数据环境的要求，其作用仅体现在能够准确检验企业报送数据的准确性，不仅无法实现对大数据信息的深入分析，同时也无法提高审计工作的效果。再加上金税三期系统中对大数据技术应用力度不够，也就无法保证金税三期系统效用的充分发挥。虽然税务工作人员能够通过操作定制查询模块来获取纳税人法制类、发表类、优惠类与申报类等相关涉税信息，但这一功能仅仅能够实现对纳税人涉税系统的汇总统计与查询，无法对数据进行深入分析与挖掘，导致这一问题的主要原因在于"金税三期"系统在其运转过程中没有直接的数据分析技术支持。

（二）金税三期对征管工作的影响

1. 税制改革对征管工作提出了更高的标准。根据深化征管体制改革的要求，税制改革将进一步深化。以前，国税、地税两套机构时，两家征管职责比较清晰，但随着分税制财政体制的调整，征管职责的划分，地税部门的税种结构将面临重新调整，税费收入结构也会进行重新构建，对征管工作提出了更高的标准。

2. 业务差异对征管工作提出了新的要求。营业税改征增值税（以下简称"营改增"）后，导致有时出现执法标准不统一、政策解释不一致等问题，影响税收公平，纳税人的反应比较强烈，同时，地税部门工作任务将出现阶段性减少，不少部门还将新增专门机构或人员负责征收行政事业性收费、政府性基金等非税收入，对制度的建立和完善、人员的分工和管理、资金使用和监督提出了新的要求。

3. 对象的变化对征管工作提出了更高的挑战。随着"营改增"的全面铺开，地税部门工作的重心也将随之发生变化，管理对象由企业为主转变为以自然人为主。自然人纳税人数量多、管理难，并与纳税人的切身利益息息相关，对地税征管工作提出了新的、更高的挑战。

三、金税三期系统在企业纳税工作中的影响

（一）简化企业纳税申报的步骤

在以往的税务工作中，企业纳税申报步骤烦琐。例如，办理涉税事项，需要携带相关证件、公章等材料到税务办事大厅办理，先叫号排队，然后在各个窗口之间往返办理，办理一项工作需要花费大量的时间。金税三期系统的实施，使得所有涉税事项都能在网上一站式办理，企业通过注册后进入系统中，关于企业的相关信息一目了然，以往需要到税务局亲自办理的业务全部可以上网办理，最新公告信息、国家新出台的相关政策法规、优惠政策等信息实时更新，真正实现了现代化办公，简化了企业纳税申报步骤。

（二）为企业发票管理工作创造便利条件

增值税防伪税控系统在运行初期，月末进行发票抄报及结转工作，需要持系统卡片到税务局系统进行清卡结算，清卡完成后才能回到单位进行下个月的操作，开票系统和发票认证系统分为两个系统来操作，操作起来比较麻烦。而金税三期系统的运行，解决了以上问题，将多个系统融合到一起，实现了一体化模式，发票认证完毕后，相关数据直接传送至申报系统中，实现了实时化、智能化，给企业财务人员减少了工作量，数据也更加准确，使企业享受到更高效的服务。

（三）企业税收征管工作更加规范化

税收征管工作是一项大工程，每名税务征管人员负责上百家甚至上千家企业

的征管工作，在以往的工作中，全部是手动比对，处理相关企业涉税工作时，可控空间和处理工作方面存在着不足，对于征管工作的公正合法性有着偏差。随着金税三期系统的上线，系统会自动管理企业涉税违法行为，对于出现异常情况的企业，会自动拦截信息，评定出企业信息等级，对于未申报企业、税款出现异常企业等信息都会出现在违规行列中，征管人员每月根据异常名单下发责令限改通知书，对于限时不改正企业下发行政处罚决定书，实现公平公正处理违规问题，使征管工作更加规范化。

总体来说，金税三期建成后要形成一个年事务处理量超过 100 亿笔、税务机关内部用户超过 80 万人、纳税人及外部用户超过亿人（户）的全国税收管理信息化系统。整体来说，功能更加强大，运行更加顺畅，内容更加完备，流程更加合理，是税务机关为纳税人提供优质高效纳税服务的基础。规范和优化纳税服务，通过统一规范总局、省局的纳税服务渠道、功能，建设全国的纳税服务信息系统（电子税务局），为纳税人和社会公众提供统一、规范的信息服务、办税服务、征纳互动服务。同时，通过信息网络为纳税人提供优质、便捷、全方位的税收服务，逐步实现纳税人可以足不出户轻松办税，从而大大减轻纳税人办税负担。建设网络实时开具的电子发票平台，为纳税人和税务人员提供全国联网的发票信息辨伪查询；以省级接入受理，总局汇总清分的等方式部署，免费提供开票软件和服务；逐步实现发票无纸化，向电子发票过渡，最大限度地压缩假发票的制售空间。同时，金税三期对于进一步规范税收执法、优化纳税服务、实现"降低税务机关征纳成本和执法风险，提高纳税人遵从度和满意度"的"两提高、两降低"的税收征管改革目标具有极其重要的意义。

四、企业在金税三期实施后存在的风险

（一）纳税申报方面的风险

金税三期系统实现了对企业纳税情况的透明化管理，企业纳税信息在金税三期系统平台上实时体现，对于企业纳税评估风险提高，有效地控制了企业税款缴纳滞后及不一致情况的出现。例如，在金税三期未上线前，对于个人所得税的处理，企业一般是到申报大厅手动申报，对于全员明细申报不详细，基本上是一笔合计申报，税务机关对于个人所得税管理力度不够，有个别企业存在漏报现象；而金税三期系统实现了网上同步申报，细化到每个人的界面，对于企业要申报的个人所得税，有严格的明细模板，从而使个人所得税实现细化管理，企业代扣代缴行为实现了透明化，增加了企业虚报风险。

（二）企业发票管理方面的风险

自从 2016 年 5 月 1 日 "营改增" 全面启动后，所有发票全部划转为国税机

关管理的增值税发票，实现了全国范围内增值税统一管理，而金税三期系统的实施，一方面，为增值税发票管理带来了安全保障，全国各大城市开具的增值税发票全部能在国家税务发票查询平台验证查询，实时掌握增值税发票开具的真伪，杜绝了部分违法企业开具假发票的违法行为；另一方面，企业纳税相关数据全部在金税三期系统中得到体现，对于企业虚开发票现象，可在税务局后台系统中被实时拦截，企业将面临补交税款及受到相关处罚的后果，更严重者，还会涉及刑事责任。

（三）税务机关的征管及稽查风险

金税三期系统真正实现了国税与地税纳税及征管平台的统一，全国各大企业的数据都在一个系统中得到体现，而在这样一个大数据环境下，企业所有税务信息能够实时查询，为税务机关征管及稽查创造了便利条件，如果企业出现收入与支出异常，发票开具异常及税款缴纳异常等情况，税务机关会严格要求企业对异常情况加以说明解释，如果查明后异常情况属于违法行为，会将该企业划入异常名单中，对该企业进行稽查，为企业带来风险。

五、金税三期建设意义

2017年是金税三期的收官之年。金税三期涉及面广、工作量大、时间进度紧、动用人力多、复杂程度高，在建设过程中，广大税务干部顾大局、识大体，勇于担当、全力投入，出色地完成了工作任务，成绩斐然。

一是强化了税收基础管理。通过金税三期建设，税务系统首次实现了税收业务全覆盖，为涉税信息的拓展应用奠定基础；规范了全国征管数据，消除了国税、地税业务障碍；提高了基层税务人员工作效率；建立了立体化税收管理体系，提高了税收征管效率；整合了办税服务渠道，提升纳税服务水平。

二是支持了税制改革工作。金税三期实现了全国数据的集中，为数据深度应用打下了良好基础，同时，通过合理划分系统边界、优化业务功能，构建了开放、灵活、可扩展的税务信息系统架构，提高了信息系统对税收政策调整的反应速度和支撑力度，有效应对税制改革、管理创新、政策变动的需要。

三是提高了税收执法水平。金税三期统一了全国税收业务规范、执法流程、国税与地税核心应用系统版本和税收数据标准，为统一、规范全国税收执法行为奠定了基础；实现了执法过程的监督；提高了风险识别应对能力。

四是提升了税收管理理念。金税三期实现了税收数据的全国集中，为各省份之间业务联动提供了全面有效的数据支撑；开展了以风险管理为核心的各类数据分析利用工作；推动了税收管理向网络化、大数据方向转变，为税收现代化踏上大发展、大融合、大跨越的新征程奠定了基础。

五是打造了能征善战的队伍。在金税三期建设的过程中，建立了一支业务能力强、熟悉信息系统的专业队伍，形成了一套成熟的工作制度、机制和流程，为后续信息化建设提供了人才保障。

第三节 金税三期附加信息

一、金税三期与风险规避

（一）金税三期的人工智能化

税务系统的大数据及云计算平台以前的系统只能识别发票上的基础信息，如金额、税号等，但金税三期系统，逐一实时采集、存储、查验、对比发票的全要素信息，其采用的是大数据与云计算技术，强大到超乎想象。

（1）利用大数据，金税三期系统对于公民个人发生了多少固定资产发票（买过多少房，买过几辆车）；多少费用发票（多少是办公的、多少是差旅的，多少是请客的），都可以准确知道。金税三期税务系统功能全部完善开放，所有税种，企业所得税、增值税、个人所得税、社保等，100%都能够检测到。

（2）金税三期的实施，提高了查处企业税务违规的水平，掩耳盗铃式的反舞弊方法不再起作用，那些依靠偷、漏税的企业，成为税务预警的对象。

（3）企业的所有事项都会有相关的记录，金税三期的大数据，也可以对企业的资金流、票据流等进行跟踪。只要大数据系统把企业纳税人识别号作为出发点，对同一个税号下的进项发票与销项发票展开追踪，企业有没有虚开发票和有没有购买假发票计入账中，都可以清楚地了解到。

（4）开票软件已经添加了商品编码，商品品目由商品编码控制，商品数量由单位编码控制，一旦被监控，系统将直接了解企业的库存状况，并计算出商品增值额、库存存量额。

（5）五证合一后，税务、工商、社保、统计、银行等接口，个税社保、公积金、残保金、银行账户等，都该可以在税务系统内清楚地了解到有关情况。

（二）企业对金税三期的风险规避措施

（1）守住"底线"，不虚开发票、不虚抵进项税额，依法、依规经营金税三期大数据主要从企业的收入、成本、利润、库存、银行账户和应纳税额六个维度进行比对。

企业必须行得端、坐得正，真实、准确、合法地经营、开具发票和做账并按时按规申报。无真实业务，不能买进项发票抵扣。国税局运用"互联网"，借助"网络爬虫"技术，自主研发的"金三"系统十分厉害。就像在企业装上了监控器,全程对企业的实时采集、存储、查验、对比发票全要素信息都在它的掌控之中,所有的业务360度无死角地展示在金税三期的面前。金税三期从它被运用的那一刻开始就很受欢迎和重视,它的大数据和云计算,计算分析同一法人相关性、同一地址相关性;通过比较和跟踪让虚开发票的、虚抵扣的企业无处可逃。

(2)要搭好"天线",努力提升专业知识。新形势下,纳税意识提升不仅是财务部门的事情,而且与企业各环节息息相关。

企业应从战略角度出发,考虑宏观经济政策及经济运行情况、本行业状况、国家产业政策,使企业及时跟上国家产业政策及外围的变化。市场部门主要核查主要客户、主要供应商的信用情况。财务部门人员更需努力提升专业知识,尤其是"营改增"后,税收政策不断更新,需要及时更新专业知识,也需要在法律、计算机等业务上不断提升,努力成为复合型人才,这样才能更好地应对新形势发展的需求。企业人力资源培训可定期聘请专家进行涉税知识辅导,帮助企业完善内部控制等工作,及时堵塞税务漏洞,降低企业涉税风险,合法、合规经营。采购部门在采购环节中需要明确供应商增值税发票的法律与风险责任,让企业的链条数据从源头到结尾都规范、真实。企业从上至下紧紧围绕税收风险管理目标,强化领导、调整职能、明确职责、加强衔接、共同参与、协同推进,高效应对各类税务风险,促进企业稳步、健康、良性发展。

(3)税企互动,力争取得双赢的局面。企业在经营中如遇到涉税问题,可以主动、及时和主管税务局真诚地沟通。

税务局切实创新监管方式、建立信用动态监管、完善纳税信用管理制度、扩大纳税信用评价范围、缩短评价周期,以推行实名办税为契机,收集办税人员的信用记录,建设办税人员涉税信用管理制度,增强企业信用与企业信用之间的联动。当办税流程中出现差异,可及时提供资料进行复核。在每年度税务对企业的纳税信用评定上力争达到"A级纳税信用企业"。它可以决定是否为一家值得信赖的优质企业,可以在企业招标、金融信贷等经营活动中发挥关键作用。国家将进一步落实将纳税信用体系融入社会信用体系的计划,增强守信联合激励和失信联合处罚,建立纳税人自律、社会监督和行政监管相融合的合作体制。因此,诚信经营是企业生存、发展的关键。

伴随着信息化、网络化技术的快速发展,信息搜索和集中加工、处理的能力大幅度提升。金税三期在很大程度上提高了涉税信息采集的效率,标志着大数据管理时代的到来。与此同时,为税收管理从事前管理转变为事后监管,奠定了强大的数据信息基础。新形势下的金税三期上线后,企业就像展示在透明的玻璃瓶中,一览无余。企业唯有规范、真实、合法、合规经营生产、销售,才能取得更好的发展。

二、金税三期的九大亮点

根据"金税三期"建设的战略目标，金税三期进行了业务和管理服务创新，主要有九大亮点。

（一）运用先进税收管理理念和信息技术做好总体规划

（1）从管理角度来看，建立基于信息管税的税收管理模式，以纳税人关系管理为核心，把纳税人价值获取作为建设和发展的方向。

（2）从技术角度来看，遵循顶层设计、业务导向、架构驱动的建设模式，紧紧围绕税务业务发展方向，从全局角度审视、设计工程体系框架。

（二）统一全国征管数据标准和口径

通过对税收元数据和代码集的属性定义和标准规范，实现税收征管数据的"法言法语"，保证数据项标准、口径的唯一性。

（三）实现全国征管数据大集中

采用"应用省级集中，生产数据在省局落地，然后集中至总局"的模式，并建立第三方信息共享机制，实时、完整、准确地掌握纳税人涉税信息和税务机构、人员情况。

（四）统一国地税征管应用系统版本

面向税收业务、行政管理、外部交换和决策支持四类应用，设计并搭建一体化技术和应用环境，实现全国国税局、地税局征管应用系统的版本统一，为消除国地税业务办理间的障碍奠定了基础。主要包括：（1）标准化操作界面；（2）标准化流程管理；（3）统一权限管理；（4）统一服务管理；（5）统一数据模型；（6）统一外部渠道。

（五）统一规范外部信息交换和纳税服务系统

构建全国统一的外部信息管理系统和交换通道，形成以涉税信息的采集、整理和应用为主线的管理体系，为风险管理提供外部信息保障。

规范国家税务总局、省局的纳税服务渠道、功能，形成一体化纳税服务平台，为纳税人和社会公众提供统一、规范的信息服务、办税服务、征纳互动服务。可分为企业端、办税服务厅、税务网站、纳税服务热线、自助终端和短信系统。

（六）实行遵从风险管理

引入先进管理理念，将提高纳税遵从度作为税收管理的战略目标：一是构建分类分级管理和技术框架，对纳税人实行分类、分级。二是按风险分析、排序、应对、评价的流程建立国税与地税一体化遵从风险管理平台。

（七）加强管理决策

实现税收数据的查询、监控以及深层次、多方位的分析和挖掘，督促、检查、监控税务人员服务、管理和执法全过程，为各级税务机关税收决策提供依据。

（八）支持个人税收管理

建立承担纳税（费）义务的自然人信息库，覆盖个人所得税及社保费的核心业务，实现全员建档、数据全国集中和信息共享。

（九）强化数据质量管理

全面贯彻数据治理理念，通过事前审核监控、事后纠错调整和补偿业务等方式，及时更正数据差错，确保数据质量。

三、金税三期的数据库及管理过程

金税项目（GTP）数据库中的数据量非常大，因为我国有数千万笔产品交易记录在该系统中。GTP数据库中的原始数据直接来自发票，也就是说，它负责收集每笔交易中的信息。增值税发票中列出了买方和卖方的名称、识别码、地址、电话号码和银行账户信息。发票中还会显示交易产品的名称、类型、数量、价格、交易价值、增值税税率和增值税。GTP数据库可以在不同的规模上汇总，如在公司或区域一级。因此，它可以用来分析和研究许多问题，包括多阶段生产过程的增值、垂直专业化和地区间的税收转移。根据公司名称、注册码和地点，观察结果也可以与其他公司的调查相匹配。这为研究公司交易与投资、财务政策和利润分配等其他行为之间的关系提供了良好又可靠的数据支持。

根据增值税制度的设计和GTP在中国的交叉检查机制，该数据库是可靠的。通常，增值税专用发票共有四页。除标题外，四页的内容相同。第一页的标题是卖方保留的"存根票据"以供将来参考；第二页的标题是用于会计簿记购买者的"发票单"；第三页的标题是"信用票据"，即购买者税收抵免的有效证书；最后一页的标题是用于卖方簿记的"簿记单"。这种设计在一定程度上防止了贸易伙伴之间的税务欺诈。卖方负责将发票发送给买方，并促使买方始终需要这些发票，因为在下一次销售货物时，这些发票对于税收抵免是必要的。在生产链中，每个生产者都有权接收和发送代表实际交易价值的发票。此外，中国政府还设立了GTP来监督交易和增值税的缴纳。由此，几乎所有交易都在整个经济体中受到监控，因此，现在只有少数几起违反增值税的案例。

此外，GTP扩大到包括中国的所有非增值税，税收和管理方面的所有信息都已集中到该系统中。因此，GTP 建立了一个连接中国所有税务部门的税务监督网络。通过使用这个网络，全国各地的税务机关可以有效地监控纳税人使用的发票。它几乎消除了虚假发票和税收抵免中的其他欺诈行为，特别是在增值税征收方面。截至目前，系统中的数据包括增值税发票数据、运输发票数据、废发票数据、海关支付凭证数据和出口退税审核数据。通过使用该系统，相关部门可以分析有关纳税和企业税务负担的信息，并监测纳税人的行为。

四、金税三期存在的征管盲点

虽然营改增使得中国境内的所有企业均纳入了金税三期监管范围，但由于金税三期上线初始，许多功能并不十分完善，仍然给了企业偷税漏税的空间，其盲点如下。

（1）对增值税发票开票"货物或应税劳务、服务名称"一项，无法做到系统一对一比对，只能通过购销双方所涉行业，税收分类编码来区分购—销品目是否一致，如销售方为煤炭销售企业，购买方为食品销售企业，则金税三期可以通过购销双方的行业相关性和税收分类编码来进行异常对比；但若一家食品销售企业，其销项票开具"可口可乐"，进项票为"可口可乐无糖型"，其上家、下家都为食品企业，开具的名称都是同一税收分类编码，后台数据比对则无法显示异常，如果涉及精密仪器、电子产业、五金等行业，同一类产品的型号、规格多达几十上百种，"货物或应税劳务、服务名称"一项即使是人工审查也难以区分。

（2）金税三期实行以票控税，对于"未开票收入"难以进行比对，国税设置"未开票收入"一项，其初衷是解决企业跨申报期开票的问题，但却被企业灵活运用到"不开票收入"上面，以票控税可以监管开票部分，不开票部分难以监管。

（3）对于少进少出难以监管，如生产企业可以做到照章纳税，对当期开票和不开票部分进行按期申报，但下家的批发企业却可以少收进项票，同时少开销项票以及申报一部分"未开票收入"，再到下下家的零售企业，进得更少，销得更少。由于金税三期对不开票收入难以进行比对，人工审查的行政成本过于高昂，导致下家剥一层，下下家再剥一层。

（4）金税三期对于企业账外现金、"无关人员"银行账户难以进行比对，企业可以通过账外现金、"无关人员"的银行账户收付账外资金。

（5）对于企业的法人、股东、高管、财务人员及其直系亲属等"有关人员"的银行账户、移动支付等资金收付平台，对账户产生的直接支付、工资薪金收入、劳务报酬、消费、投资理财、借贷、保险等收付明细无法进行详细的数据比对。

（6）金税三期不涵盖物流、库存、生产系统，这部分只能通过企业自行解决（如财务软件），导致企业可以随意操纵其中的数据，偷逃、延迟缴纳税款。

五、金税三期背景下税收筹划策略研究

税收筹划是税法赋予纳税人的一项正当权利。在金税三期背景下，纳税人应采用以下税收筹划策略，以实现节约税款、递延纳税和降低税务风险的税收筹划目标。

（一）合法性筹划策略

税收法律法规是纳税人进行税收筹划必须遵守的法律底线。纳税人税收筹划行为必须在国家税收法律法规许可的范围内进行，必须严格区分税收筹划、偷税与漏税的根本区别。合法性筹划不仅要求弄清楚某项税收法律规范的基本内涵是什么，而且要知道该法律规范在何种背景下制定，政府的立法精神、立法意图是什么。税收筹划要尽可能顺法筹划，就是要符合政府税收政策的意图，符合税法设置的初衷，是税收筹划的优先选择。除了顺法筹划外，还可以逆法筹划，如利用税法漏洞或模糊之处进行避税。当然，避税筹划存在很大的税收风险，并非税收筹划的首要选择。

（二）系统性筹划策略

纳税人经营、投资、筹资、理财活动与经营战略是相互联系的。系统性筹划要求纳税人着眼于企业总体的经营战略全局，而不能仅局限于某一税种税负高低来衡量税收筹划方案优劣。当税收筹划节税目标与企业整体理财目标不一致时，税收筹划节税目标要服从企业整体理财目标。税收筹划既要考虑税收因素，又要考虑非税收因素，如企业整体战略目标、企业所处外部环境变迁、未来经济环境变动趋势等。税收筹划在谋求筹划收益时必然会发生筹划成本。只有筹划收益大于筹划成本，筹划行为才符合经济理性的要求。

（三）保护性筹划策略

保护性筹划策略就是要保证账证完整策略。设立完整、规范的财务会计账表和正确进行会计处理是企业进行税务筹划的基础和前提，会计账表健全、会计行为规范，其税务筹划的弹性会更大，也为以后提高税务筹划效率提供依据。保护性筹划要求企业重视发票监管，将增值税发票的申领、保管、开具、抵扣等环节纳入规范管理。在采购环节，应当向收款方取得符合规定的发票；不符合规定的发票，不得作为财务报销凭证。要仔细核对增值税发票的票面信息，以确保增值税进项税额足额抵扣；同时制定有效内控手段，对供应商资质进行严格审核，降低税务风险。在销售环节，开具增值税发票时应注意填入信息、商品服务归类和编码是否正确，以及在销售退回或折让等特殊事项中的发票开具是否符合税法规定。

（四）用足用好税收优惠政策筹划策略

税收优惠政策作为国家税制的一个组成部分，是政府为达到一定的政治、社会和经济目的，而对纳税人实行的税收鼓励或税收照顾。用足用好税收优惠政策是税收筹划的立足点。进行税收筹划时，要分析纳税主体可以享受哪些税收优惠政策，优惠政策在什么条件下可以享受，以及目前还缺少哪些条件不能享受税收优惠，然后再去创造条件享受优惠政策。当纳税主体的条件都满足优惠政策要求时，还应按照既定的审批或备案程序完成其相关申请手续，获得税收负担的降低。

（五）合力性筹划策略

税收筹划需要企业管理层、财会部门、业务部门协力合作，发挥"合力"作用。企业高级管理层要有税收筹划意识，重视税收筹划工作，但管理层缺乏相应税收筹划的专业知识和技能，不能成为税收筹划的执行主体。会计部门负责会计核算和单位报税工作，与税收筹划有着天然的联系。但会计不参与企业的高层决策，税收筹划涉及纳税义务发生之前各项谋划，而纳税义务发生之前的战略安排超出会计工作的职责和决策权力。企业业务部门对税收筹划也有重要影响，如销售方式与结算方式选择将直接影响纳税义务发生时间的认定。因此，税收筹划需要在管理层的组织领导下，各业务职能部门应定期交流，共享信息并协调税收筹划与业务融合，在各方合力作用下，激发财会部门税收筹划的积极性，达成纳税主体税收筹划目标的实现。

六、金税三期系统下，税务稽查的运行方式

"网络覆盖、集中处理、大数据分析"是在"金税三期"系统下，税务稽查的核心关键词。随着 2018 年国税、地税合并，税收征管改革的大趋势是降低税负、拓宽税基、严格征管、重点稽查。同时，税务稽查的主旋律是：增强执法独立性和震慑力。实施联合惩戒；推动诚信建设。

（一）通过大数据分析、总局省局直接推送核查企业名单

通过金税三期税局稽查信息系统的数据集中处理模式，国家税务总局以及各省市税务局通过数据分析，筛选出需要进行稽查的企业，直接推送至各主管税务机关。主管税务机关根据推送名称情况，通知相关企业，开展税务自查以及税务稽查工作。

（二）双随机与重点税源企业核查相结合的新型稽查方式

通过数据分析，税务机关通过随机抽查分为定向抽查和不定向抽查相结合的方式，选定重点核查以及税务稽查名单进行税务稽查随机抽查。同时，建立税务

稽查异常对象名录库，收录包括长期纳税申报异常的企业、税收高风险的企业、纳税信用级别低的企业、多次被检举有税收违法行为的企业、相关部门列明违法失信联合惩戒的企业等，进行定向以及不定向抽查。

（三）发票快速预警系统建立：虚开发票无处可逃

金税三期发票快速预警系统如图 4-5 所示。

对核票异常、开票异常以及受票异常按天进行预警，对申报异常按月进行预警

从电子抵账、金三、防伪税控、稽核系统提取一般纳税人的增值税管理的全流程信息设定指标进行预警处理

预警精准度达到60%以上，疑点明显、风险等级高的风险企业要100%预警

加强对增值税风险企业应对工作的考核督导

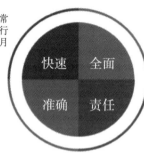

图 4-5　金税三期发票快速预警系统

（四）税务"黑名单"建设以及联合惩戒模式结合：提高征管措施的打击力度

随着我国税务体制深化改革，国家税务总局将税收违法"黑名单"公布及推动联合惩戒作为落实社会诚信体系建设、深化"放管服"改革、优化营商环境的重要工作。根据《国家税务总局关于修订〈重大税收违法案件信息公布办法（试行）〉的公告》，"黑名单"标准如表 4-1 所示。

表 4-1　重大税收违法案件"黑名单"标准

违法类别	案件公布标准
1. 偷税（逃避缴纳税款）	查补税款金额 100 万元以上，且任一年度查补税额占当年各税种应纳税总额 10% 以上
2. 欠缴应纳税款，妨碍税务机关追缴欠缴的税款	欠缴税款金额 100 万元以上
3. 骗取出口退税	无数额限制
4. 抗税	无数额限制
5. 虚开增值税专用发票或者虚开用于骗取出口退税、抵扣税款的其他发票	无数额限制
6. 虚开普通发票	虚开 100 份或者金额 40 万元以上
7. 私自印制、伪造、变造发票，非法制造发票防伪专用品，伪造发票监制章	无数额限制
8. 其他	虽未达到上述标准，但违法情节严重、有较大社会影响的

除了涉嫌主观故意的虚开虚报、偷逃税款的情况，绝大多数企业在日常经营活动中更多的是会遇到因为疏忽导致的涉税风险问题。为了避免潜在的税务合规风险，避免不必要的税务稽查乃至税收处罚，企业应该建立内部税务风险管理体系，提高日常税务管理能力。金税三期企业税务管理风险应对如图4-6所示。

图4-6　金税三期企业税务管理风险应对

第四节　金税三期尚需完善之处

一、税务数据源的角度

在税收大数据背景下，税务数据分析工作中的数据源不仅可以来自税务行业，而且可以来自社会其他行业，因此，为了确保金税三期税务管理工作的效果，工作人员应站在跨行业数据源的角度来看待税务管理工作。

（一）用大数据预测纳税人税收遵从情况

在大数据时代，税务部门可以利用大数据技术的优势来实现税务系统与其他部门系统的有效连接，以便对纳税人生产经营活动进行准确分析，并以此为依据展开纳税人税收遵从情况的有效预测。在金税三期系统中，税务工作人员可以通过对大数据平台的充分利用来实现与工商管理部门信息的高效共享，通过对纳税人合同订单、原材料与产品信息等的全面获取，来判断纳税人的生产经营情况，并将纳税人收入与缴纳税款进行比对，进而实现对纳税人税源与税收等级的准确定位，从而实现对纳税人偷税漏税问题的有效控制。

（二）用大数据进行税务稽查与风险防范

由于在大数据时代，不同部门之间能够进行有效的信息共享，因此，就税务稽查工作而言，其各个流程环节的衔接都更加密切，大大缩短了不同环节之间的对接时间，提高了税务管理工作效率。与此同时，通过金税三期系统，税务管理人员还能够实现对欠税纳税人在银行、工商与公安等系统的相关信息的有效获取，同时实现对欠税纳税人资金流的准确把握，进而避免其进行资金转移等操作，大大降低了税收风险。

（三）用大数据为纳税人提供专业服务

在大数据时代，税务部门的工作质量与工作效率得到极大提升，而纳税人也能够享受到更加专业的服务，这对于纳税人的发展有着积极影响。税务部门通过对金税三期系统的应用，能够在纳税人自主纳税之前，对其经营特点、经营范围与规模大小等提供专业的有针对性的信息查询与自动算税服务等。纳税人能够通过多种渠道来进行实时申报纳税，而在纳税完成后，还可以通过税务平台来对纳税公开信息进行查询，同时也可以通过提建议或举报进行维权。

二、系统单轨运行过程的角度

（一）金税三期系统仍存在一些待优化完善的问题

一是新系统运行尚不稳定，丢失数据的现象时有发生；二是没有完整准确的业务培训教材和系统操作手册，很多业务还处于调试阶段；三是新系统缺少必要的查询功能；四是自新系统测试及运行以来发现提报的问题，还有一部分没有得到解决；五是有些外挂软件如网上申报系统、税库银系统还没有与新系统实现高质量平滑对接。

（二）缺乏一套科学合理的运维管理体系

由于金税三期尚处于个别省份的试运行阶段，与新系统匹配的各类运维机制还不健全，而个别地市推行的运维管理办法虽然有效，但推广起来可能有一定的局限性，这就需要省局站在统筹全局的高度上，制定全省金税三期运维管理体系。金税三期上线以后，随着总局、省局集中平台的建立，日常的系统维护和软件开发等方面的工作都集中到了总局、省局，市县两级在软件使用中出现了问题，需要通过运维平台提报省局解决，市县两级只能解决属于操作性的问题或系统管理员对权限岗位的简单调整，原有的工作模式和工作职责都发生了变化。如何在金税三期环境下对各职能部门进行定位和考核，对各岗位人员工作范围和职责进行调整和支持都没有清晰的思路，缺乏一套科学合理的运维管理体系。

（三）复合型人才短缺现象日趋明显

总局、省局数据集中平台建成以后，人员、设备、技术等资源将日趋集中，后台数据库的管理，日常故障的维护更多地需要通过自上而下的解决方式来完成，从而形成技术集中和人才集中，而人数众多的普通税务干部却处于较低的软件使用层面上，很难通过正常渠道及时获得软件开发上的技术和培训。许多在重要岗位上原本是独当一面的业务骨干，现在只能消极地按照技术专家们设计好的操作流程进行固定的系统操作，有时即使在软件操作上出现了问题，也只是消极地等待技术人员去解决，因而容易导致技术和业务的两极分化，阻碍税收信息化的持续健康发展。

（四）系统应用过程中遇到的具体业务问题

1. 征管方面

（1）已注销纳税人无法正常开业。部分纳税人重新进行税务登记时，录入组织机构代码证后系统根据该组织机构代码证自动提取的纳税人状态为"正常"，致使税务登记表无法保存，无法重新开业。

（2）未申报统计信息不准确。通过金税三期系统未申报统计查询出的未申报企业名单不准确，如通过组织临时登记的纳税人、非正常户、被汇总申报的分支机构均出现在未申报企业名单中。

（3）部分二级分支机构所得税申报时，附表信息无法带到主表。

（4）三方协议信息中税款所属机构错误造成三方协议无法正常维护。在综合征管软件 V2.0 中，企业已有银行账户维护，但在金税三期系统中，进入查询模块"10070308S 三方协议信息登记查询"，显示的"税款所属税务机构"并非是企业所属机构。进入三方协议登记模块，显示"没有符合条件的三方协议信息，请重新查询！"造成企业无法扣款。

（5）双定户注销税务登记时，最后一个月的税款无法按天计算，只能全额征收。在通用申报里，做当月申报处理，可以按天计算收入，保存也成功，但分月汇总申报时需要交纳整月的税款。

（6）双定户注销税务登记时未申报信息和定额的有效期不一致。个体双定户在进行注销时，系统提示存在的分月汇总未申报信息和定额有效期不一致，造成系统提示的未申报信息无法解决，纳税人无法正常注销。

（7）查询功能不完善。金税三期中综合查询和通用查询均无法单独区分企业与个体业户进行分类查询。同时存在查询模块不稳定、查询选项较为单一和查询结果不准确的问题，例如，定制查询中，查询定税清册时，选择有效期起止后进行查询，系统并不能按照选择的时间进行查询，而是将所有的定税清册查询出来。

（8）委托代开发票代征税款操作流程需要进一步明确。代征单位代开发票的验旧开票额的归属是个问题，开票额不能归属代征单位的销售额，应为代征单位设立操作员和代开柜台。

（9）部分业务流程需要进一步优化。一是非全职能分局需要添加综合服务岗。纳税人在县区局大厅办理税务登记后，被分配给非全职能分局时，系统默认地将任务推送给分局综合服务岗，因而必须给非全职能分局增加综合服务岗。但在实际工作中，非全职能分局并不应当有综合服务岗的前台业务。二是一般纳税人认定流程。现有的一般纳税人认定流程是两条路径，基层在进行业务流转时，经常会出现错选业务流程的问题。可以根据各地市的实际情况，锁定业务流程，从根本上避免一般纳税人认定流程流转错误的问题。

（10）部分业务环节办结期限过短的问题。实际工作中因各种原因难以保证在规定时间内办结逾期现象较多。另外，如果周五受理的业务，中间由于周末两天休息，就会造成业务审批逾期。

2. 货劳方面

在金税三期系统中，为部分外省纳税人代开专用发票时，录入纳税人识别号后无法正常带出纳税人的银行信息。

3. 纳服方面

网上申报存在的问题主要体现在以下方面。一是网上办税平台提取纳税人信息不及时、不完整，例如，金税三期系统和网上办税服平台税务端均已作废申报表，但由于数据更新不及时，企业端仍无法再次申报。二是企业所得税申报，网上办税平台只对所属期是季度的头一天至季度最后一天的税种核定信息进行提取，季度中间开业的业户无法提取税种核定信息。三是部分纳税人申报信息无法正确完整地写入，例如，部分纳税人的申报信息写入金税三期系统后，申报表数据全部为0和纳税人实际申报数据不一致。

4. 所得税方面

（1）存在个别二级分支机构附表数据无法带到主表的问题。在二级分支机构进行所得税季度申报时，填写完附表保存后，附表信息不能够自动写入主表目，主表信息无法进行修改，造成该分支机构无法正常申报。经和省局沟通后，只能通过网上申报的方式写入金税三期系统，无法通过前台完成申报。

（2）总机构汇总纳税备案维护缺失，造成二级分支无法正常申报的问题。总机构没有维护汇总纳税备案且已申报征收入库的情况下，其二级分支机构无法正常申报，只能修改为非总分机构进行单独申报。

5. 收入规划核算方面

（1）金税三期中部分预算科目代码调整但国库未调整，导致无法通过税库银扣款的问题。例如，"其他国有企业所得税"代码原为101043109，现变更为

1010431，导致无法扣款，只能使用银行划款方式，同时需手工修改税票。

（2）票证系统存在丢失结报单的情况；票证月结后汇总报表数据有误，未正常反映填用数据作废不使用票证的基层单位后，该部分单位仍出现在票证月结列表中。

（3）对汇总缴款书进行上解销号时，查询不到缴款书造成无法正常销号的问题。对当日开具的三张汇总缴款书进行销号时，只能查询到两张汇总缴款书，另一张汇总缴款书无法正常销号。

6. 国际税收方面

（1）源泉扣缴企业所得税合同备案，系统提示无相应岗位人员的问题。国际税务管理岗的人员进行扣缴企业所得税合同备案登记时，系统报错，无法保存，提示未查询到符合条件的待办人员。但是之前在另一县局，同样是国际税务管理岗的人员正常完成了源泉扣缴企业所得税合同备案。

（2）非居民企业承包工程作业和提供劳务企业所得税扣缴义务人认定时，项目名称为灰色无法保存的问题。非居民企业承包工程作业和提供劳务企业所得税扣缴义务人认定进入发放环节，显示"项目名称"为灰色，没有信息，无法保存。

7. 出口退税方面

办理免抵退税申报受理流程推送至县区签批岗位时系统报错，申报受理流程查无下落。

8. 法制方面

（1）金税三期系统在自动触发违法违章的情况下，缺乏不予处罚的模块。征管法规定有不予处罚的情况，在实际工作中也存在这样的情况，但是在金税三期系统中没有不予处罚的操作选项。建议在金税三期系统中设立不予处罚流程。

（2）修改银行账户信息易触发税收违法行为的问题。在存款账户报告表模块新增银行账户后系统自动启动税收违法行为处罚，原因是未在15天内向税务机关全部报送银行账号。在实际工作中企业因业务需要经常开具新的银行账户作为缴税账户，到主管税务机关变更后就会出现违法信息，这与实际情况不符。经测试，只能在三方协议登记模块中点击修改，才能安全地把旧银行账号修改成新账号。

（五）系统单轨运行工作完善建议

（1）建议自上而下的建立一套科学合理的运维管理体系。很显然，金税三期工程只是提高税收管理水平的手段，实现对系统的科学管理和有效应用才是开发金税三期的关键。金税三期上线后，当务之急是探索在新系统条件下的工作协调机制、责任追究机制、快速反应机制、质量评价机制、宣传推介机制等运维管理体系的建立和完善，而作为高度集成的系统，个别地市推行的运维管理体系难免具有局限性，这就需要省局站在统筹全局的高度上，制定全省金税三期运维管理体系。

（2）建议以业务需求为导向进一步优化完善系统。进一步优化业务流程，完善岗责体系，提高系统运行速度和稳定性，进一步解决诸如新系统运行尚不稳定，丢失数据的现象时有发生；没有完整准确的业务培训教材和计算机操作手册，很多业务还处于调试阶段；新系统尚缺少必要的查询功能，自新系统测试及运行以来发现提报的问题还有一部分没有得到解决，有些外挂软件如网上申报系统、税库银系统还没有与新系统实现有效对接等问题。

（3）建议加大人才培养，健全复合型人才培养使用机制。金税三期组成人员主要包括技术服务人员和系统管理人员两大类。技术服务人员的主要工作是为系统提供技术支持和服务，进行系统软件的定期升级维护、硬件的日常检修等，在金税三期中处于从属位置。系统管理人员的主要工作是对系统提供的信息进行综合分类分析，对业务问题进行沟通处理，为领导决策提供参考数据等，在金税三期中处于主导位置。随着金税三期的推广应用，懂技术、精通业务流程并且熟悉税收法律的复合型人才比较匮乏，因此，建议省局开展定期、不定期的系统培训，培养一批既懂技术和政策又熟悉业务流程的复合型人才，健全完善人才培养和使用机制。

（4）畅通问题解决渠道，提高问题解决效率。金税三期系统上线后，工作重心转向系统问题管理的现实工作中，基层分局和征收一线遇到的问题往往都是事关纳税人切身利益的问题、亟待解决的问题，时效性较强，而这些问题一般难度都比较大，多数是由于软件不完善造成的，因而需要通过运维平台向省局提报反映。建议省局在市县两级实行"一天一汇报"制度的基础上，进一步完善问题收集整理—分析研究处理反馈—持续跟踪的问题管理机制，将遇到的问题在第一时间进行反馈，以便及时有效解决。

三、金税三期推进过程的角度

1. 技术研发与应用还需加强

金税三期虽注重新技术的研究，但技术成果转化为应用的速度还需提高。需要加大对关键技术的研发投入，加快技术成果在管理中的试点与推广，提高技术引领作用。

2. 管理体制改革还需深化

金税三期推进了权责下放等改革，但更广泛与深层次的管理体制改革还需持续推动。需要转变管理理念，深化改革力度与广度，释放更大活力。

3. 数据开放措施完善空间大

金税三期推出了税收数据开放举措，但开放的数据集范围与标准化水平还需提高，开放方式也可以更加丰富。需要加快税收数据分类和标准化，扩大开放范围，完善开放形式，最大限度激活社会效用。

4. 跨部门协同效果还未彰显

金税三期加强了与其他部门的合作，但协同效果还未完全体现。需要建立常态化的协同机制，加强工作衔接，实现资源共享与整合，提高政府效能。

5. 服务水平提高还需持续

金税三期注重纳税体验的提高，但服务水平提高还需长期推动。需要转变服务理念，优化服务流程，加强服务监测与评价，持续改进，提高纳税人满意度。

6. 国际合作范围可拓展

金税三期加强了国际交流与借鉴，但国际合作的广度与深度还有提高的空间。需要建立国际合作的长期机制，拓展合作领域与对象，不断提高国际化水平，借鉴国际经验。

7. 社会参与热情还可激发

金税三期注重社会宣传，获得一定认同，但社会各界参与度还有较大的提升空间。需要进一步拓宽途径、丰富形式、提高便捷性，最大限度地激发社会参与热情，形成共治格局。

因此，金税三期虽在推进税收管理现代化进程，但技术创新、体制改革、数据开放、跨部门协作、服务提高、国际交流与社会参与等方面均还有提高与完善的空间。这需要在已有成效的基础上，继续推动与社会发展一致的变革，深入与广泛地提高各方面水平，以期达到推动税收管理与社会治理现代化的目标。金税三期虽然已实现新的提高，但仍需继续努力，推动变革的广度与深度，这需要社会各界的共同理解与支持。只有推动政府治理能力现代化与社会发展深度契合，才能成就新时代金税工程的历史使命。

四、对金税三期运行的思考与建议

（一）深化合作，打造税务、工商联合政务服务共同体

（1）设立"一站式"服务共同体。打造税务、工商联合政务服务共同体，整合税务、工商服务资源，统一规划，实现税务、工商事项一厅办理、涉税业务一窗融合（工商注册、税务登记、优惠办理、代开发票、印模制作、数字证书办理、税控机申领等160余项业务"一厅办理""一条龙服务"）。一方面，打造税务、工商联合政务服务共同体，设立联合政务服务大厅，对于税务机关来讲也大有裨益。通过合作平台，实现业务融合和资源整合，节约征纳成本，提高征管质效，从而实现税企共赢。另一方面，税务、工商联合政务服务大厅的设立，也是升级政府服务，提升部门形象的有益实践。积极打造税务、工商联合政务服务共同体，设立专业化政务服务大厅，也是针对国家"五证合一"改革走的一步先

手棋，为下一步整合社会保险登记证和统计登记证业务提供支持，为群众和纳税人提供优质、高效、全方位的联合政务服务。

（2）探索部分业务"合作通办"途径。随着信息互认、数据共享程度日益加深，充分利用信息共享平台，切实掌握企业的经营情况，积极探索部分业务"合作通办"途径，减少纳税人一个事项多个部门来回跑现象，实现进一家门，办两家事、多家事。

（3）突出加强对自然人的管理。随着税制改革特别是个人所得税、房地产税改革的深入推进，自然人纳税人将大幅增加，但对自然人税收的征管制度相对比较薄弱，征管手段有限。特别是针对地税部门，"营改增"以后，自然人将成为主要管理对象。从法律框架、制度设计、征管方式、技术支撑、资源配置等方面构建以高收入者为重点的自然人税收管理体系和"建成自然人征管系统，并实现与个人收入和财产信息系统互联互通"，达到强化对自然人管理的目的。

（二）利用现代信息技术，实现多方共赢

（1）利用信息技术，实现网上管税。主要是依托金税三期、"互联网＋税务"和现代信息技术，通过整合征管系统，构筑统一规范应用系统平台。一是将数字化技术运用于涉税业务流程，采用电子化服务、申报和缴税等税收信息化来转变征管方式。二是通过"互联网＋税务"以及移动互联网为纳税人提供高效、便利的服务。三是税收部门通过大数据分析，提高税源分析管理和税务风险监控能力，服务地方治理和科学决策。

（2）利用信息平台，进一步扩大同城通办业务量。同城通办的总体思路是以网上大厅为主、实体大厅为辅。纳税人可通过互联网随时随地办理涉税事项，或到本市任意一个办税服务厅办理涉税事项。一是网上通办提速升级，极大地提高了工作效率，减轻了税务干部的压力，也方便了纳税人。二是实体通办重点突破。全面优化办税流程，切实减轻纳税人负担，让数据多跑路、让纳税人少跑腿。

（3）优化系统，发挥金税三期和互联网＋税务优势，服务经济社会又好又快发展。一是借助外部力量。引入中介、高校等外部力量，进一步强化对金税三期系统的模型优化改造，为税收征管和纳税人提供更加科学、有效的技术支持及服务平台。二是探索纳税人信用应用。研究建立纳税人税收信用体系，实现"信息管税、信用管人"工作模式，设置纳税人信用指标，使之服务于社会信用管理，服务于纳税信用评定，服务于稽查检查选案，服务于行政处罚裁量。

本章小结

2008 年，金税三期启动。覆盖所有税种，所有工作环节。也是第一次使全国地税、国税征管系统得到了统一。从技术迭代，到用以解决新发现的问题，可以说，金税工程一直伴随我国税务征收、监管走向成熟。从金税一期的人工核查，到金税二期的电子防伪，再到金税三期的联网、打通信息，很明显，国家税务机关的目的始终如一：让税务监察这件事，更严密、更安全、更可靠、更敏锐、更全面。

练习题

1. 阐述金税三期的背景及建设原则。
2. 简述金税三期的重要意义。
3. 简述金税三期系统的主要特点。
4. 简述金税三期的亮点有哪些。

第五章 金税四期

学习目标

1. 了解金税四期其他信息、发展过程。
2. 理解金税四期的进展状况、有待完善之处。
3. 掌握金税四期的背景、框架。

【导入案例】

2020 严查开始！公司还敢用个人账户收款？

1. 云南国税稽查局对云南某一药企进行税务检查，在其送达的税务检查通知书中，明确列明需要该公司提交的资料包括：公司法定代表人等主要负责人及财务人员个人的所有银行账户及明细。

2. 北京某电子股份有限公司法人用个人账户收取客户购货款，最终，对公司少缴增值税 377 286.46 元、企业所得税 101 515.75 元，分别处以 0.5 倍的罚款，全额合计 239 401.11 元。

上述案例说明以下几个道理。

（1）银行税务共享信息。银行、税务信息已经共享，如今税务如果有需要，想要掌握私人账户的资金变动，不再那么困难。自 2021 年起，各地金融机构与税务、反洗钱机构合作势必加大，老板私人账户与公司对公户之间频繁的资金交易都将面临监控。税务监管没有法外之地，偷税漏税必然遭到严查！

（2）大数据比对分析。企业的经营是否有异常，发票、申报数据是否真实，系统都会自动对比并分析。动态监测之下，一旦有异常，如税负率低，系统就会自动预警。不用别人举报，税务局在办公室就知道哪家企业可能涉嫌偷税了。

（3）虚开发票这条路被彻底堵死。税务已经打造了最新税收分类编码和纳税人识别号的大数据监控机制，可能将有更多企业因为历史欠账虚开发票被识别出来，请大家遵守税务法规。同时，高工资、多渠道、多类型收入的将面临严查！

（4）告诫所有企业老板们，不要再用个人银行账户隐藏公司收入少缴税款啦！否则一旦被查，补缴税款是小事，还要缴纳大量的滞纳金和税务行政罚款，如果构成犯罪的，是要承担刑事责任的，且行且珍重。

资料来源：江苏省支付清算服务协会，http：//www. jspcsa. com/index. php?m = content&c = index&a = show&catid = 9&id = 2232。

第一节　金税四期概述

一、金税四期概述

金税工程是经国务院批准的国家级电子政务工程，是税收管理信息系统工程的总称。自 1994 年开始，我国历经金税一期、金税二期、金税三期、金税四期建设。金税四期即第四期国家金税工程计划，是第三期的改进与完善。金税四期最大的特点就是建成了较为完善的企业信息联网核查系统，该系统搭建网络通道，致力于促进各部委、人民银行以及相关机构之间与涉税业务相关的信息共享和查询，从而确保三大功能的实现，即企业相关人员手机号码、企业纳税状态以及企业登记注册信息查询功能。金税四期在 2022 年底基本开发完成。

从金税一期到金税三期，金税工程项目将"以票控税"的思路体现到了极致，国税与地税合一，全部覆盖税收征收的所有环节。而金税四期的建设已经跳出了"以票控税"的思路，借助科技手段，围绕构建智慧税务的目标，沿着"以数治税"的思路，将非税业务也纳入监管，以实现企业业务全闭环监管。从金税一期到金税四期，税种审查范围逐步扩大，数据审查趋于严格。在金税四期上线之后，纳税人的数据将被更全面、更立体地掌握。以大数据为支撑，未来每个纳税人的底色将会越来越毫无保留地呈现出来。金税四期的完成，也意味着我国从"以票管税"向"以数治税"的税收征收转型升级。

二、金税四期的新变化

与金税三期相比，金税四期将会实现税务系统的所有业务，整个流程以及各项数据的全国互通联网，达成所有涉税业务全国通办的成效，为此，金税四期决策指挥项目系统打造"视频指挥台""重大日程""重大事项"三项主体功能以及"会议室预订""多人音视频沟通""扩展接口"三项配套功能，从而促进涉税业务办理效率的提高和营商环境的优化。2021 年 1 月 13 日，国家税务总局官网公开了金税四期决策指挥端之指挥台及配套功能项目成交结果公告，至此，金税四期决策指挥系统的商务部分和技术部分文件被公开。在重大税制改革（营改增）和统一全国税收征管的背景下，特别是 2018 年国税与地税合并后的"金三并库"（即原国税、地税两个金税三期系统数据库合二为一），为了有序整合，我国提出建设金税四期，以期形成税务部门唯一的税务管理大系统。国家税务总局设想，将"金税四期"调整为以发票电子化为基本内容，对外称"发票电子化"、对内称"金税四期"的税收工作改革新思路。金税四期纳入"非税"业务，实现对业务更全面的监控，再加上各部委、人民银行以及银行等参与机构之间信息共享和核查的通道，实现企业相关人员手机号码、企业纳税状态、企业登记注册信息核查三大功能。简而言之，通过金税四期系统，企业数据信息的透明化程度更深，监控更加全面，税务稽查会更严、更精准、更全方位。金税四期最大的特点就是"非税"数据入库，国家70个部位数据全方位无死角介入，使个人和企业成为"透明人"。金税四期依靠"大数据""数据共享""数据链"对企业和相关人员达到信息全面共享、信息全面核查。金税四期是金税三期的全面升级，搭建了各大相关部门包括银行、工商、税务等。

金税四期＝金税三期的一平台两级处理四类系统＋非税业务（涉税业务全面监控）＋信息共享（打通国家各部委、人民银行、各银行等所有通道信息共享）＋信息核查（企业相关人员手机号、登记注册信息、纳税状态）＋高端云化打通（税费进入全数据、全业务、全流程、全智能监控）。从公开的金税四期决策指挥系统的商务部分和技术部分文件来看，金税四期大大增强了内部控制监督平台，其三项主体功能和三项配套功能如下。

金税四期决策指挥端的指挥台：

（1）主体功能：视频指挥台；重大事项；重大日程。

（2）配套功能：多人音频视频沟通；会议室预定；扩展接口。

通过技术加持，强化了内容控制监督。外部随着大数据等技术的成熟也会不断升级，税务监控变得越来越严格。金税四期的新变化如图5-1所示。

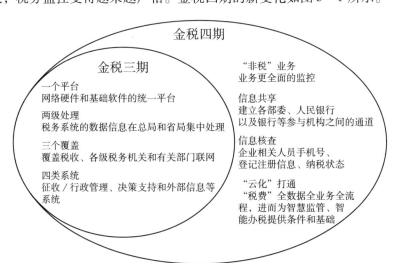

图5-1 金税四期的新变化

金税四期上线后，企业的全面数据将被税务局掌控，税务局全方位、全范围、多维度地监控企业情况。之前的"以票管税"将会转向"以数据查税"，深度和广度都会远远超过金税三期，届时的税务系统就是全行业闭环，上下游四流合一，账目不仅要经得起原监管部门的检查，还必须得经得起银行、工商、公安、劳动部门等多方机构的共同验证。未来企业在大数据、人工智能等面前经营情况和资金流向都是透明的，除了合理合法合规纳税外，别无他法。金税四期，不仅是在税务方面，还会纳入"非税"业务，实现对业务更全面的监控。这就意味着，企业更多的数据将被税务局掌握，监控也将呈现全方位、立体化。

三、金税四期决策指挥项目背景

税务系统五级垂直管理，汇报沟通层级多、频率高；税务总局机关两地办公，大部分省税务局也是两地办公，召开会议不便。为提升工作效率，急需开展本项目立项实施工作，基于税务专网建设使用便捷、安全可靠的可视化指挥平台，实现直达单兵（一对一）、直连现场（一对多）的视频指挥功能，提升税务机关工作效率。此外，还包括以下背景。

（1）税收收入占财政总收入 80% 以上，税收是国家财政收入的主要来源，保证国家钱袋子的流入关系国家的命脉。

（2）税务不只是收税，各种非税收收入也移交到税务征收，如最大的民生工程"社保"就由税务征收了，税务已成为国家钱袋子的中流砥柱。

（3）税务重任在身，税费征管系统就要适应征管的需要，金税三期系统已经不能满足现代征管的要求（全方位、全业务、全流程、全智能），因而金税四期上线是很有必要也是相当紧急。

（4）税务总局在 2020 年 12 月申请上报"金税四期"项目。

四、金税四期决策指挥项目建设目标

为打造智慧税务，实现税收治理现代化的规划要求，税务总局决定推进决策指挥端建设工作，为领导层打造一套信息获取及时准确、页面展示直观形象、实操实控简单明了、指挥决策精准有力的"作战图"指挥平台，实现以下目标。

一是"智慧办公"提效率。引入可视化、语音化、智能化技术，建设先进的多人音视频沟通系统，提供便捷的线上沟通、线上会商功能，实现全方位、宽领域、多场景的互动，解决会议室订不上、异地办公交互难的问题，提升智慧办公、智慧协作水平。

二是"智慧指挥"添能力。搭建各层级间上下贯通、左右互联的弹性指挥控制链条，组成纵向贯穿各级税务机关，横向覆盖各地区各部门的指挥网络，使税务总局和省以下税务机关具有方便快捷的实时指挥能力。

三是"智慧决策"有帮手。智能收集推送重大事项、税务要情，运用个性化信息推送服务技术和人工智能交互界面技术，实现领导决策任务差异化推送和智能关联推送，方便领导第一时间掌握重要情况，更好地服务宏观经济决策，提升税收治理现代化水平。

根据"想得要大，起步要小，扩展要快"的原则，先行启动决策指挥端（一期）项目建设，实现当前最为迫切的指挥台及配套功能。

五、金税四期决策指挥项目功能性需求

（1）该项目主体功能包括三部分，即"视频指挥台""重大事项""重要日程"。

一是视频指挥台模块。该模块主要用于在指定区域（指税务内网覆盖区域，如税务总局不同办公区，总局、省局、市局办公和驻点区域等）对相关事件（如紧急任务下发、最新政策研讨、重点工作事项的汇报与交流）进行视频交互、远程指挥、情况汇报以及交流分析。该模块可开展一对多视频指挥，多对多视频沟通，支撑多方稳定通话、便捷分享屏幕和文档。

二是重大事项模块。该模块主要通过分析匹配信息文档的标签与个人岗位、职务等信息，根据不同使用者的个人偏好，将内网和互联网上的相关涉税信息、高层动态、社会热点、经济动态、国内外大事等信息进行个性化的推送，满足千人千面的定制化需求，使得使用人可以在该模块快速方便地浏览感兴趣的信息。

三是重要日程模块。该模块主要是结合日历，将与系统使用者有关的行程进行展示和共享，可以根据需要设定日程提醒，同时便于上级领导安排和召集会议、确定相关行程等重要事务性安排。还可提供指定人员在岗状态信息和外出情况信息的查询，便于掌握人员工作动态，对视频指挥台模块开展远程视频会议起到辅助提示作用。

（2）除了主体功能外，该项目需求还包括多人音视频沟通、会议室预订功能等辅助功能，同时要求保留接口提供功能扩展能力，用于决策指挥系统后期相关功能模块的衔接。

一是多人音视频沟通。可根据需要，随时使用音视频方式与上级、同事连线沟通。支持几十人同时在线，单次沟通不限时长。设置了主持人角色，由会议发起人为首任主持人，其可以使用特定限制和管理，组织会议顺利进行，避免参会人员发言冲突；同时可以根据目前发言人进行界面优化和突出显示，根据需要选择降噪模式，消除敲击键盘声等的干扰。满足屏幕共享和远程协助，参会人可以通过屏幕共享直观展示会议议题、会议文件等，实时进行远程互动和写作。

二是会议室预定。可实现会议室在线预定、变更，支持会议排座管理、会议席卡打印。支持查看不同办公区所有会议室的使用情况，以及会议室的实时预定

情况、预订者、预定时间，在会议室资源紧张时可以与预订者进行协调。

三是扩展接口。提供应用标准开发框架，实现功能可扩展性，满足未来办公协同的需求。

六、金税四期决策指挥项目系统总体架构

本项目主要由三项主体功能和三项配套功能组成，如图 5 - 2 所示。

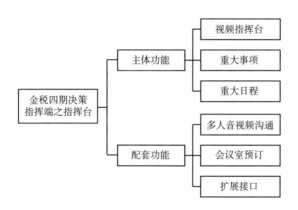

图 5 - 2　金税四期决策指挥端之指挥台

打造一个面向管理层"作战图式"的可视化智能交互指挥台，为管理层动态实时显示重大事项、重要日程等个性化推荐内容，大大缩短决策前的信息获取时间。同时，还提供多人音视频沟通、会议室预订等配套功能，为管理层提供更便捷的办公服务。本项目预计使用人数为 10 000 人，使用频率为每天，高峰在线人数为 1 000 人，高峰持续时间为 4 小时/天。

七、金税四期的推进时间

整个系统建设已经完成，发票电子化，分为两个推行步骤，税费比对系统也在紧密进行中。

（一）增值税电子专用发票的推行（已经完成）

为全面落实《优化营商环境条例》，加大推广使用电子发票的力度，2020年，国家税务总局在宁波、石家庄和杭州 3 个地区试点增值税电子专用发票；在试点成功基础上，自 2020 年 12 月 21 日起，在天津、河北、上海、江苏、浙江、安徽、广东、重庆、四川、宁波和深圳 11 个地区的新办纳税人中实行专票电子化，这些地区开出的电子专票在全国范围内都可接收适用。自 2021 年 1 月 21 日起，对其余地区的新办纳税人实行专票电子化。实行专票电子化的新办纳税人具体范围由国家税务总局各省级税务局自行确定。

（二）全电发票的推行（正在实施）

"全电发票"是全面数字化的电子发票的简称。全电发票依托全国统一的电子发票服务平台（独立存在，但依托于各省级电子税务局，将金税四期与金税三期有机结合起来），24 小时在线免费为纳税人提供开具、交付、查验、勾选等服务，实现发票全领域、全环节、全要素电子化。按照国家税务总局统一部署，自 2021 年 12 月 1 日起，上海、广东和内蒙古 3 个地区的部分地区新办纳税人开展"全电发票"试点工作，截至 2022 年 7 月 18 日，上述 3 个税务省级单位（包含计划单列市，下同）试点纳税人（已包括存量纳税人）可以开具、17 个税务省级单位纳税人可以接收全电发票；共计有包括电子版专用发票在内的 14 种全电发票式样。

全电发票是未来发票的发展趋势，将进一步结合区块链技术。预计 2025 年之前，全国各税务省级单位的新老纳税人都可以开具全电发票。

（三）实施税费比对

将税务机关管辖的各税种、各项收费作立体比对，保证各项国家（地方）收入应收尽收。特别是地方收费，将通过地方国库，完全纳入地方人大的预算内管理。同时，在这期间，金税四期将整合金税三期各税种、费种征管子系统。

八、全电发票、增值税电子专用发票异同点

（一）全电发票、增值税电子专用发票等相同点

一是全电发票、增值税电子专用发票、电子（普通）发票的法律效力、基本用途与现有纸质发票相同。其中，带有"增值税专用发票"字样的增值税电子专用发票、全电发票，其法律效力、基本用途与现有增值税专用发票相同；带有"普通发票"字样的全电发票，其法律效力、基本用途与现有普通发票相同。

二是全电发票、增值税电子专用发票、电子（普通）发票，仍然没有作废功能。

（二）全电发票、增值税电子专用发票等不同点

1. 发票领用开具流程不同

全电发票试点纳税人通过实名验证后，无须使用税控专用设备，无须办理发票票种核定，无须领用全电发票，使用电子发票服务平台即可开票，通过"赋码制"系统自动分配唯一的发票号码，新办纳税人可实现"开业即可开票"；而增值税电子专用发票、电子（普通）发票、纸质发票均需使用税控专用设备、办理发票票种核定和领用手续才能正常开票。通过纳税人电子服务平台税务数字账

户实现归集。

2. 管理模式不同

全电发票开票实行开具金额总额度管理，而增值税电子专用发票、电子（普通）发票、纸质发票开票实行最高开票限额管理。两者最大的区别是管理的关键点不同，全电发票实行总金额控管，即在一个自然月内，试点纳税人发票开具总金额（不含增值税）的上限额度是一定的（含纸质发票、离线开票），类似银行的贷款额度管理（具体来说，如果确因实际业务需要，可能开具一张发票即达到了开具金额总额度）；而最高开票限额一般对单张发票的最高开票金额进行管控，辅之以发票数量的核定，管理的精准度不够且复杂。

3. 红字发票开具方式不同

全电发票的受票方未做增值税用途确认及入账确认的，开票方全额开具红字全电发票，无须受票方确认；受票方已做增值税用途确认或入账确认的，开票方或受票方均可发起冲红流程，经对方确认后（与原有电子发票不同），生成"红字发票信息确认单"，开票方全额或部分开具红字全电发票，而之前的增值税电子专用发票、电子（普通）发票、纸质发票冲红相对烦琐一些，但无须对方确认。

4. 入账归档一体化

按照《财政部 国家档案局关于规范电子会计凭证报销入账归档的通知》的规定执行。"全电发票"的推行将是一个重大的里程碑事件，对税企双方都会产生积极而深远的影响。一方面与 ERP 等企业财务软件直接对接，实现发票报销、入账、归档一体化，也避免了企业人员重复报销；另一方面税务机关利用大数据技术对发票数据进行了全程记录，必将有效提升税收征管效率，如预填申报表。而之前的增值税电子专用发票、电子（普通）发票、纸质发票则上述功能很弱或没有。

九、金税四期的特点

金税四期是以数治税，覆盖税收业务和非税收业务。金税四期通过大数据，税务系统会对接银行、上下游企业、关联企业等，可以监管到每个交易、每个合同甚至是每一块钱都会成为透明的。金税四期全面推开后将实行全电发票。企业和个人不需要税控设备，不需要领用发票，在有效防范假发票能力上大大超越了纸质发票，同时也提升了发票管理的便利性。金税四期全面推开后将实行智能监管。企业如果建立好几套账，会导致很多比率不对，如税负率、净利率等，系统比率异常会弹窗，然后税务局就会人工审查。具体来说，主要包括以下特点。

（1）不仅是税务方面，而且会纳入"非税"业务。税务检查之所以费时费力，就在于纳税人的信息分别被多部门掌握，如市场监督管理局的工商登记信息、银行的转账流水信息、海关的通关信息，甚至工信局的企业的生产仓储、用水电气等信息。

金税四期纳入的非税业务如"银税互联"，对于很多企业都是致命一击。私户收款（包括微信、支付宝）隐匿收入和私户发工资逃避个税都不再可行。

例如，在住建部查到有房产，却未交房产税；在公安部查到驾照的新增量，驾校却未申报收入。

如果说以前税务局只了解企业的冰山一角，那么金税四期下企业将成为税务局眼中的透明人、无处遁形。

（2）充分运用大数据、人工智能，并以大数据为支撑。

（3）信息核查：企业相关人员手机号码、企业纳税状态、企业登记注册信息。

（4）企业更多的数据将被税局全方位、全业务、全流程、全智能地掌握，从"以票控税"向"以数治税"转变。依托算法，系统自动提取数据、自动计算税额、自动生成申报，实现从"报税"到"算税"；通过云计算，建设"无风险不打扰、有违法要追究、全过程强智控"的新体系，实现从"上网"到"上云"。

例如，A 公司为了省税，向 B 公司购买了咨询费发票。

a. 金税三期时，只要 A 公司编制的业务需求合理、B 公司确实有对应的资金流而且 B 公司正常纳税，这笔交易很难被稽查。

b. 金税四期上线后，这笔交易很容易被稽查出来。因为 A 公司给出去的资金，一定会通过其他途径返还。只要返还途径涉及 A、B 双方任意股东或员工的个人账户，都会被第一时间预警。

再如，皮包公司、空壳公司很可能刚成立就被揪，从以前的虚开发票才被稽查转向事前预防。

（5）对资金的监控更加严格，特别是个人卡交易，个人名下一张银行卡涉案，5 年内不能开新户，禁用手机支付，包括微信、支付宝，同时记入征信。

（6）大数据分析的模块有：虚开增值税发票智能分析，骗取出口退税智能分析，偷逃税智能分析，重点行业涉税违法分析，主要税种涉税违法分析。

十、金税四期的新功能

金税四期主体功能有"全电发票""视频指挥台""重大事项""重要日程"四大项，同时保留接口提供功能扩展能力。相对于金税三期，金税四期多了以下功能。

一是不再仅是税务方面，还将"非税"业务一起纳入，在整体业务层面上进行更加全面的监控；二是各部委、人民银行及部分商业银行等共同参，搭建与各机构之间信息共享和核查的通道；三是不仅企业和法人的信息能实施调取，更能实现企业相关人员手机号码、企业纳税信息状态、企业登记注册信息核查这些功能。

简而言之，"金税四期"的推进将会使得现代化税收征管系统更加强大，实现"税费"全数据、全业务、全流程的"云化"打通，为智能办税、智慧监管提供条件和基础，实现"以票控税"向"以数治税"的转变。

在覆盖全税种的基础上，覆盖到非税业务，这点财务工作者能够比较直观地感受和理解，像社保、文化事业建设费、垃圾处理费、水利建设基金等毕竟都是通过电子税局申报缴纳；金税三期已经在一定程度上覆盖其他部门联网，金税四期只是在程度上更深而已。一方面，覆盖的外部机构更多尤其是跟银行对接了。另一方面，金税四期系统本身有专门的模块接收其他部门推送过来的数据，实现系统通道的打通和融合，而不是像过去其他部门系统部分信息只是推送给税务人，税务人再录入或导入税务系统，纳税人综合信息与办税人员相关信息紧密结合，这一点起到了规范办税人操作的作用。可以将金税四期理解为"互联网＋税务"，互联网平台将线下办税业务移到线上，"大数据"和 AI 服务于税务稽查、纳税评估等工作，大大解放了后台税务人员的人工分析比对工作。

综上所述，税务机关接收内外部数据的平台有了，数据传输、处理的方式更自动化、智能化了，除了传统发票方面的数据，还有其他方面的数据用于纳税人申报，用于税务局比对、分析，"以票控税"向"以数治税"的转变自然水到渠成。

十一、金税四期的升级改造

金税四期的升级改造主要体现在以下几个方面。

1. 税务数据管理平台升级

金税四期将完善原有的数据管理平台，建立科学的数据共享、监管、安全机制，实现全国范围内税收数据实时同步。同时，该平台还将推出一些新的智能功能，如数据采集和初审、数据标准化、共享查询和风险控制等，提高税务工作的效率和管理水平。

2. 税收执法升级

金税四期将加强税收执法数据的采集和分析，对可能存在逃税、偷税、漏税等行为的企业及时发现和查处。借助传感器、视频等高科技手段，金税四期将打造更加精细化、高效性的税收征管体系。

3. 纳税服务升级

金税四期将通过多个平台，推出一系列便民服务，如在线预约、在线咨询、税务知识普及等。此外，金税四期还将继续整合各类税收优惠政策，让企业享受到更多的实惠。

4. 税收管理升级

金税四期将加强对税收管理的监管力度，建立完整的风险预警和管理机制，强化中央和地方税务部门的联动和协作。同时，金税四期还将利用更加先进的技术手段进行数据分析和智能决策，提高税务管理的精度和效率。

第二节 金税四期强大的"新一户式查询"功能

（一）简介

新一户式查询是指，发票电子化阶段针对纳税人数据进行整体归集，并可通过新一户式查询查看单户纳税人的税务基本信息、监控预警分析、大额发票监控分析、绩效考评等，供主管税务机关的内控督导和稽查局、特派办等各级单位人员查询分析的一个新功能。新一户式查询的查询间隔已经根据发票上传时间缩短为 5 小时。

新一户式查询风险防控是发票电子化阶段顺利实施的关键所在，重点通过蓝、黄、红三类税收风险，进行精准"查询"。对风险等级低的"蓝色"纳税人，将其纳入正常管理，综合运用电话、短信等手段引导其规避涉税风险，进行自查自纠，实现风险提示、风险确认、风险消除的良性循环；对具有一定风险的"黄色"纳税人，开展集中分析、专项评估；对风险等级高的"红色"纳税人，第一时间实施企业自身、下游企业抵扣、出口退税等业务阻断，维护国家税款不受损失、确保国家行业、企业正常经营秩序。

新一户式查询重点聚焦增值税发票领用、开具、抵扣、申报、出口退税、留抵退税、事后风险防控 7 个环节，推出专票、普票一体化防控措施，同步匹配 206 个内控监督点，目的在于各环节风险防得住、管得好。

（二）新一户式查询具体内容

（1）登记认定类信息。金税四期将新一户式查询的监控人员分为五类：企业法人、财务负责人、办税人、领票人、开票人；一般纳税人信息、非正常户、信用等级、不动产项目报告、工商股权信息、风险纳税人进行管理。

（2）发票类信息。票种核定、发票领用、发票开具、发票缴销、发票验旧、最高开票限额、红字发票信息、增值税专用发票、增值税电子专用发票信息、机动车发票、二手车发票、海关缴款书、收购发票、发票挂失损毁、增版增量、代开发票、大额发票开具、异常及虚开发票核实函与复函、内部风险管理。

（3）财务报表类信息。报表、近 3 年收入汇总、近 3 年收入明细。

（4）文书证明类信息。延期申报、延期缴税、减免税、退税信息、核定税款信息、行政许可信息、汇总纳税、完税凭证开具、中国税收居民证明开具、对外支付税务备案信息。

（5）申报征收类信息。申报、零负申报、未申报、逾期申报；应缴、未缴、入库、罚款、社保、收费；汇算清缴、预缴、缓缴、征前减免、滞纳金、查补税费、税票作废；留抵税额、多缴税费、留抵退税、出口退税、银联交易信息、逻辑异常关系表。

（6）调查巡查、评估类信息。

（7）稽查、法制类信息。稽查案件、违法违章、税务行政处理、行政处罚、重大案件、行政复议、移交经侦。

（8）出口退税类信息。商品构成、出口及已退税增长、进货审批出口明细、疑点、核实函与复函、分类管理。

（9）相关部门类信息。市场监督管理信息、公安信息、统计信息、证监会信息、银行信息、网络爬虫。

经过以上查询，税务机关向发票异常企业发放《增值税发票风险分析报告》，主要包括企业的基本情况、生产经营情况、风险分析情况（重点是风险点及其描述），需核实事项四大类内容。

（三）新一户式查询的精准"画像"功能

新一户式查询税务风险管理工作中首次引入人工智能技术，为企业提供精准"画像"功能，以自建大数据平台的超强计算能力为基础，对大量历史风险任务反馈的样本数据进行学习、建模、扫描，成功针对"虚假注册""虚开发票""实名办税自然人异常行为"等量身定制扫描计划，定时自动扫描形成疑点企业清单。以虚开企业"画像"为例，该平台运用人工智能算法以正常企业为正样本、以已确认为虚开企业为负样本，结合基本登记数据和发票数据，自我学习总结出识别虚开企业的 80 个重要风险特征，并为每一特征赋予重要性权重。

（四）新一户式查询应用举例

第一例增值税电子专用发票虚开稽查案例。2021 年 3 月 2 日，河北税务部门通过"新一户式"管理机制，发现石家庄市一家新开立商贸公司开具的电子专票存在重大涉税风险，遂迅速开展进一步案头分析及实地核查，仅用几天时间即锁定该企业存在虚开嫌疑。河北税务部门在发现虚开线索后，第一时间移交公安部门，税警联动充分发挥合成作战优势，很快摸清团伙架构，锁定犯罪证据，并陆续将 6 名虚开团伙成员抓捕归案。公安部门查明犯罪嫌疑人通过线上注册空壳公司、申领并对外虚开电子专票的违法行为，涉及金额 400 余万元。国家税务总局对损害国家利益的税收违法犯罪团伙或个人，坚决以零容忍的态度"露头就打"。

第三节　金税四期下的企业发票合规应对

一、金税四期对个人和企业的影响

（一）金税四期将会影响每一个人的纳税情况

1. 私卡交易监控

金税四期上线之后，对资金的监控将会更为严格，特别是个人卡交易。个人名下一张银行卡涉案，5 年内不能开新户，同时记入征信，基本告别信用卡和房贷车贷。从而真正实现"让守信者处处受益，让失信者处处碰壁"！

随着金税四期的上线，国家可以更细致、更全面地了解中国企业和税收居民的信息，数字人民币也在推进落实中。

2. 引入高净值人群反避税条款

对于高净值人群来说，伴随着自然人纳税识别号的建立和新个税中首次引入反避税条款进入征信，海内外资产收支更加透明。金税四期稽查第一波查的是资本性所得，第二波查的是网红、娱乐明星，第三波查的是老板。老板从对公账户往个人账户转款，超过 20 万元算大额。

金税四期严查的是个人卡。以下 3 种情况，会被重点监管：

（1）任何账户的现金交易，超过 5 万元；

（2）公户转账，超过 200 万元；

（3）私户转账超 20 万元（境外）或 50 万元（境内）。

中国人民银行 2020 年发布《关于大额现金管理的通知》，从浙江、深圳、河北率先开始作为试点，试点期为两年。

（二）企业不合规之处会很快暴露出来

以下 7 种避税方法查到必罚：

（1）买发票；

（2）对开发票、环开发票；

（3）故意用现金或者个人卡发工资；

（4）用现金收支货款；

（5）到处找发票抵税；

（6）代缴社保；

（7）大量员工个税零申报。

以下 9 类交易容易被稽查：

（1）现金交易超 5 万元；

（2）公转公超 200 万元；

（3）私户转账金额过大，境内转账超 50 万元，境外转账超 20 万元；

（4）规模小但流水巨大；

（5）转入转出异常，如分批转入集中转出，或者是集中转入分批转出；

（6）资金流向与经营无关；

（7）公户私户频繁互转；

（8）频繁开销户；

（9）闲置账户大量交易。

企业自以为隐藏得很深但不合规之处会很快暴露出来。国家希望通过电子发票这种形式，掌握企业的经营情况、申报核算情况。通过每一笔交易，自动形成纳税信息。在这种情况下，能够将涉嫌虚开发票、虚抵发票进行有效的打击。如果全面电子发票在全国落地实施，会形成一张网，那就意味着信息的即刻生成加上人工智能化的数据分析，再打通金融、进出口、民政、教育、公安等 70 多个部门的信息。那么我们企业除了合规运营，其实是别无出路的。

二、全电发票逐步推进税务监管完善

2022 年 10 月起四川省税务局发文，将开展全面数字化的电子发票试点工作。

同时，各地也陆续发布关于进一步开展全面数字化的电子发票受票试点工作的公告，如安徽、河南、吉林、陕西、海南等。

回顾全电发票的试点工作历程，自 2022 年 8 月底，全国所有地区均可接收全电发票。

2022 年 10 月 28 日起，四川开展"开票试点"工作，各地均可接收由四川省试点纳税人开具的发票。之后"开票试点"工作将分批扩大至全国。

由以上历程可以看出：

目前我国已实现了全国范围内全电发票"受票试点"工作；接下来更为重要的"开票试点"，在广东（不含深圳）、内蒙古、上海大获成功的基础上，将再次由四川吹响号角。相信再过不久，其他各地也将陆续开展全电发票"开票试点"工作。

全电发票的受票和开票工作的逐步推进，也预示金税四期系统的逐步完善，未来可能会迎来更加全面的税务监管体系。

三、金税四期下的全电发票对企业的影响

一方面，金税四期上线之后，企业更多的数据将被税务局掌握，监控也将呈现全方位、立体化，国家要实现从"以票管税"向"以数治税"分类精准监管转变。

各个部门的数据共享，并以大数据为支撑，实现每个市场主体全业务、全流程、全国范围内的"数据画像"，未来每一家企业在税务部门面前都是透明的。

另一方面，"全电发票"在为纳税人带来新机遇的同时，也为纳税人带来过渡期流程、系统和数据调整等一系列挑战和一些潜在风险。"动态授信额度"对企业的税务合规提出了更高要求。在"全电发票"的新规则下，企业一旦出现税务合规问题，开票额度就会受到影响，从而影响企业收入的持续和增长。

（1）企业发票管理。在纸、电发票共存的过渡期，企业既要保证对外准确无误快速开具各类发票，也要从企业内部加强受票端的内控管理，保障发票使用合规，避免潜在税务风险。这对企业来说，是不小的挑战。

（2）发票入账存档。随着全电发票的全面推广，电子发票数量将会急剧增加，电子发票的入账归档成了企业要解决的重要问题，目前很多企业在这块的管理还不完善。企业需增强电子发票管理能力（查重、验真、认证、入账、归档），重构与优化面向全电发票的报账核算归档新流程。

四、金税四期全电发票时代的企业应对

1. 加强宣传培训

试点纳税人要加大宣传、培训力度，宣传"全电发票"的概念和法律地位、获取途径和发票样式，以便业务开展时减少分歧，避免风险。

2. 尽早完善电子发票入账及归档工作流程

严格执行电子会计档案管理要求，"全电发票"的电子原始文件必须归档。财务部门应该尽早把发票台账和电子发票归档工作做起来，否则越积越多，往回补的工作量和难度实在不小。

3. 加快系统升级，提升数字化票税管理水平

数智化票财税管理平台可以帮助企业解决票税问题，提升管理效率。企业应当借助全电发票推广契机，积极部署发票管理升级方案。

在开票端，充分利用政策契机，摆脱税控设备的限制，低成本、快速实现集中开票管理，提高开票效率和服务能力。

受票端，积极部署进项系统升级方案，升级报销流程，承接全电发票的应用，积极部署推进发票获取、归集、查验、勾选等全流程自动化管理。

4. 排查风险，加强风险管理

要尽快排查企业存在的潜在风险，包括内外账，是否有隐瞒收入，是否有虚开发票、成本虚提、税款少报等情况，对于之前存在的问题提出可行性解决方案，尽快解决。要加强风险管理，如管理销项端的价税分离规则风险、销项开票流程风险、发票的交付风险；管理进项端的票据自身风险、开票供应商风险、基于业务的发票应用风险。

5. 搭建纳税管理的标准

根据企业的具体情况与业务模式，搭建适合企业的纳税管理的标准、目标及实施方案，搭建一个符合规定的纳税管理模式。

6. 财务团队的建设

做好企业的财务团队建设，提高财务人员的整体素质，确保财务团队人员可以把纳税管理做好，若财务人员无法解决的，可以请外部的专家解决遗留问题，进行企业体系的建设，降低企业的试错成本。

此外，在金税四期环境下，企业还应该注意以下几点。

（1）企业收入方面

增值税申报的收入包含开票收入、未开票收入与稽查差补收入等，企业不管是否开票，都要进行纳税申报。申报的时候，在增值税申报表的附表 1 中的未开具发票一栏里填写。

（2）成本费用方面

其一，对于没法提供发票的零星支出，要选择可以提供发票的正规单位；小额零星经营业务如何判断：从事应税项目经营业务的销售额不超过增值税规定的起征点，普遍是 500 元。

其二，收到不合规发票时，及时补开、换开发票。补开、换开后的发票与其他外部凭证符合相关规定的，就能用作税前扣除凭证；若没法补开、换开发票，就要提供相关材料来证明支出的真实性；若企业在规定的期限内未能补开、换开发票与其他外部凭证，同时又不能提供相关材料来证明支出的真实性，那么，相关支出就不能在对应年度税前扣除。

（3）个人账户收付款方面

个人账户收款避税，会经常被罚，因此，企业不要选择个人账户来收付款。

在金税四期大数据的监管下，偷税漏税已无可能。企业老板要有合规的意识，要依法纳税。依据《国家税务总局关于发布〈企业所得税税前扣除凭证管理办法〉的公告》及增值税异常凭证、虚开等有关规定，企业的增值税抵扣凭证、企业所得税扣除凭证都要遵循合规要求，具体包括业务的合同流、非现金支付的资金流、发票流；服务（劳务）流、货物流及其运输流、仓储流；其他佐证资料如能耗流等。

第四节　金税四期的重要作用

一、金税四期的目标

国家税务总局提出建设金税四期的设想，开启了依托金税四期推进税收征管数字化之路。概括起来，就是围绕构建智慧税务这一目标，着力推进"两化、三端、一融合"，实施自动算税，自动预填申报表。

首先，"两化"是指构建智慧税务，有赖于推进数字化升级和智能化改造。

其次，"三端"是指智慧税务建成后，将形成以纳税人端、税务人端和决策人端为主体的智能应用平台体系。金税四期将基于全局视角建设云网融合、绿色低碳、安全可控的智能化综合性数字信息基础设施，建成覆盖税收征管全部环节、全部流程、全部主体的一体化应用平台，全方位汇聚各类内外部标准化数据，从而实现税收工作的提质增效。

在纳税人端，通过打造"一户式""一人式"税务数字账户，实现每一户法人和每一个自然人税费信息的智能归集和智敏监控。例如，企业发生交易开具了发票，相应的发票信息同时进入交易双方的内部系统及金税四期系统，以此为基础将各种信息以纳税人缴费人为单位进行"一户式"实时归集和分析，实施以票核税。

在税务人端，通过打造"一局式""一员式"应用平台，实现总局、省局、市局、县局、分局五级税务机关，可分别按每一个单位和每一名员工进行智能归集和智效管理。

在决策人端，通过打造"一览式"应用平台，实现对征纳双方、内外部门数据，可按权限在不同层级税务机关管理者的应用系统中进行智能归集和展现，为管理指挥提供一览可知的信息，促进提升智慧决策的能力和水平。

最后，实现税务、财务、业务的"三务"一体化深度融合。这是从数字化征管服务纳税人、缴费人的角度来考量的。智慧税务将征纳双方的"接触点"由过去的"有税"后才关联、现在的"涉税"即关联，发展到下一步"未税"时就关联，使税收规则、算法、数据直接融入纳税人经营业务中。发票数据应用更广泛，通过"一户式""一人式"发票数据归集，加强各税费数据联动，伴随着每一次交易活动，（通过发票开具、接收等）自动计算纳税金额，并自动预填相关税费申报表，为实现"一表集成"式税费申报预填服务奠定数据基础。"三务"一体融合还将促进企业财务部门和业务经营部门据此强化统筹管理、优化发展规划，使企业的财务和税务从事后反映经营结果的"后视镜"变成事先服务经营决策的"望远镜"。

二、金税四期的意义

金税四期是指将"全国一张网"国家总局税务局管理信息系统进行升级改造，以实现税收数据的实时同步、共享交换和安全监管。通过这一升级，金税四期具有了以下意义。

（1）缩短了企业申报时间和流程，提高了纳税人的纳税便利性。

（2）加强税收执法力度，提高了税收管理质量。

（3）降低纳税人的成本和负担，提升了税务管理的效能和效率。

（4）为中央和地方税务部门提供了更优质的税务数据，帮助税务部门更好地实施税收政策。

三、金税四期是对金税三期的全面升级

金税四期是要实现税收管理从"以票治税"向"以数治税"转变，通过信息化建设、大数据等技术，实现由"人盯户"向"税务云"的升级，进而促进税收管理的科学化、精准化，识别、应对、防范各种税务风险。金税四期的主要特点如下。

（1）全面数据画像。"金税四期"能对企业和个人"一人一档"，在全国范围内实现对每个纳税主体的数据画像，推动税收征管方式从"报税"到"算税"的整体升级。

（2）信息高效协同。"社保入税"已经完成，金税四期能在此基础上进一步把银行、税务、市监等部门协同起来，做到信息共享核查，让偷、逃、抗、骗、漏等涉税违法行为无处遁形。

（3）实时数据比对。金税四期不仅能对交易、流水等数据是否异常进行获悉，而且能通过公司公户、公司人员私户、同行业利润情况等作数据对比，出现异常的数据预警，同时能加大对使用伪造证明材料开户，洗钱，偷、逃税等违法涉罪行为的穿透识别力度，精准打击各类违法行为。

四、金税四期是从"经验性监管"变为"数字化监管"

"金税四期"融"智慧监管"与"智慧办税"于一体，能对各类交易的真实性等严密核查，全面治理各类偷、逃、漏税等违法行为。

例如，虚开发票、虚列成本等行为将无处遁形。对没有真实交易的虚开发票、虚构成本费用等，金税四期将会及时发现，相关责任主体除要足额补缴税款和滞纳金外，还会面临行政处罚，情节严重的，还可能涉及刑事责任。

再如，隐匿收入、私户避税等行为将无处藏身。以往对网红直播、线上交易等行为的税收监管难度较大，随着金税四期的实施，能够全面监管纳税主体的账户信息，将隐匿收入等行为暴露在阳光下。

综上所述，金税四期在一定意义上是重塑个别企业和个人的认知，让其重视依法纳税，树立法纪意识，做到合规经营，进而为实现共同富裕、国家经济发展贡献力量。

第五节　金税四期的发展趋势

一、金税四期的发展趋势分析

从目前来看，金税四期可能有三个发展阶段，分别如下。

（1）实施发票电子化（以全电发票为重点），同时将上线运行全国统一规范的电子税务局，打造全景式、一体化的税务人员工作平台。

（2）实施税税比对（已经着手开发），以发票电子记账等为突破口，实现企业自动算税、预填申报表、企业自主确认；同时上线税源地理信息系统，扩大税源（特别是大企业）的主动监测职能。

（3）实施税费比对，将税务机关管辖的各税种、各项收费作立体比对，保证各项国家（地方）收入应收尽收。同时，将整合金税三期各税种、费种征管子系统，最终完成税务统一软件的胜利大集成。

首先，金税四期将会加强增值税发票管理，加强对发票的真实性和合法性核查。其次，将通过智能化的方式提升纳税服务的水平，实现无纸化办税、自助服务、一站式服务等功能。再次，将会加强税收征管的精细化，通过数据分析、风险评估等手段，实现对纳税人的个性化征管。最后，将会推进税收执法智能化，通过人工智等技术手段，提高税务执法的效率和准确性。金税四期将于2025年完成第一阶段，并逐步开展第二、第三阶段（可以并行实施），大致于2030～2035年，即第二个百年任务的中间时期，顺利实现！

二、未来税收征管的新趋势

中国共产党中央委员会办公厅、中华人民共和国国务院办公厅印发了《关于进一步深化税收征管改革的意见》，指出了未来税收征管的新趋势。

1. 2022年：三全＆三性

基本构建起全面覆盖、全程防控、全员有责的税务执法风险信息化内控监督体系，同时在税务执法规范性、税费服务便捷性、税务监管精准性上取得重要进展。如图5-3所示。

2. 2023年：三转变＆三自动

除此之外，2023年基本实现信息系统自动提取数据、自动计算税额、自动预填申报，纳税人缴费人确认或补正后即可线上提交。如图5-4所示。

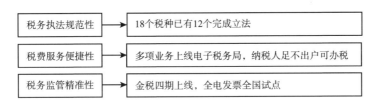

图 5 – 3　2022 年金税四期上线后税务稽查工作方向

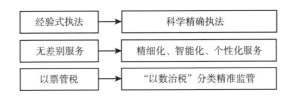

图 5 – 4　2023 年金税四期上线后税务稽查工作方向

3．2025 年：三全 & 四个一

2025 年，将基本建成功能强大的智慧税务，形成国内一流的智能化行政应用系统，实现全领域、全环节、全要素电子化。同时，实现法人税费信息"一户式"、自然人税费信息"一人式"智能归集，税务机关信息"一局式"、税务人员信息"一员式"智能归集。

具体来说，在税务执法规范性、税费服务便捷性、税务监管精准性上取得重大进展；到 2023 年，基本建成"无风险不打扰、有违法要追究全过程强智控"的税务执法新体系，实现从经验式执法向科学精确执法转变；基本建成"线下服务无死角、线上服务不打烊、定制服务广覆盖"的税费服务新体系，实现从无差别服务向精细化、智能化、个性化服务转变；基本建成以"双随机、一公开"监管和"互联网 + 监管"为基本手段、以重点监管为补充，以"信用 + 风险"监管为基础的税务监管新体系，实现从"以票管税"向"以数治税"分类精准监管转变。到 2025 年，深化税收征管制度改革取得显著成效，基本建成功能强大的智慧税务，形成国内一流的智能化行政应用系统，全方位提高税务执法、服务、监管能力。

三、对于金税四期的深入思考

金税四期的启动信息发出了一个信号——"系统升级，加强监控"，要加强在技术层面上的监控，加强税局的统筹监管能力。这也意味着，"互联网 + 大数据 + 云计算"稽查天网已经铺开，企业更多的数据将被税局掌握，监控也将呈现全方位、立体化，曾经的侥幸、投机、"擦边球"行为更加行不通。

从 2020 年 11 月 1 日开始，全国开始了社保入税，释放出一个信号，对企业社保的征收目标就是低费率、严征管！在各部门的大数据联网的情况下，企业的一举一动都被纳入了稽查系统，全国进入大清查时间。

"互联网＋大数据＋云计算"时代，金税四期上线，多部门联动，1分钟可找到税收风险点，30分钟佐证税收风险点，50分钟联动标识税收检查点。

无论政策、制度、系统怎么变化，对于那些合法合规经营的企业来说，只要合理合法经营，数据真实并按时按规申报纳税，它们就是被监察的对象，也是被保护的对象。依法纳税是每个企业和个人的义务，对于一些企业来说，其实很多时候并不是说企业不想纳税，而是企业在正常经营中的一些支出根本没有办法取得相应的发票，没有发票账面上就会被税务视为利润，企业就会面临多交税的风险。还有的商贸企业上游供货商无法全额提供进项发票，而下游客户在购买货物时又要求必须开具足额增值税专票，造成企业增值税税负加重。有的企业为了解决这些问题不惜通过一些买票充成本、虚开、进项不符等违规操作来起到"节税"的目的，这些操作在金税四期上线之后肯定会被稽查出来，根本行不通了。这种情况下，其实企业就可以考虑通过享受地方政府出台的税收优惠政策来降低企业税负，一些地方政府为了提升当地财政收入招商引资，会出台一些税收优惠政策，如核定征收和税收奖励，通常采用实体招商（企业实体入驻）和总部经济招商的模式（企业不需要实体入驻）。

例如，有的服务型企业可以采用在园区设立小规模个人独资企业享受核定征收，把主体企业的部分业务分包给园区个人独资企业，主体企业与个人独资企业签订相应的合同，主体企业给个人独资企业相应的劳务报酬，这样主体企业的税务将会大幅降低，而园区小规模个人独资企业仅需缴纳个人经营所得税和附加税（核定营业额10%为应税所得额，核定后税率为0.9%～2.1%），3%增值税，0.18%附加税，总税率5%左右，完税之后法人可以自由支配，没有分红个税。需要注意的是，园区小规模个人独资核定征收无任何进项和成本要求，也不需要实体入驻。

还有一些商贸企业上游供货商长期无法提供足额进项专票，缺进项导致商贸企业增值税压力巨大，可以在江西园区设立一般纳税人有限公司，享受增值税地方留存奖励，奖励比例为地方留存的40%～80%（具体比例根据年纳税额来定），企业所得税按照开票额1%核定征收，且不需要实体入驻。

举例：某建材企业入驻江西园区，年营收5 000万元，也就是年开票额为5 000万元。

增值税在园区缴纳：5 000/1.13×13%＝575（万元）

附加税在园区缴纳：575×12%＝69（万元）

企业所得税在园区缴纳：5 000×1%（核定行业利润率为1%）×25%＝12.5（万元）

资源税：5 000×3%＝150（万元）

增值税地方留存为41%，增值税享受园区地方留存60%比例返还：

$575 \times 41\% \times 60\% = 141$（万元）

在园区实际纳税总计：

$575 + 69 + 12.5 + 150 - 141 = 665.5$（万元）

目前，一般纳税人企业所得税按照1%的税率核定的园区是非常少的，还能同时享受的增值税奖励就更少了。金税四期上线之后，企业更应该做好自身税务筹划，避免出现不必要的税务风险。通过地方政府的税收优惠政策来合理合法地节省税务支出才是正确途径。

本章小结

金税四期属于金税三期的升级版，在重大税制改革（营改增）和统一全国税收征管的背景下，特别是2018年国税和地税合并后的"金三并库"（即原国税、地税两个金税三期系统数据库合二为一），为了有序整合，提出建设金税四期，以期形成税务部门唯一的税务管理大系统。国家税务总局设想，将金税四期调整为以发票电子化为基本内容，对外称"发票电子化"、对内称"金税四期"的税收工作改革新思路。金税四期纳入"非税"业务，实现对业务更加全面的监控，再加上各部委、人民银行以及银行等参与机构之间信息共享和核查的通道，实现企业相关人员手机号码、企业纳税状态、企业登记注册信息核查三大功能。简而言之，通过金税四期系统，企业数据信息的透明化程度更深，监控更加全面，税务稽查会更严、更精准，更全方位。

练习题

1. 简述金税四期的背景。
2. 简述金税四期的建设目标。
3. 简述金税四期系统的总体架构。
4. 简述金税四期与金税三期的区别与联系。

第六章　金税四期的实施步骤

学习目标

1. 了解金税四期启动的背景。
2. 掌握金税四期的发票电子化推广。
3. 熟悉金税四期的智慧税务建设。
4. 了解全面数字化的电子发票的推广应用。
5. 明确金税四期功能的全面运用。
6. 了解金税四期的深化开创了以数治税的新时代。

【导入案例】

"0 成本"虚开 60 亿元，金税四期实施深化案例

2023 年 5 月，上海市公安局经侦总队侦破一起特大虚开发票案，涉及金额高达 60 亿元！金额之大，令人震惊。本案中这个团伙，与其他"走逃类团伙"不太一样，可谓是"技高一筹"。利用进项税"加计抵减"政策，层层放大对外虚开发票的金额，却不增加要缴纳的增值税。经查，以唐某、张某、高某等人为首的 3 个职业虚开犯罪团伙为牟取不法利益，在本市注册成立了 400 余家服务类空壳公司，在没有真实交易的情况下，大肆对外虚开增值税专用发票，帮助受票企业偷逃税款并骗取国家留抵退税。

简单来说，初始成立空壳公司 A0，向 A1 公司开具 100 万元（不含税）增值税专票，则 A0 需要缴纳 6 万元的增值税，而 A1 取得 A0 公司开具的发票后，利用加计抵减政策，可以扣除的进项税共计 6.9 万元 $[6 \times (1 + 15\%)]$，因此，A1 又可以向 A2 开具 115 万元的发票，而此时其不需要缴纳一分钱税款，相当于"零成本"。以此类推，到 A5 就能翻番，到 A17 就可以对外虚开票面金额 1 076.13 万元、税额 64.57 万元的发票，但不需要缴纳一分钱税款。

税务机关运用金税四期系统深入挖掘，并会同公安机关，通过大数据分析，监测到沪市部分企业申报"加计抵减"项目的金额与企业经营规模严重不符，

存在虚开犯罪的可能。最终，通过层层深挖，锁定一批违法犯罪线索，顺藤摸瓜，实现了对上游虚开企业和下游受票企业的全链条打击。

资料来源：上海市公安局，https：//gaj. sh. gov. cn/shga/wzXxfbGj/detail? pa = 27cfd74b74a64343a2744fa74bed4a46d93003d6c050166860ba0fcea7f757fe00014fb2f4fadbe05d2890feca604032。

第一节　金税四期的启动

20世纪80年代初，我国基层税务部门就开始使用微型计算机设备辅助工作，用于处理税收计划、统计、会计等纸质数据，着力提高面对面服务效率，拉开了税务信息化的序幕。国家税务总局于2019年提出升级完善金税四期的设想，并于2020年向国家发展改革委申报了"十四五"规划重点工程项目。金税四期相对于金税三期，作出了很多改变，这次不仅是税务方面，对"非税"业务也进行了更全面的监控，具体如图6-1所示。同时搭建了各部委、银行等机构之间信息共享和核查的通道，实现企业相关人员手机号码、企业纳税状态、企业登记注册信息核查三大功能。

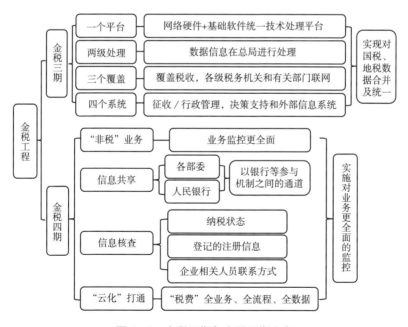

图6-1　金税三期与金税四期业务

2021年3月，国务院办公厅印发《关于进一步深化税收征管改革的意见》，提出2022年基本实现法人税费信息"一户式"、自然人税费信息"一人式"智能归集，2023年基本实现税务机关信息"一局式"、税务人员信息"一员式"智能归集，2025 年实现税务执法、服务、监管与大数据智能化应用深度融合、高效联动、全面升级。

2021 年 9 月 15 日，在金砖国家税务局局长视频会议中，时任国家税务总局局长王军指出："我国正向'以数治税'时期迈进，税务工作将进入一个新的时代，金税四期建设已正式启动实施"。2021 年 11 月 16 日，时任国家税务总局局长再次指出："我们提出建设'金税四期'的设想，开启了依托'金四'推进税收征管数字化之路，就是围绕构建智慧税务这一目标，着力推进'两化、三端、四融合'"。①

一、金税四期启动的背景

（一）数字化驱动税收征管方式持续变革

依托数字化驱动税收征管方式变革，是实现税收治理现代化的必由之路。伴随着信息技术持续深入应用，中国的税收征管方式不断实现跨越式发展。

过去，是税务人挨家挨户上门"收税"。受限于经济发展水平，以前税收征管主要依靠税务人员走街串巷、进企入户上门收税，那时的税收征管方式，通俗地讲就是"收税靠腿，宣传靠嘴"。

现在，是纳税人足不出户网上"报税"。近十年来，中国不断健全完善税法体系和税收征管制度，税收信息化建设也在不断向前推进，逐步实现了纳税人按税法规定自行计算申报数据并进行网上"报税"。特别是建成全国统一规范的电子税务局，截至目前已覆盖全部税务管理户数的 90% 以上，全国纳税人通过电子税务局办理的业务占纳税人所有业务的 80% 以上。

未来，将在智慧税务的引领下进一步实现自动"算税"。我们正致力于利用企业经营指标等大数据，依照税法制度规定，依托新的算法，逐步实现信息系统自动提取数据、自动计算税额、自动生成申报，经纳税人确认或补正后即可线上提交，大幅减轻纳税人办税缴费负担。对此，我们已在 2020 年首次实施个人所得税汇算清缴中进行了有益尝试，运用大数据和税收规则进行自动算税与申报表信息预填，将信息通过个人所得税 App 推送给纳税人确认，既提高了办理准确率，又促进了纳税遵从，效果非常明显。之后，我们将面向企业及所有税种和费种推广这一成果。

（二）数字化驱动税收征管流程优化重塑

税收征管数字化转型不是简单的业务搬家或技术嫁接，而是要通过发挥技术支撑、要素赋能等作用，驱动税收业务应用升级和流程重构。中国税收征管和服

---

① 国家税务总局办公厅：深化亚太税收合作　共绘数字发展蓝图——王军局长在第 50 届 SGATAR 年会上的发言，https：//www. chinatax. gov. cn/chinatax/n810219/n810724/c5170676/content. html.

务流程也在数字化驱动下，经历了从"上机"到"上网"再到"上云"三个阶段的优化重塑。

第一阶段：通过"上机"替代手工操作流程。20 世纪 80 年代以后，随着计算机单机应用不断普及，中国税收征管从纯手工处理逐步转向计算机操作，数据信息由电子储存替代了手工记载，大幅压缩了传统的手工操作，建立了以计算机为依托的征管运行流程。

第二阶段：通过"上网"改造传统业务流程。近 10 年来，随着互联网的蓬勃发展，中国税收征管开始进入信息化阶段，启动并完成了金税三期建设，逐步实现大部分税收征管和服务通过网络实现，市场主体涉税信息也在税务部门内部逐步实现互联互通，传统线下"面对面"的征管和服务流程，逐步转向"非接触式"线上办理，使得征纳双方的时空距离拉近了，税收征管和服务各环节衔接更紧凑、流程更简便，既使税务部门工作效率大幅提升，又使纳税人缴费人办税缴费更省时、省力、省事、省钱、省心。

第三阶段：通过"上云"打造智能征管流程。随着大数据、云计算和人工智能等新技术的广泛运用，我们正在开启以数据的深度挖掘和融合应用为主要特征的税收征管智能化改造，计划通过 1~5 年的努力，基本建成以税收大数据为驱动力的具有高集成功能、高安全性能、高应用效能的智慧税务，推进税收征管和服务流程全方位创新变革，打造"无风险不打扰、有违法要追究、全过程强智控"的税务执法新体系，"线下服务无死角、线上服务不打烊、定制服务广覆盖"的税费服务新体系，"以'双随机、一公开'监管'互联网＋监管'为基本手段，以重点监管为补充、以'信用＋风险'监管为基础"的税务监管新体系。

（三）数字化驱动税收征管效能不断提升

大数据深度应用必将带来税收征管效能的大幅提升。中国税收征管已经历了"经验管税""以票管税"两个时期，正在向"以数治税"时期迈进。

在"经验管税"时期，税收征管效能主要依靠人的经验积累而提升，体现的是加法效应。随着征管经验增加，征管效能会相应提升，但受制于人自身所限，这种提升的幅度有限，且是一个相对缓慢的过程。

在"以票管税"时期，税收征管效能主要依靠票的关联监控而提升，体现的是倍增效应。依托金税工程和增值税发票管理系统，自 20 世纪 90 年代以来，中国税收征管逐渐向"以票管税"转变。特别是 2014 年以来，我们对金税工程进行了系统性改造并持续升级提效，中国增值税发票系统已经实现对所有票面信息的"T＋1"归集。通过对发票所记载的货物和服务交易对象、品名、价格、金额、流向等信息进行交叉比对、关联监控，及时发现涉税风险并快速应对，税收征管效能得到了倍增，目前利用发票核查风险的准确率已超过 90%。

"以数治税"时期，税收征管效能主要依靠数的聚合赋能而提升，体现的是乘数效应。大数据时代的税收治理必然进入"以数治税"阶段。当前，我们正以发票全领域、全环节、全要素电子化改革为突破口，启动实施金税四期建设，持续拓展税收大数据资源，深入推进内外部涉税数据汇聚联通、线上线下数据有机贯通。在此基础上，通过法人税费信息"一户式"、自然人税费信息"一人式"智能归集，实现对同一企业或个人不同时期、不同税种、不同费种之间，以及同规模同类型企业或个人相互之间税费匹配等情况的自动分析监控，让数据既能以最小颗粒度像串珍珠一样自动灵活组合，又能以最大精细度像切钻石一样多维度折射光彩。以此全面驱动税务执法、服务、监管制度创新和业务变革，全面提升税收征管效能和税收治理水平。

从"收税"到"报税"到"算税"，从"上机"到"上网"到"上云"，从"经验管税"到"以票管税"到"以数治税"的过程，是促进纳税人从"被动遵从"到"主动遵从"再到"协同遵从"的过程，也是税收现代化不断向前迈进的过程。

二、金税四期启动的认知

金税四期的启动是数字化之路的必然趋势。当今时代，数字经济发展之快、辐射之广、影响之深前所未有，正在成为重组全球要素资源、重塑全球经济结构的关键力量，数字技术在国家治理中得到越来越多的重视和应用。我国政府高度重视数字化发展，于 2021 年底制定并于 2022 年 3 月正式出台《关于进一步深化税收征管改革的意见》，绘就了数字化背景下智慧税务建设的宏伟蓝图。按此要求，借鉴经济合作与发展组织（OECD）召开税收征管论坛（FTA）发布的《税收征管 3.0》中的先进理念，我国提出建设金税四期的设想，开启了依托金税四期推进税收征管数字化之路。

在数字化升级方面，税务部门以正在推进的数字化电子发票改革为突破口，将各类业务标准化、数据化，让全量税费数据能够根据应用需要，多维度适时化地实现可归集、可比较、可连接、可聚合。在智能化改造方面，我们将基于大数据、云计算、人工智能、区块链等新一代信息技术，对实现数字化升级后的税费征管信息像串珍珠一样自动灵活组合，并通过其反映现状、揭示问题、预测未来，更好地服务纳税人缴费人，更好地防范化解征管风险，更好地服务国家治理。我国流传着"下医治已病、中医治欲病、上医治未病"的理念，即最智慧的医生总能在病情未萌发前就能及时发现并采取有效的预防措施。税务部门推进数字化升级和智能化改造，也是要不仅能及时发现已有的税收征管风险，还能提前揭示出税收征管中的苗头性、倾向性问题；不仅能及时满足纳税人缴费人提出来的需求，还能精准分析和满足纳税人缴费人潜在的需求。

[案例拓展]

数字化智能化　税收信息化建设提升征管效能

从"进两家门"到"一窗通办""一网通办",从手写录入到网上申报、自动算税,从纸质发票到电子发票、全电发票……十年间,税收征管改革在一次次实践探索中不断优化深化,在一次次回应纳税人缴费人需求中不断提质增效,在一次次完善新时代税收现代化体系中不断迭代升级。

党的十八大以来,习近平总书记多次强调,要发挥税收在国家治理中的基础性、支柱性、保障性作用,并对进一步优化税务执法方式、深化税收征管改革提出明确要求。党的十八届五中全会、十九届五中全会和"十三五""十四五"规划纲要都对深化税收征管制度改革、推动税收征管现代化作出部署。

从金税三期上线、优化到金税四期启动,智慧税务建设推动税务执法、服务、监管的理念和方式手段等全方位变革。2016 年 10 月,金税三期在全国上线,建成了税收业务处理"大平台",处理全部税收业务服务达 90% 以上,着力打造大数据云平台,首次实现了税收征管数据的全国集中;2018 年,伴随国税地税征管体制改革顺利推进,金税三期国税、地税并库上线工作分批顺利进行;2019 年 3 月,金税三期全国并库上线,为构建优化高效统一的税收征管体系奠定了坚实的信息化基础;金税三期全面推广和优化升级,推动税收信息化建设迈上新台阶。伴随中办、国办印发的文件落地,以金税四期建设为主要内容的智慧税务建设正式启航,推动税收征管方式从"收税"到"报税"再到"算税",税收征管流程从"上机"到"上网"再到"上云",税收征管效能从"经验管税"到"以票控税"再到"以数治税"。

2020 年 9 月,宁波市税务局开出了第一张增值税电子专票,开启了发票电子化改革的新篇章。2021 年 12 月,全电发票试点工作开始,全国统一的电子发票服务平台建成。发票申领越来越方便的背后,是发票电子化改革的逐步深入,也是税务部门迈向"以数治税"的坚实基础。

资料来源:国家税务总局官网,http://www.chinatax.gov.cn/chinatax/n810219/n810724/c5181054/content.html。

第二节　金税四期的全面应用

古语有云:"税赋不丰,何以兴国;国家不兴,焉能富民。"税收是国家经济的基本来源和基石,实乃国家兴旺之本,其重要性不言而喻。自 1994 年税改开始，金税工程已然走过四期。从一期的人工核查、二期的电子防伪，到三期的网络互联和以票控税，再到现在四期的以数治税，金税工程见证了税务数字化发展的全过程。如今，在金税四期中，很重要的一项工作就是加速推广全电发票。所谓全电发票，即全面数字化的电子发票。它的推广标志着税务领域数字化转型和智能化升级开启了全新阶段。

一、全面数字化的电子发票的推广应用

（一）推广全电发票的重大意义

近年来，我国数字经济蓬勃发展，增长速度与 GDP 占比持续上升，使得大量业务走向线上化和数字化；对于支撑经济发展起到关键作用的税务领域也必须与时俱进，税收征管数字化转型和智能化升级势在必行。在此背景下，全电发票孕育而生。2022 年 6 月 1 日，国家税务总局决定，在内蒙古、上海等 4 个地区开始推行全电发票，此后逐步扩大地区和纳税人范围。随着国家税务总局"金税四期"上线，税务数据作为税务管理链条的核心地位逐渐凸显。"互联网＋税务"、全面数字化的电子发票试点范围也在不断扩大，自 2022 年 8 月底，全国所有地区均可接收全电发票。全电发票具有无须领用、开具便捷、信息集成、节约成本等优点，可以 24 小时在线免费为纳税人提供开具、交付、查验、勾选等服务，实现发票全领域、全环节、全要素电子化。

金税四期的关键词为"以数治税"，第一阶段的核心目标是在 2025 年之前，完成实施发票电子化的第一阶段目标，重点是全电发票的推广，上线运行全国统一规范的电子税务局。可以说，数据要素和税务数字化今后将在税务征管体系发展中发挥重要作用，而其中重要的抓手即为全电发票。依托全电发票，金税四期将构建起更加清晰、完整的数据链路，并以此推动智慧税务应用的发展。

事实上，从金税三期开始，陆续有电子发票的一些试点，但仅局限于增值税电子发票的推行。全电发票的试点，不仅标志着智慧税务创新新时代的开启，而且意味着电子发票服务平台背后的基础设施加速必须走向现代化。

（二）全面数字化的电子发票的推广优化

2018 年 8 月，税务总局启动了增值税发票管理系统 2.0 版的建设，在金税三期的基础上，实现了以下六大优化。第一，能够归集整个流程的发票状态信息，使得税企双方能够共享企业涉税信息。第二，整合了海关缴款书的信息。第三，强化了技术支撑保障，实现了 t＋0 的信息传递，推动了增值税普票和海关缴款书信息在各级税务机关的共享共用，提升了数据存储和系统处理的功能。第四，推动了征退税的有序衔接。第五，优化了发票信息查验等服务，开发了自动生成纳税申报预备表的功能。第六，加强了风险管理，推动了多税种的联动，强化了数据分析。

（三）全面数字化的电子发票的全面运用进程

发票电子化是金税四期的核心部分，在发票电子化的改革任务中，共有以下四大任务。第一个任务是 2021 年要建成全国统一的电子发票服务平台，具体如表 6-1 所示。发票云平台可以看作升级版的电子发票公共服务平台，它能够满足绝大部分纳税人开具电子发票的需求。第二个任务是制定出台电子发票的国家标准，对于第三方的电子发票开具平台，也会逐渐对接税务机关的管理，平台建设标准会上升到国家层级。第三个任务是有序推进铁路、民航等领域的发票电子化，铁路发票要纳入电子发票，民航的行程单可能也会变成电子发票。第四个任务是到 2025 年，要基本实现发票全领域、全环节、全要素的电子化，着力降低制度性交易成本。就是整个发票的流转环节就没有纸质发票，包括税务端是电子版，会计报销是电子版，归档档案管理也是电子版，这是深化税收征管改革的意见。

表 6-1　　　　　　　全国统一的专票电子化进程

时间	专票电子化试点地区
2018 年 8 月	宁波、石家庄、杭州 3 个地区陆续开始专票电子化试点
2020 年 12 月	在 11 个地区的新办纳税人中实行专票电子化：天津、河北、上海、江苏、浙江、安徽、广东、重庆、四川、宁波、深圳
2021 年 1 月	数电发票受票试点：全国 36 省、自治区、直辖市（不含港澳台）实现数字化电子发票全覆盖； 数电发票开票试点：山西、辽宁、吉林、江苏、浙江、福建、江西、河南、广东、海南、四川、云南、陕西、甘肃、上海、天津、重庆、内蒙古、广西、青岛、大连、厦门、深圳、宁波全国 24 个地区

总的来说，全面数字化的电子发票的法律效力、基本用途等与现有纸质发票相同，但是全面数字化的电子发票与传统的电子发票的样式不一样，具体如图 6-2 所示。

在图 6-2 中，左上角标签处 13 项特殊业务包括：稀土、卷烟、建筑服务、旅客运输服务、货物运输服务、不动产销售、不动产经营租赁、农产品收购、光伏收购、代收车船税、自产农产品销售、差额征税（差额开票）、差额征税（全额开票）。

1. 全面数字化的电子发票的特点

全面数字化的电子发票的特点主要体现在以下六个方面。第一，去介质。纳税人不需要预先领取专用税控设备，可通过电子发票服务平台开具发票。第二，去版式。全面数字化的电子发票可选择以数据电文 XML 形式交付，破除 PDF、OFD 等特定版式要求，票样根据不同业务进行差异化展示，降低发票使用成本，为纳税人提供更优质的个性化服务。第三，授信制。依托动态"信用 + 风险"的体系，结合纳税人生产经营、开票和申报行为，自动为纳税人赋予可开具发票

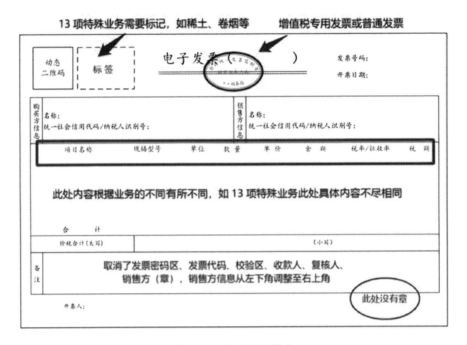

图 6-2 数电发票样式

总金额的信用额度并动态调整，实现"以系统授信为主，人工调整为辅"的授信制管理。第四，赋码制。电子发票服务平台在开具发票时，自动赋予每张发票唯一编码，无须领用发票即可开票。第五，标签化。通过标签实现了对电子发票功能、状态、用途的具体分类；如纳税人可通过电子发票服务平台发票入账标识，避免重复入账。第六，要素化。全面数字化的电子发票重新设计了票面要素，涵盖了纳税人名称、商品名称等基本要素，特定行业、品目需填开的特点要素及自行增加的附加要素，采用人工填写、自动预填、自动录入、选择填写。

2. 全面数字化的电子发票与传统发票的区别

（1）应用范围不同。全面数字化的电子发票自 2022 年 8 月 28 日起受票方范围扩展至全国（不含港澳台）；截至 2023 年 6 月 8 日，开票方范围扩展到 24 个地区（见上表 1）。纸质版电子发票中普票在全国范围内推行；而其专票自 2021 年 1 月 21 日起在北京、山西、内蒙古、辽宁、吉林、黑龙江、福建、江西、山东、河南、湖北、湖南、广西、海南、贵州、云南、西藏、陕西、甘肃、青海、宁夏、新疆、大连、厦门和青岛 25 个地区的新办纳税人中实行专票电子化，受票方范围为全国。

（2）票面样式不同。全面数字化的电子发票的票样将原有发票的代码 + 发票号码变为 20 位发票号码；取消了发票的代码、校验码、机器编码、发票密码区、购销方地址和银行信息、收款人、复核人。全面数字化的电子发票的票样根据不同业务进行差异化展示，特定业务票样左上角会展示该业务类型的字样，可以选择以数据电文形式（XML）交付，破除 PDF、OFD 等特定版式要求。而纸质版发票票面电子化，是纸质发票的电子映像和电子记录，其版式为 PDF、OFD 等特定版式。

（3）管理方式不同。全面数字化的电子发票在纳税人开业后，无须申领税控设备、无须办理票种核定，同时无须领用全电发票，系统智能授信赋予开具额度，取消发票票面限额，并根据纳税人行为动态调整开具额度，实现开业即可开票。而纸质版电子发票是在纳税人开业后，需要预先领取专用税控设备，进行票种核定，特别是发票领用、发售、开具、数量、限额、缴销等沿用纸质发票管理模式。

（4）开具平台不同。全面数字化的电子发票采用的是全国统一的电子发票服务平台，无须使用税控专用设备，发票开具、交付、查验以及用途勾选"一站式服务"。而纸质版电子发票需要安装增值税发票开票软件（税务 Ukey 版），借助各地增值税发票综合服务平台开具。

（5）交付手段。全面数字化的电子发票开具后，可通过系统自动交付，即发票数据文件自动发送至开票方和受票方的税务数字账户，便利交付入账，减少人工收发，同时依托电子发票服务平台税务数字账户，纳税人可以对各类发票数据进行自动归集，发票数据使用更加高效便捷。而纸质版电子发票开具后，需要通过发票版式文件进行交付，即开票方将发票版式文件通过电子邮箱、二维码等方式交付给受票方，受票方人工下载后，仍需对发票的版式文件进行归集、整理、入账等操作。

（6）红字发票处理流程不同。全面数字化的电子发票中红字发票的受让方未作用途确认及入账确认的，开票方在电子发票服务平台填开《红字发票信息确认单》（以下简称《确认单》）后全额开具红字全面数字化的电子发票，无须受票方确认。受让方未作用途确认或入账确认的，首先受票方使用电子发票服务平台，开票方或受票方均可在电子发票服务平台填开并上传《确认单》，经对方确认后，开票方全额或部分开具红色全面数字化的电子发票；其次受票方继续使用增值税发票综合服务平台，由开票方在电子发票服务平台填开并上传《确认单》，经受票方在增值税发票综合服务平台确认后，开票方全额或部分开具红字全面数字化的电子发票或红字纸质发票。

传统电子专用发票使用时首先填开并上传发票信息表，购买方已申报抵扣的，购买方在发票管理系统中填开并上传《开具红字增值税专用发票信息表》（以下简称《信息表》）；如果购买方未申报抵扣的，销售方在发票管理系统中填开并上传《信息表》，同时填写对应的蓝字电子专票信息。其次，税务机关审核校验。税务机关接收《信息表》，校验通过后，生成带有红字发票信息表编号的《信息表》，将信息同步至纳税人端系统中。最后，销售方开具红字电子专票凭税务机关系统校验通过《信息表》开具红字电子专票，以销项负数开具，与

《信息表》一一对应。但是增值税电子普通发票开具后不能作废，只能冲红，增值税电子普通发票开具红字不需要填写信息表。

（四）全面数字化的电子发票的查验、勾选与入账

1. 全面数字化的电子发票的查验

单位和个人可以通过电子发票服务平台、增值税发票综合服务平台查验全面数字化的电子发票的信息。

2. 全面数字化的电子发票的勾选确认

试点纳税人取得增值税扣税凭证用于申报抵扣增值税进项税额或申请出口退税、代办退税的，应通过电子发票服务平台确认用途。非试点纳税人取得全面数字化的电子发票用于申报抵扣增值税进项税额或申请出口退税、代办退税的，应通过增值税发票综合服务平台确认用途。

3. 全面数字化的电子发票的入账归档

全面数字化的电子发票同时符合《关于规范电子会计凭证报销入账归档的通知》规定的条件的，可以仅使用电子会计凭证进行报销入账归档。在此过程中同时符合的条件如下。第一，接收的电子会计凭证经查验合法、真实；第二，电子会计凭证的传输、存储安全、可靠，对电子会计凭证的任何篡改能够及时被发现；第三，使用的会计核算系统能够准确、完整、有效接收和读取电子会计凭证及其元数据，能够按照国家统一的会计制度完成会计核算业务，能够按照国家档案行政管理部门规定格式输出电子会计凭证及其元数据，设定了经办、审核、审批等必要的审签程序，且能有效防止电子会计凭证重复入账；第四，电子会计凭证的归档及管理应符合《会计档案管理办法》要求。以电子会计凭证的纸质打印件作为报销入账归档依据的，必须同时保持该纸质打印件的会计凭证原件。在此过程中，拍照、截图、扫描等电子影像件属于电子副本文件，并不是电子会计凭证原件，不能仅以电子副本文件报销入账归档。

（五）全面数字化的电子发票推广应用的常见问题

（1）企业作为试点纳税人如何开具全面数字化的电子发票？

试点纳税人登录电子发票服务平台后，通过开票业务模块，选择不同的发票类型，录入开具内容，电子发票服务平台校验通过后，自动赋予发票号码并按不同业务类型生成相应的全面数字化的电子发票。目前，税务机关暂不为纳税人代开全面数字化的电子发票。

（2）企业作为试点纳税人，销售商品种类较多，开具全面数字化的电子发票是否需要开具销货清单？

全面数字化的电子发票的载体为电子文件，无最大开票数限制，交易项目明细能够在全面数字化的电子发票中全部展示，无须开具销货清单。

（3）企业作为试点纳税人，如何补开具原税率的发票？

试点纳税人可通过电子发票服务平台向主管税务机关提交《开具原适用税率发票承诺书》，办理临时开票权限；临时开票权限有效期限为 24 小时，试点纳税人应在获取临时开票权限的规定期限内通过电子发票服务平台开具原适用税率发票。

（4）企业开具纸质增值税发票是否影响全面数字化的电子发票的开具金额总额度？

企业开具纸质增值税发票会影响全面数字化的电子发票的开具金额总额度。试点纳税人通过电子发票服务平台开具的全面数字化的电子发票、纸质专票和纸质普票以及通过增值税发票管理系统开具的纸质专票、纸质普票、卷式发票、增值税电子专用发票和增值税电子普通发票，共用使同一个开具金额总额度，但授信总额度扣除方式与环节不同。通过电子发票服务平台开具的发票，在发票开具时扣除，扣除的是已实际开具发票的金额；通过税控系统开具的发票，在发票领用时扣除，扣除的是发票领用的单张最高开票限制与发票领用份数之积。

（5）试点纳税人在增值税申报期内如何使用开具金额总额度？

按规定完成增值税申报前，在电子发票服务平台中可以按照上月剩余可用额度且在不超过当月开具金额总额度的范围内开具发票；按规定完成增值税申报后，在电子发票服务平台中可以按照当月剩余可用额度开具发票。

（6）因订单激增开具金额总额度无法满足开票需求，如何申请调整开具金额总额度？

试点纳税人通过电子发票服务平台的"税务数字账户——授信额度调整申请"模块，申请调整开具金额总额度，填写调整理由并上传相关附件后，即可启动人工调整流程。

（7）企业如何开具全面数字化的电子发票对税控发票红冲？

各票种之间的红冲规则为"新冲旧、电冲纸"，具体如下：第一，全面数字化的电子发票可以对全面数字化的电子发票、全电纸票（电子发票服务平台开具的纸票）、税控发票进行红冲；第二，全电纸票可以对全电纸票、税控发票进行红冲，不允许对全面数字化的电子发票进行红冲；第三，税控发票仅允许对税控发票进行红冲，不允许对全面数字化的电子发票、全电纸票进行红冲。

二、金税四期将实现"以数治税"的精准监管

自 1994 年分税制改革以来，金税工程经历了一期、二期、三期到四期的建设，实现了从"经验管税"到"以票控税"再到"以数治税"的转变。

金税四期是在金税三期的基础上进行全面升级和完善，增加了"非税"业务，实现了对"非税"业务更全面的监管。同时以税收大数据、人工智能等多种现代信息技术为驱动，推动税费数据多维度、实时化归集、连接和聚合，以数

字科技提升税务管理的精准性。

由此可见，金税四期的推进将会使得现代化税收征管系统更加强大，实现"税费"全数据、全业务、全流程的"云化"打通，为智能监管、智慧办税提供条件和基础，进而实现"以票管税"向"以数治税"分类精准监管的转变，如图 6 - 3 所示。

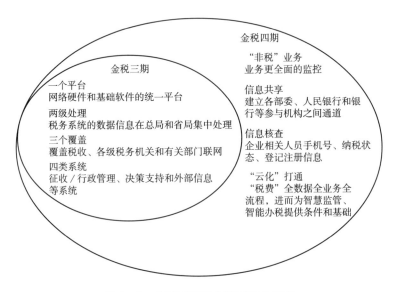

图 6 - 3   金税三期和金税四期的关系

三、金税四期功能的全面运用

（一）建立指挥决策系统

金税四期建立了依托于阿里云打造的指挥决策系统，采用分布式海量计算技术，大大提高了计算速度，实现了 30 多个省级机关核心税务数据的当日汇总、计算，提高了税务机关的协查效率、消灭了地区间数据交换的时间差。指挥决策系统将打造一套信息获取及时准确、页面展示直观形象、实操实控简单明了、指挥决策精准有力的"作战图"指挥平台。

此外，金税四期还纳入"非税"业务，搭建各部委、人民银行和银行等参与机构之间信息共享和核查的通道，实现了信息共享、信息核查。

（二）开发综合画像功能

金税四期充分运用大数据、人工智能等新一代信息技术，对大量历史风险任务反馈的样本数据进行学习、建模、扫描，实现每个市场主体全业务、全流程、全国范围内的"数据画像"，通过税收风险指标模型筛选，定时自动扫描，区分有风险与无风险的纳税主体。

此外，金税四期充分利用人工智能技术，通过自我学习总结、自动调节特征的权重，根据样本数据变化而变化，保证画像功能的与时俱进。

（三）完善抵账库穿透数规则

金税四期针对虚假注册、虚开发票、实名办税自然人异常等行为，同时税务大数据平台专门建立模型加以识别，对发票电子底账与发票申报表进行比对；系统会核对开票方发票本身的信息、发票开具内容与申报表比对，与受票方的销售项目、收入等比对；将发票密码与商品编码一一对应，将对发票功能的利用发挥到极致；并且大数据对证据链完整而无真实业务的判断规则进行了完善。

（四）开发智慧稽查系统功能

金税四期还具有智慧稽查功能，通过机器学习、机器人流程自动化、语义理解等现代技术的工具迭代升级和自动采集、全面分析、自动生成文书报告等功能迭代升级，全面、自动化地进行稽查，降低税务稽查人员的负担。同时，其智能分析系统，将在虚开增值税专用发票、骗取出口退税、偷逃税、重点行业涉税违法、主要税种涉税违法等方面发挥重要作用。

［案例拓展］

全国首例利用互联网共享经济服务平台虚开发票

2020 年 11 月 11 日，烟台市公安局在公安部经侦局数据导侦（烟台）战略中心，破获一起虚开增值税专用发票案，金税四期的指挥决策系统和抵账库穿透数规则帮助烟台市公安局成功收网。涉案件中的共享经济服务平台系北京布角科技有限公司，拥有河南、山东、福建等地区税务委托代征资质。行动当天，北京、天津、河北、山东等 10 省 15 市同时收网，部、省、市、县四级联动，共出动警力 200 余名，传唤控制涉案人员 46 名。该案系"营改增"税制改革后，全国首例利用互联网共享经济服务平台虚开发票案件，涉嫌虚开增值税专用发票金额高达 13 亿余元。

资料来源：新华网，https：//m. gmw. cn/baijia/2021 - 03/02/1302142616. html。

第三节　金税四期的深化

目前金税四期形成了顶层设计，我国借鉴了 4 个国际组织、26 个国家（地区）的 320 多条先进做法，完成金税四期建设的顶层设计，形成推动我国税收征管方式从"收税"到"报税"再到"算税"、征管流程从"上机"到"上网"再到"上云"、征管效能从"经验管税"到"以票管税"再到"以数治税"的智慧税务蓝图。税务部门还细化了金税四期建设的战略目标，制定了有力有效的保障措施，为推动税收征管方式、征管流程和征管效能的优化升级奠定了坚实基础。

一、金税四期推进进程

（一）金税四期的实施模块

国家税务总局在 2020 年 11 月公布了采购意向：金税四期决策指挥端之指挥台及配套功能建设项目。采购的需求为：实现金税四期决策指挥端之指挥台及配套功能系统，部署于税务总局内网。相对于金税三期，金税四期的系统主体功能增加了以下几个模块。

1. 视频指挥台

满足总局与各省市，各司局间的视频交互、汇报情况、远程指挥。该模块可以开展一对多视频直追，多对多视频沟通，支撑多方稳定通话等。

2. 重大事项

将内网和互联网相关涉税信息、热点、经济动态等进行个性化推送，满足使用者快速方便地浏览信息的需要。

3. 重要日程

根据设定的日程提醒，提醒安排和召集会议。同时便于上级领导安排和召集会议、确定重要事务性安排。

除了以上的主体功能，金税四期还包括了配套功能，如多人音视频沟通、会议室预订功能，同时保留接口提供功能扩展能力。金税四期的采购信息释放了一个很重要的信号：金税四期系统的配套完善，便于税务干部操作以及第一时间掌握重要情况，提升税收治理现代化水平。

（二）全面数字化的电子发票推广成为金税四期加速器

2021 年 1 月 13 日，国家税务总局网站发布了金税四期的中标公告，腾讯云计算（北京）科技有限公司中标金税四期决策指挥端的指挥台及配套功能项目。金税四期需要满足信息获取及时准确、页面展示直观形象、实操实控简单明了、指挥决策精准有力等功能。此时金税四期已经形成了初步的架构，国家税务总局在 2021 年和 2022 年相继释放了新税收征管环境变化的信息，电子发票服务平台也在持续推进，支撑发票电子化改革落地，全面推行电子发票。此时，我国从以往的"以票控税"正式走向了"以数治税"。

二、金税四期的深化开创了以数治税的新时代

2021 年 3 月，中共中央办公厅、国务院办公厅印发了《关于进一步深化税

收征管改革的意见》，通知明确要加快推进智慧税务建设。充分运用大数据、云计算、人工智能、移动互联网等现代信息技术，着力推进内外部涉税数据汇聚联通、线上线下有机贯通，驱动税务执法、服务、监管制度创新和业务变革，进一步优化组织体系和资源配置。我国预期在 2025 年实现税务执法、服务、监管与大数据智能化应用深度融合、高效联动、全面升级的目标，同时稳步实施发票电子化改革。2021 年，我国建成全国统一的电子发票服务平台，24 小时在线免费为纳税人提供电子发票申领、开具、交付、查验等服务。制定出台电子发票国家标准，有序推进铁路、民航等领域发票电子化，2025 年基本实现发票全领域、全环节、全要素电子化，着力降低制度性交易成本。

（一）发票在税务稽查中扮演着重要的角色

税务局非常重视发票的"三查"问题，即"查税必查票""查账必查票""查案必查票"，这就要求企业在开票问题上要格外注意"三流一致"，即资金流、发票流、合同流相统一。2025 年实现发票全领域电子化后，再加上金税四期的数字化功能，税务局更容易发现企业开具或是收到发票的异常。未来税收税务执法的规范性、便捷性、精准性将不断提升。

（二）金税四期深化践行智慧税务之路

金税四期以发票电子化改革为突破口、同时利用税收大数据，建成具有高应用效能的智慧税务，全面推进税收征管数字化升级和智能化改造。未来税务部门会探索建立全国统一的税务云征管服务平台，同时加强智能化税收大数据分析，不断强化税收大数据在税务征管上的作用。

近年来，税务部门依托税收大数据，聚焦高风险行业、领域和纳税人。税务部门依法查处并公开曝光了个别明星和主播等一系列重大偷逃税案件，对各类税收违法行为保持"零容忍"的态度，对高风险纳税人严管理、强监督，对恶意偷逃税行为早发现、严查处。

随着金税四期的持续推进，企业和个人在税收监管的环境下都是透明的，税务筹划应该由过去简单粗放式的"避税"升级为以合规为前提的依法筹划，利用现有的税收政策导向为企业建立科学的、具有前瞻性的纳税体系。

本章小结

税务部门依托数字化驱动税收征管方式变革，是实现税收治理现代化的必由之路。伴随信息技术持续深入应用，中国的税收征管方式不断实现跨越式发展。税收征管数字化转型不是简单的业务搬家或技术嫁接，而是通过发挥技术支撑、要素赋能等作用，驱动税收业务应用升级和流程重构。中国税收征管和服务流程也在数字化驱动下，经历了从"上机"到"上网"再到"上云"三个阶段的优化重塑。

大数据深度应用必将带来税收征管效能的大幅度提升。中国税收征管已经历了"经验管税""以票管税"两个时期，正在向"以数治税"时期迈进。在"以票管税"时期，税收征管效能主要依靠票的关联监控而提升，体现的是倍增效应。在"以数治税"时期，税收征管效能主要依靠数的聚合赋能而提升，体现的是乘数效应。大数据时代的税收治理必将进入"以数治税"阶段。

金税四期以全电发票、智慧税务建设、跨部门信息共享为核心抓手，实现多方信息共享，建立指挥决策系统，开发综合画像功能，完善抵账库穿透数规则，开发智慧稽查系统功能，通过数字化手段，实现金融、海关、市场监管、公安、支付平台等其他涉税方数据共建、数据共享、数据协同、数据治理，彻底打破部门信息化"横向隔离"。

练习题

1. 简述金税四期强大的"新一户式查询"功能。
2. 简述推广全电发票的重大意义。
3. 简述全面数字化电子发票与传统发票的区别。
4. 简述金税四期功能的全面运用。

第七章 金税四期税收稽查重点

学习目标

1. 了解金税四期上线后对企业税收监管的影响。
2. 掌握金税四期上线后稽查重点。
3. 熟悉金税四期上线后企业涉税风险。
4. 了解金税四期上线后企业涉税风险防范措施。

【导入案例】

厦门市税务局稽查局依法对网络主播姚振宇偷逃税案件进行处理

近期，厦门税务局稽查局通过精准分析，发现网络主播姚振宇涉嫌偷逃税款，在相关税务机关配合下，依法对其开展了税务检查。经查，姚振宇在2019～2021年从事直播取得收入，通过虚假申报手段偷逃个人所得税236.3万元，少缴其他税费1.18万元。厦门市税务局稽查局依据《中华人民共和国个人所得税法》《中华人民共和国行政处罚法》《中华人民共和国征收管理法》等相关法律法规，对姚振宇追缴税款、加收滞纳金并处罚款共计545.8万元。近日，厦门市税务局稽查局已依法向姚振宇送达税务行政处理处罚决定书。厦门市税务局稽查局有关负责人表示，税务部门将进一步依法加强对网络直播行业从业人员的税收监管，依托税收大数据分析，对存在涉税风险的，按照"提示提醒、督促整改、约谈警示、立案稽查、公开曝光"的"五步工作法"进行处置，不断提升网络直播行业从业人员税法遵从度，促进行业长期规范健康发展。

资料来源：国家税务总局，https://www.chinatax.gov.cn/chinatax/n810219/c102025/c5192927/content.html?eqid=e0a67b87000332f6000000066448e930。

第一节 金税四期上线后对企业税收监管的影响

2021年9月17日，时任国家税务总局局长王军在金砖国家税务局长视频会议上指出，我国正向"以数治税"时期迈进，税务工作将进入一个新的时代，金税工程四期建设已正式启动实施。这次不仅是税务方面，"非税"业务也被纳入其中，要对业务进行更全面的监控。同时搭建了各部委、人民银行以及银行等参与机构之间信息共享和核查的通道，实现企业相关人员手机号码、企业纳税状态、企业登记注册信息核查三大功能。金税四期于 2023 年 1 月 1 日已上线启动。先在广东、上海、内蒙古、四川、厦门、陕西、重庆、青岛、大连、天津 10 个省市试点。

其实金税四期是一项工具，它是国家税务总局用来监管企业不合规行为的一项工具。金税四期是金税三期的升级版，在金税三期的基础上更加精准、范围更广、速度更快。第一，金税四期上线以后，企业更多的数据将被税务局掌控，金税三期是以票控税，而金税四期是以数控税，也就是说国家将运用大数据、人工智能等新一代的信息技术对企业进行监管。第二，金税四期上线以后，对纳税人的监管是全方位、全业务、全流程、全智能的监控，国家会更细致、更全面地了解企业和税收居民的信息，同时对资金监控也将会更为严格，特别是个人卡交易。中国人民银行 2020 年发布了大额现金管理的通知，先从浙江、深圳、河北率先开始作为试点，试点期为两年。从 2022 年开始任何账户的现金交易超过 5 万元，公户转账超过 200 万元，私户转账超过 20 万元（境外）或 50 万元（境内）都会被严查。第三，金税四期上线以后，对于高收入人群来说，伴随着自然人纳税识别号的建立和新个税中首次引入的反避税条款，个人资产基本上是透明的，随着大数据的不断深入和渗透，隐藏在底层的水下和背后交易事项将很快地露出水面。

金税四期让企业和银行之间建立了更密切的联系。第一，全面监控"非税"业务；各部委、银行等参与机构建立信息共享渠道；企业人员基本信息、企业税务状况、登记信息核实；"税费"全数据、全业务流程"云管理"，为智慧监管、智慧征税提供基础条件。这意味着越来越多的企业数据将被税务机关控制，受到全方位、立体化的监管。第二，检查营业收入。过去，很难通过私人账户、微信、支付宝等方式隐瞒收入。金税四期系统不仅会通过申报的数据来验证是否存在异常，还会对企业银行账户、企业相关人员银行账户、上下游企业相关台账等数据进行检查比较。无论是大额的公共转账还是私人转账，都将受到严格监督。如果主营业务成本长时间超过主营业务收入，则更容易检查，异常费用更可能引起税务问题。

一、金税四期对企业的税务监管进一步加强

金税四期是国家推进的金税工程计划的第四期，是第三期的升级版。金税工程是国务院批准的 12 个国家电子政务项目之一，是吸收国际先进经验，运用高科技手段，结合我国增值税管理实际而设计的高科技管理体系。该系统由一个网

络和四个子系统组成。一个网络是指国家税务总局与省、地、县税务局之间的四级计算机网络；四个子系统分别为增值税防伪税控开票子系统、防伪税控认证子系统、增值税稽核子系统、发票联检子系统。金税项目实际上是一个利用覆盖全国税务机关的计算机网络来密切监控增值税发票和企业增值税支付状况的系统。

（一）金税四期开始对非税业务进行监管

公款私用，不要发票购买省税产品将会被稽查。"非税"业务的监管，对于很多企业来说是致命的。给大家举一个例子，"银行取现""企业公户转款（非税业务）"都会纳入监管范围。企业老板再想通过不开发票商品达到省税的目的，将会很难。因为这种"非税"的行为将会通过银行系统、商品检测系统、物流系统三方面反映到金税四期，检测到此次"非税"行为后，根据大数据进行分析，就能很容易稽查出来。除此之外，公款私用，将会被轻易稽查。

（二）金税四期的信息共享系统（部委、银行、机构共享信息）

原来很多企业，通过成立多个公司，分散发放高管和股东的奖金，或直接用账外收入发放奖金，达到避税的目的。金税四期上线后，加入了对股东银行账户及保险账户的监控，不仅如此，员工的银行账户也在监控之列。想通过分散发奖金避个税，或者利用股东、员工个人卡收钱来避税，再也行不通了。

（三）信息核查+大数据分析让税收"洼地"不再是避税天堂

国家在特殊时期会给企业留出优惠政策和一定的空间余地。然而很多收入较高的企业，利用了税收"洼地"政策，成立子公司或关联公司，把收入、利润，转向税收洼地，但是真正业务还是由总公司负责，这是一种变相逃税。金税四期上线后，信息核查系统与部委共享系统，能够分析出"洼地"是否具有真实业绩、是否与其他洼地外公司有亲属关联关系。如果系统真的使用，税收洼地再也不是避税天堂，享受洼地政策，也不只是挂个公司名称即可。

（四）企业要做好准备适应"以票治税"走向"以数治税"的转变

"以数据治税"的终点是不再依据发票纳税。金税三期虽然也有大数据支撑，但毕竟是以票据为基础的，一个"三流"符合的虚开发票金税三期很难稽查出问题。但"以数治税"将会让虚开发票彻底消失。例如，A公司为了省税，向B公司购买了咨询费发票，税点6%。金税三期的时候，只要A公司编制的业务需求合理，B公司确实有对应的资金流，B公司能够正常纳税。这笔交易很难被稽查。金税四期上线后，则很容易就被稽查出来。因为A公司给出去的资金，一定会通过其他途径返还，只要返还途径涉及A、B双方任意股东或员工的个人账户，都会被第一时间预警。另外，金税四期的数据管理内，会有收入成本比，A公司向B公司支付的咨询费，如果业务不真实，B公司的成本会出问题。金税四期上线后的"以数治税",其前提条件是对产品信息、物流信息、银行系统充分并网的基础上进行的。

二、企业对金税四期上线的税务监管的认知

(1)金税四期是金税三期的升级版。金税三期实现了对国税、地税数据的合并及统一,其功能是对税务系统业务流程的全监控;而金税四期除了税务方面外,还会纳入"非税"业务,实现对业务多维化、全流程的监控。

(2)金税四期上线后,企业更多的数据将被税务局掌握,监控也呈现全方位、立体化,助力国家实现从"以票管税"向"以数治税"分类精准监管转变。

(3)金税四期上线后,国家对资金的监控将会更为严格,特别是个人卡交易。

(4)银行税务共享信息的时代来临。早在2019年6月26日,中国人民银行、工业和信息化部、国家税务总局、国家市场监督管理总局四部门联合召开企业信息联网核查系统启动会;中国工商银行、交通银行、中信银行、中国民生银行、招商银行、广发银行、平安银行、上海浦东发展银行8大银行作为首批用户接入企业信息联网核查系统。

其中最大的亮点就是企业信息联网核查系统搭建了各部委、人民银行以及银行等参与机构之间信息共享、核查的通道,实现企业相关人员手机号码、企业纳税状态、企业登记注册信息核查的三大功能。

(5)下一步,新的税收征收管理系统将充分运用大数据、人工智能等新一代信息技术,实现智慧税务和智慧监管。

(6)随着金税四期的快速推进,预计将会构建更强大的现代化税收征管系统,实现全国范围内税务管理征收业务的通办,以及"税费"全数据全业务全流程全数据"云化"打通,进而为智能办税、智慧监管提供条件和基础。

(7)对于高净值人群来说,伴随着金税四期时代自然人纳税识别号的建立和新个税中首次引入反避税条款,个人的资产收支更加透明化。

(8)税务大数据的不断深入和渗透将使隐藏在底层、水下和背后的交易事项很快浮出水面;信息共享打破信息孤岛,社保的规范化将是必然趋势,大大推动企业主动合理规范社保缴纳问题。

(9)智慧税务监管下,未来企业的财务合规和税务合规将是唯一出路。企业必须尽快步入财务合规改造期,规范做账和依法纳税,就是最好的税务筹划。

(10)面对金税四期的上线,会计人员做账更应建立在真实业务的基础上,反映业务的来龙去脉,回归业务真实的商业本质,无中生有的账务处理和税务处理必将给企业带来巨大风险。

三、金税四期上线后对企业税收的影响

（一）增加了企业的税收风险

金税四期的到来将全面提升税收监管力度，对企业的税务申报和纳税行为进行更加严格的监管和审核，这将使得企业在申报纳税、享受税收优惠等方面面临更大的挑战。此外，金税四期还会加强对企业虚开发票、税负率异常、代缴社保等涉税行为的监督和检查力度。一旦发现违规行为将会通报给相关部门，企业将会受到严厉的处罚，如罚款、没收、追缴、纳入黑名单等。因此，在金税四期时代下的企业涉税风险更难隐藏，税收风险将会增加。

（二）增加了透明度监控更全面

金税四期上线之后，监管从"以票管税"向"以数治税"转变，国家将采用大数据、人工智能等新一代的信息技术对企业进行监督，在这样的背景下，企业的更多数据将会被税务局所掌握。与此同时，金税四期将建立起各部委、银行等参与机构的信息共享和核查渠道，全面监控社保、工资、收入等"非税"数据；实现企业相关人员手机号码、企业纳税状态、企业登记注册信息核查三大功能，信息共享、信息核查。未来企业数据信息的透明化程度更高，监控也更加全面。

（三）提高了企业的办税效率

金税四期的推出，其高度智能化和数字化让企业的办税流程更加方便和高效：通过网络申报、自助缴税等多种方式，企业可以随时随地进行税务操作，节省办事时间和成本；银行结合企业信息联网核查系统应用，进一步优化业务流程，利用企业信息联网核查系统反馈信息，减少企业填单等工作量，全面提升企业开户体验；简化了增值税发票的开具流程，方便了企业的开票操作；此外，金税四期还推出了在线咨询、自助查询等功能，为企业提供了更加便捷的税务服务，提高了企业的办税效率。

第二节　金税四期上线后稽查重点

金税四期上线后重点稽查的对象范围是：第一，重点稽查资本性所得；第二，重点稽查网红、娱乐明星偷逃税；第三，重点稽查公转私及企业老板利用私户收货款等行为。特别是企业老板从对公账户往个人账户转款，超过20万元都算大额。企业老板从对公账户往个人账户转，这一步需谨慎做。因为一旦转到企业老板个人账户上，会默认为股息分红，需补缴20%的个税。

金税四期增加了一些非税和其他监管部门的信息，同时又将原来的分析对比方法和后台监控的手段，由传统的互联网＋信息化系统提升为人工智能和云处理的状态。而之前税务局会建立各种风险分析的模型，用对比分析法、推理分析法、逻辑分析法、比较分析法等对企业的信息进行各种分析。在它设置的预警值的范围内，纳税人或纳税机构的问题都能被筛选出来，不在预警值的问题其实是筛不出来的。金税四期上线后又加上了人工智能，借助机器人分析，人工没有识别出来的风险，借助金税四期的系统以后的风险推送会更加精准。

一、金税四期上线前传统税务稽查重点

（1）虚开发票。现在国家已经打造了最新税收分类编码和纳税人识别号的大数据监控机制，虚开发票一旦被稽查，除了补缴税款，构成犯罪的，更要承担刑事责任。

（2）公转私。《关于办理非法从事资金支付结算业务、非法买卖外汇刑事案件适用法律若干问题的解释》中明确表示：严惩虚构支付结算，公转私、套取现金，支票套现。

（3）骗取出口退税。税务总局、公安部、海关总署、中国人民银行在内的四部门联合预防和打击违反税收法规，采取以假报出口等欺骗手段，骗取国家出口退税款，数额较大的行为。

（4）增值税零申报。作为一些企业常用的手段，增值税零申报也是税务稽查的重点对象。零申报持续时间一旦达到 6 个月，税务机关就会对企业展开分析调查，确认企业是否存在隐匿收入等问题。

（5）虚列人员工资。针对人员工资，税务机关会从工资支出凭证、企业职工人数、薪酬标准等方面严查工资费用。

（6）税收优惠企业认定。享受税收优惠政策的企业，也是税务机关稽查的重点。

（7）税负率异常。税务异常一直以来都是税务稽查的重点，如果企业平均税负上下浮动超过 20%，税务机关就会对其进行重点调查。

二、金税四期上线后稽查重点

（1）企业发票问题。国家税务总局在税务稽查中，非常重视发票的"三查"问题，即"查税必查票""查账必查票""查案必查票"，这就要求企业在开票问题上要格外注意"三流一致"，即资金流、发票流、合同流相统一，有的会加上货物流，也就是四流一致。

这也提醒企业一定要做好存货管理，统计好进货、销货、存货量，定期盘点库存，做好账实差异分析表，尽量避免库存账实不一致。同时要注意，虚构成本

与虚开发票，除了缴纳罚款和补缴税款外，企业相关当事人触及红线的还要背负刑事责任。

（2）税负率异常。金税三期对于企业的税负率就已经很严格，时刻被监控着，不论是过高还是过低都有被税务局约谈和稽查的风险。实务中，虽然企业的税负率可能受到多个因素的影响，但是一般情况下企业在某个时期内的税负率波动不会很大。

在系统升级后，每个行业的增值税、所得税税负水平以及变化在当地税务系统中记录更加详细，对于企业的税负率浮动比例更加敏感，税务机关会针对企业的纳税情况进行评估，调查一些企业税负率出现波动的原因。

（3）企业的社保。多地相继实施"社保入税"，在各部门的大数据联网的情况下，企业的一举一动都被纳入了监管系统。很多企业员工的工资显示都保持在5 000元以下并且长期不变，随着金税四期的上线，不论是税务还是工商、社保等非税业务都在联网系统中，数据统一，试用期不入社保、社保挂靠或代缴社保等行为都是行不通的。

（4）虚假开户企业。随着企业信息联网核查系统上线及已经到来的金税四期，银行、非银行支付机构等参与机构可以核实企业相关人员手机实名信息、企业纳税状态、企业登记注册信息等重要信息，会多维度地核查企业真实性，了解企业的经营状况、识别企业是否有开户资格。

（5）企业的利润。报送的资产负债表与利润表勾稽关系有出入；利润表里的利润总额与企业所得税申报表中的利润总额有出入；企业常年亏损，却屹立不倒；同行业利润偏低等。

（6）企业的收入。部分企业可能存在利用私户、微信、支付宝等收取货款来隐匿部分收入，或存在大额收款迟迟不开发票，或给客户多开发票等行为。自从金税四期上线后这样的操作可能就行不通了。金税四期不仅会通过企业申报的数据来核实是否异常，还会通过企业银行账户、企业相关人员的银行账户、上下游企业相关账本数据、同行业收入、成本、利润情况等来稽查比对。而且央行早已施行了大额现金管理试点，公转私、私转私都将面临严查。具体来说，以下三种情况，会被重点监管：第一，法人、其他组织和个体工商户（以下统称单位）之间金额100万元以上的单笔转账支付；第二，金额20万元以上的单笔现金收付，包括现金缴存、现金支取和现金汇款、现金汇票、现金本票解付；第三，个人银行结算账户之间以及个人银行结算账户与单位银行结算账户之间金额20万元以上的款项划转。

（7）企业成本费用。金税四期主要围绕企业成本费用以下几个方面展开重点稽查：第一，主营成本长期大于主营收入；第二，公司名下没有机动车，却存在大量的加油费；第三，差旅费、会议费、咨询费等异常；第四，工资多申报或少申报；第五，买发票；第六，多结转成本，后期红冲或补发票；第七，已计提费用却迟迟未开发票等。

（8）企业的库存。金税四期上线后，企业库存会进一步透明化。进多少货，出多少货，还剩多少货，税务机关可能比企业自己还清楚。如果库存账实不一致，企业务必引起重视，及时查找原因。因此，企业一定要做好存货管理，统计好进销存，定期盘点库存，做好账实差异分析表，尽量避免库存账实不一致。

（9）企业缴纳的税额。第一，增值税收入长期大于企业所得税收入；第二，税负率异常，如果企业平均税负率上下浮动超过20%，税务机关就会对其进行重点调查；第三，企业大部分员工长期在个税起征点以下；第四，员工个税申报表中的工资与企业申报的工资不一致；第五，实收资本增加，印花税未缴纳；第六，盈余公积转增资本，个人股东却未缴个税等。

金税四期上线后重点关注领域与行业如图 7 - 1 所示，金税四期上线后重点稽查 9 类交易如图 7 - 2 所示。

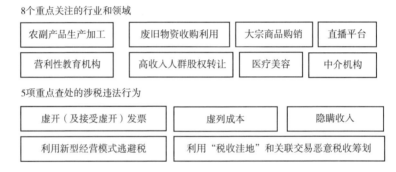

图 7 - 1　金税四期上线后重点关注领域与行业

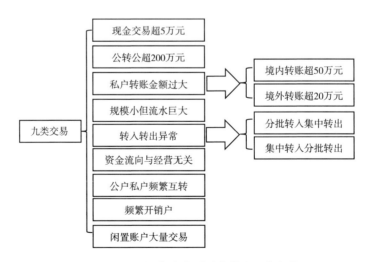

图 7 - 2　金税四期上线后重点稽查 9 类交易

［案例拓展］

税务部门通过大数据分析发现网络主播黄薇偷逃税，
被追缴并处罚款 13.41 亿元

随着金税四期的试点和推广，运用金税四期系统可以掌握企业更多的数据，呈现全方位、透明化、联动化的监控。其中一个重点就是搭建个人所得税云平台，将来自不同部门的纳税人身份、单位、家庭、个人收入等数据一体融合，建成全国个税纳税人"一人式档案"。实现了从"人找数"填报到"数找人"确认的转变。这也就意味着，今后企业更多的数据将被税务局掌握，呈现全方位、透明化、联动化的监控，以后还想在偷税漏税上动"歪脑筋"就更加行不通了。

浙江杭州市税务局通过金税系统的大数据分析发现在 2019 ~ 2020 年，网络主播黄薇通过隐匿其从直播平台取得的佣金收入虚假申报偷逃税款；通过设立上海蔚贺企业管理咨询中心、上海独苏企业管理咨询合伙企业等多家个人独资企业、合伙企业虚构业务，将其个人从事直播带货取得的佣金、坑位费等劳务报酬所得转换为企业经营所得进行虚假申报偷逃税款；从事其他生产经营活动取得的收入，未依法申报纳税。在税务调查过程中，黄薇能够配合并主动补缴税款 5 亿元，同时主动报告税务机关尚未掌握的涉税违法行为。综合考虑上述情况，国家税务总局杭州市税务局稽查局依据《中华人民共和国个人所得税法》《中华人民共和国税收征收管理法》《中华人民共和国行政处罚法》等相关法律法规规定，按照《浙江省税务行政处罚裁量基准》，对黄薇追缴税款、加收滞纳金并处罚款，共计 13.41 亿元。其中，对隐匿收入偷税但主动补缴的 5 亿元和主动报告的少缴税款 0.31 亿元，处 0.6 倍罚款计 3.19 亿元；对隐匿收入偷税但未主动补缴的 0.27 亿元，处 4 倍罚款计 1.09 亿元；对虚构业务转换收入性质偷税少缴的 1.16 亿元，处 1 倍罚款计 1.16 亿元。日前，杭州市税务局稽查局已依法向黄薇送达税务行政处理处罚决定书，依法对黄薇作出税务行政处理处罚决定，追缴税款、加收滞纳金并处罚款共计 13.41 亿元。

资料来源：国家税务总局福建省税务局，http：//fujian. chinatax. gov. cn/xt/article/1334。

第三节　金税四期上线后企业涉税风险

一、通过财务报表看出企业税务风险

（1）查看企业所得税费用的构成：企业所得税费用是企业财务报表中的重

要科目之一，通过查看企业所得税费用的构成可以了解企业的税务风险。如果企业所得税费用占比较大，或者存在所得税费用与利润的比率偏离常态，可能存在税务风险。

（2）查看企业应交税费的构成：企业应交税费包括各种税费和附加费用，通过查看企业应交税费的构成可以了解企业的税务风险。如果企业应交税费占比较大，或者存在应交税费与营业收入的比率偏离常态，可能存在税务风险。

（3）查看企业净利润与税前利润的比率：企业净利润与税前利润的比率可以反映税务问题，如果企业净利润与税前利润的比率偏低，可能存在税务风险。

（4）查看企业资产负债表中的递延所得税资产和递延所得税负债：递延所得税资产和递延所得税负债可以反映企业过去年度的税务风险情况。如果企业递延所得税资产明显偏高，递延所得税负债明显偏低，则可能存在税务风险。

（5）查看企业的现金流量表：现金流量表可以反映企业的现金流量和税收情况。如果企业的现金流量表出现现金流入和现金流出明显不平衡的情况，或者现金流量表中出现大量的非经营性现金流量，就需要关注税务风险问题。

综上所述，通过查看企业财务报表中的各种指标和科目，可以了解企业的税务风险情况。需要注意的是，财务报表只是一种反映企业财务情况的工具，企业税务风险的判断还需要结合其他方面的信息。

二、企业财务报表中的数据可能存在的涉税风险

（1）"在建工程"会计科目金额的变动。如果一个企业"在建工程"会计科目期初余额为500万元，期末为0，固定资产会计科目中增加了500万元。通过这一变动，可以推测该企业可能已经完成房屋的建设。那么此时房产税计税依据应该发生变化，如果企业申报房产税时并没有改变房产税的计税基础，那么它就可能存在少缴纳房产税的风险。

（2）"其他应收款"金额较大。其他应收款属于"兜底"科目，同时也属于高疑点科目，当本期金额增加较大时，很可能存在公司无偿借款未视同销售、逾期未收取包装物押金未作为价外费用纳税等涉税风险。

（3）"存货"金额较大。期末存货余额过大，不一定会有涉税风险，但是如果企业账上存货金额大于实际库存金额时，形成原因有偷偷处理存货但未依法申报、无偿赠送存货但未依法视同销售等情况，就很有可能存在涉税风险。

（4）"固定资产"科目金额的减少。固定资产期末数比期初数减少，没有依法申报增值税。即便是报废、卖废品处理固定资产，产生收入也需要申报增值税。

（5）"预收账款"期末余额较大。预收账款期末余额很大，且企业营业收入很少，就很有可能存在企业已经提供货物或服务，已经满足收入的确认条件，未

及时确认收入，从而存在增值税和所得税的涉税风险。

（6）财务费用利息费用的变动。本期的财务费用相比以前年度金额增加大。对于房地产企业而言，它们的资金除了自有资金外，还有很大一部分的贷款资金。由于这些贷款资金往往会产生高额的利息费用，大家应该都知道建造期间符合资本化条件的利息费用应该计入开发成本中，不应计入财务费用。而有很多的企业，为了达到当期少缴企业所得税的目的，便将应计入资本化的利息费用计入财务费用中，从而可能存在少缴企业所得税的风险。

三、企业不合规行为的涉税风险增大

（1）空壳企业：利用空壳公司开户，实施电信网络诈骗、洗钱、偷逃税款等违法犯罪，已经行不通了。

（2）虚假开户企业：税务机关多维度地核查企业真实性，了解企业的经营状况、识别企业是否有开户资格。

（3）少交个税与社保：施行五证合一后，税务、工商、社保随时合并接口，企业人员、收入等相关信息互联，虚报工资已经没余地了。尤其员工工资长期在5 000元以下或每月工资不变的，税务局很可能重点稽查。

（4）库存账实不一致：发票开具不只是发票抬头、金额，就连开具的商品名称、数量、单价都会被监管，公司的进销存都是透明的。只要企业开具的发票异常将会接到税务局电话，甚至被实地盘查，一旦有问题，就会涉嫌偷税。

（5）虚开发票的企业：与实际经营情况不符。第一，没有真实交易；第二，有真实交易，但开具数量或金额不符；第三，进行了实际交易，但让他人代开发票。

（6）收入成本严重不匹配的企业：企业自身的收入与费用严重不匹配，重点费用异常，如加油费、差旅费，与同行业对比收入、费用异常等。

（7）申报异常的企业：对小税种不重视，结果引起大风险。

（8）税负率异常的企业：如果企业平均税负率上下浮动超过20%，税务机关很可能对其进行重点调查。

（9）常年亏损企业：企业常亏不倒，明显有问题，将成为稽查重点。

（10）重点费用异常：企业无车但有加油费、停车费、维修费报销；工资表人数与差旅费报销有差异等。

四、金税四期上线后企业涉税风险防范措施

金税四期上线后企业当中每一个人的资产更加透明化，伴随着自然人纳税识别号的建立和新个税中首次引入反避税条款，个人的资产收支更加透明化，特别是对于高净值、高收入人群来说风险尤其巨大。资金监控变得更为严格，特别是

个人卡交易、微信以及支付宝等交易等。对企业业务更全面监控的同时实现各部委、人民银行以及银行等参与机构之间信息共享、信息核查，打破此前存在的信息壁垒和信息孤岛。对纳税人的监控可以说是全方位、全业务、全流程、全智能。

这会推动企业加快财务合规的进程，规范做账和依法纳税是最好的税务筹划。金税四期的建设，引领从"以票控税"到"以数治税"的变革；意味着税收征管方式从"收税"到"报税"再到"算税"；税收征管流程从"上机"到"上网"再到"上云"。这是一次飞跃，也是大势所趋。企业必须与时俱进，提升自身的合规意识，如表7-1所示。

表7-1　　　　　　　　　　　企业财务合规自测

	资金合规	税务合规	核算合规	架构合规
第一阶段 财务合规化	100%收入、成本、费用进入对公；无私人账户收款；无私人账户大额付款；个人和公司资金不混淆	收入全部报税；薪资对公户全额发放；不有意账面亏损	一套账由专业财务管理；账务上资金与银行账户资金能核对上	有主体公司；内部转移定价及内部交易规范；内部风险隔离
	业务流程	内部控制	业财规则	业财信息化
第二阶段 业财一体化	业务流程到财务流程顺畅	控制点内置进流程	收入、成本、费用等管理规则、统计口径要统一	业财一套ERP系统；业务+财务系统打通；财务+银行系统打通；OA+财务系统打通
	绩效数据	管理报表数据	经营分析数据	决策分析数据
第三阶段 数据化决策	数据由财务出具，或者与财务数据口径一致，自动化支持和反映	数据由财务出具，或者与财务数据口径一致，自动化支持和反映	数据由财务出具，或者与财务数据口径一致，自动化支持和反映	数据由财务出具，或者与财务数据口径一致，自动化支持和反映

公司自身应该尽快排查潜在的风险，原来在开展业务时是否存在两套账，以及收入隐瞒、虚开发票、成本虚提等情况，特别是对于企业自身遗留问题和风险尽可以提出来寻找解决方案，不要再拖延。同时企业应该根据自己的实际情况和业务模式，搭建适合自己的纳税管理的标准、目标和实施方案，这就是未来社会大合规的背景下搭建合规的纳税管理模式。

（一）加强深入对金税四期的学习和了解

为了更好地适应金税四期的税务管理，企业首先要加强对金税四期的学习，重视外部的涉税事项，了解金税四期的相关政策、法规、操作流程、规范要求等，以便更好地掌握税务管理流程，从而有效减少涉税风险。只有全面深入地了解金税四期的政策要求，才能更好地应对税务变革。

（二）加强数据管理，注重税务风险控制

金税四期是一个全面数字化的税务系统，数据的准确性和完整性是税务申报和税务管理的基础，与此同时，税务机关可以通过数据的分析和比对，及时发现企业的税务违规行为。基于此，企业应该加强数据管理，建立完善的数据管理制度，规范数据的采集、录入和存储流程，注重数据的准确性和完整性。此外，企业还需加强税务风险控制，定期对内部管理流程和财务账目进行检查和评估，及时发现和解决存在的问题，规避相关税务风险，建立健全风险控制体系。

（三）加强与主管税务机关沟通

在金税四期的环境下，企业要积极配合税务机关，主动履行纳税义务，及时缴纳税款。加强与税务机关的沟通，遇到不懂的问题要及时向税务机关咨询或请教，及时反馈问题，寻求合理的解决方案。同时，企业要积极协调税务机关的检查和调查工作，提供真实、准确的财务数据，避免因不配合而造成不必要的纠纷和损失。

（四）积极合理享受税收优惠政策

随着金税四期的到来，税收数据将走向大数据化，企业的更多数据将会被税务局掌握，企业在税务部门中的透明度将会更高。企业不能再采取以前违规方式，如在外面买卖发票、虚开发票等来避税，这很容易被监管部门稽查，从而导致补税，甚至缴纳滞纳金等。因此，企业可以在合理合法享受税收优惠政策的基础上减轻税负，合理节税。例如，积极利用区域性的税收优惠政策，依据企业的实际情况和业务模式，选择入驻合适的产业园区或将企业注册到有税收政策的税收优惠区。此外，还可以寻求专业财税服务机构的帮助，为企业制定合法合规的税务筹划方案，提高企业的经济效益。

金税四期涉及企业经营的方方面面，对企业是全数据、全流程、全业务的监管，企业合规管理变得非常重要。因此，企业应尽早改变观念习惯，经常性地进行自查自纠，与专业财税服务机构合作，规避风险，合理、合法、合规纳税，实现税务合规，推动企业长久健康发展。

[案例拓展]

黑龙江省大兴安岭地区税务局第一稽查局依法查处一起
虚开农产品收购发票案件

2023 年 1 月，黑龙江省大兴安岭地区税务局第一稽查局根据金税四期系统的税收大数据分析线索，依法查处了大兴安岭某食品有限公司虚开农产品收购发票案件。经查，该公司通过为自己开具与实际经营业务情况不符的发票等手段，少缴增值税、企业所得税等，累计虚开农产品收购发票 574 份，价税合计金额 4 218.37 万元。

资料来源：国家税务总局官网，http://www.chinatax.gov.cn/chinatax/n810219/c102025/c5183870/content.html。

本章小结

金税四期上线以后，企业更多的数据将被税务局掌控，国家将运用大数据、人工智能等新一代的信息技术对企业进行监管，企业要做好准备适应"以票治税"走向"以数治税"的转变。对纳税人的监管也将更为严格，是全方位、全业务、全流程、全智能的监控。对于高收入人群来说，伴随着自然人纳税识别号的建立和新个税中首次引入的反避税条款，个人资产基本上是透明的。

练习题

1. 简述金税四期上线后对企业税务监管的影响。
2. 简述金税四期上线后稽查重点。
3. 简述金税四期上线后企业涉税风险。

第八章 数字经济下的税收征管

学习目标

1. 了解数字经济下税收征管面临的挑战。
2. 掌握数字经济下税收治理的演化趋势。
3. 熟悉数字经济下税收治理的模式再造。
4. 了解数字经济下税收生态系统的概念与特征。
5. 明确数字经济下税收生态系统的演进路径。

【导入案例】

数字经济时代谷歌（Google）常设机构税收征管案例

以 Google 公司在英国的公开案件为例，Google 公司首先将其搜索及广告相关无形资产注册在位于爱尔兰都柏林的一家控股公司。随后，在这家控股公司旗下设立一家同样位于爱尔兰的经营公司（Google 爱尔兰），负责处理英国及其他市场的广告业务。在这种安排下，Google 位于英国的客户如果需要刊登广告均需要与 Google 爱尔兰联系。

在本案中，企业方面认为 Google 爱尔兰直接向其位于英国的客户收取广告费等收入，同时约99%的英国客户仅需通过网络就可以自助完成所有交易。相比之下，仅有约1%的英国客户需要和 Google 在英国的员工进行接触，而相关接触也不属于真正意义上的销售活动，因此，自身在英国并不构成常设机构。但是，英国税务机关（HMRC）则给出了相反的认定。首先，虽然仅有约1%的英国客户会同 Google 的员工进行接触，但这些（大）客户却给 Google 爱尔兰带来了60%～70%的收入。另外，Google 在英国的员工也进行了相关的销售活动，因为尽管 Google 爱尔兰声称其在英国的员工并不直接负责业务推广及销售，但是根据 HMRC 调查，其在员工招聘时明确提出了对于销售背景的要求，因此，可以证明其工作远远超出其所定义的准备或辅助性质的工作。基于以上事实，可以认定 Google 在英国的员工直接参与了 Google 爱尔兰在英国境内的经营活动，并为其创造了重大的经济利益，因而使其在英国构成了常设机构。

这一案例充分反映了数字经济下常设机构判定标准的新变化。尽管 Google 爱尔兰跨境直接向位于英国的客户收取广告费等收入，并且绝大部分业务可以在网上自助完成，但是在满足一定的条件后仍有可能被判定为构成常设机构。在数字经济时代，由于很多交易通过互联网即可完成，导致很难对交易的所属地进行确认，另外对于构成具有重大意义的销售活动或仅是准备或辅助活动也需要仔细地甄别和判断。此外，由于数据的利用可以以不同方式为企业创造价值，所以对数字信息及相关无形资产的定价也存在诸多困难，这也是在未来的实践中需要进行深入探讨的内容。

资料来源：延峰，冯炜，崔煜晨. 数字经济对国际税收的影响及典型案例分析［J］. 国际税收，2015（3）：15－19.

第一节　数字经济下的税收征管面临的挑战

一、纳税主体身份难以确定

数字经济以数据作为载体，呈现网络化、虚拟化等特点，并且在交易过程中生产者与消费者的边界日渐模糊，两者身份不断融合，使纳税主体身份变得更加多元和复杂，同时数字经济不断发展，经营者数量迅速攀升，互联网平台经营活动日益壮大，导致数字经济的经营者相较于传统经济经营者更加分散，如果税务机关无法对纳税主体身份进行准确的界定，就无法对数字经济交易进行有效的监管。以电子商务为例，《中华人民共和国电子商务法》中关于电子商务经营者明确规定，无论是大型淘宝、京东等平台，还是小型网店或者微商，都应该承担与传统经营者相同的纳税义务，同时及时办理税务登记。在现实中，电子商务主体为 B2C 和 C2C，B2C 的卖家一般是企业的法人，企业进行了税务登记，税务机关能够对其经营进行有效监管，但是像"微商"、闲鱼个人商铺、淘宝个人店铺这类 C2C 经营模式，避开了税务登记的环节，由于 C2C 在电子商务中占比巨大，大多店家缺乏主动进行纳税登记的意识，而税务机关无法对所有的纳税人进行逐一审查，导致税款流失，税收在面对不同的商业模式和纳税主体时无法保持中立，对市场经济造成了损害，不利于经济持续健康的发展。

一方面，当前《电子商务法》对"零星""小额"交易未作出明确的法律限定，这也为个人电商经营者提供了逃避税款的条件，提升了征税过程中的不确定性，增加了税收征管的难度。另一方面，当前最热门的数字平台经济——直播带货，涉及多个产业，涵盖多个纳税主体，其中包括货物生产方、直播平台方、第三方支付平台以及数网络主播，但带货主播数量多、分散度高，直播平台业务较为隐蔽，这无疑增加了税收征管的难度，造成数字活动经营者与传统经营者的税收不公平现象，2020 年，欧盟委员会统计数字行业平均税率 9.5%，相比而言传统行业平均税率却高达 23.2%[1]，虽然数字经济作为经济发展的重要引擎可以给予一定的税收优惠，但平均税率如此悬殊的差距说明数字经济征收管理存在漏洞，相关税收法律和制度急需完善。

二、课税对象难以确定

相比于传统经济，在对数字经济活动征税时，税务机关难以确定课税对象，这是由于数字经济交易活动可以突破地域和行业的限制，融合多种产业，横跨多个地区，这与传统经济模式具有的产业的单一性与地域的稳定性完全不同，数字交易活动是多个经济模式的组合，而目前税收法律很难对此进行准确的界定，因此，税务机关往往很难确定征税的对象。以滴滴打车平台为例，平台给司机提供乘客的信息服务，同时司机为乘客提供交通运输服务，整个服务是一体化的服务，如果以信息技术服务作为课税对象，适用税率为 6%，但如果以交通运输服务作为课税对象，适用税率为 9%，相关法律并未给出明确做法。另外，数字经济相比于传统经济，跨国交易更多，众多互联网企业，如苹果、亚马逊、谷歌等，采取转移无形资产等方式，将巨额利润转移到爱尔兰的公司，逃避巨额税款，对税基造成严重侵蚀，造成国家之间的税收不公平现象。同时，一项数字经济活动涉及多个行业，产业的数字化需要税务机关对新的数字交易活动重新进行评估，确定课税对象，这有可能会加大税务机关的征管难度。

三、生产地征税原则受到挑战

数字经济下的从业者和消费者更加分散，许多数字经济企业不需要全国各地成立销售机构，只需依托互联网平台，就可以将货物或服务销往各地，因而消费地和生产地大多数不是同一地点，当增值税与企业所得税的征收依据生产地原则时，税收收入将会流向生产经营地，而消费地将不会取得这一部分税收收入，造成地区间税收不公平。2021 年，我国数字经济企业集中在东部发达城市，在全国 135 家与数字经济紧密关联上市公司中，有 66.6% 的公司集中在北京、上海、广州、深圳、杭州五地。同时电子商务零售商绝大多数也位于东南沿海地区，2019 年，东南沿海网络零售商占比高达 84.3%，但一线城市，如北京、上海等，

---

① 中国人民大学财税研究所：杨志勇—数字资产税征收的国际实践与我国的政策建议，http：//ipft. ruc. edu. cn/yjcg/sdpl/02eb9af1cc9e4551969f8d3e99452079. htm。

其数字用户占全国比例仅为12%，其他城市占比高达88%。① 这意味着数字经济相关交易活动的绝大部分增值税和企业所得税最终流向东部发达城市，而东北、西北等地区在整个税收分配中将会处在劣势地位，随着数字经济的快速发展，这种劣势将会加剧，使得全国各地区发展不平衡，如果一直施行生产地纳税原则，那么地区间的税收竞争将增大，造成税负扭曲，导致税收产生"马太效应"，造成经济落后地区的税收收入进一步流失。

四、常设机构原则难以适用

常设机构原则是指，在国际税收中外国企业在另一个国家进行经营活动时设立的固定场所，如果外国企业设立的固定场所被认定为常设机构，那么另一个国家有权对其营业所得征税，它决定了国际税收中各国税收管辖权分配，目前的常设机构原则仍然保留原来的固定性、长久性的经营场所要求，但从事数字交易活动的互联网企业依靠快速发展的平台经济已经打破了传统行业固定场所的限制，如亚马逊，它依靠互联网平台和虚拟服务器将商品发往世界各地，还有一些从事研发服务的跨国企业，将互联网作为平台，为各国公司提供服务。它们不需要在其他国家设立销售机构或者管理机构，就可以完成数字交易，几乎已经不依赖物理性的经营机构和场所，仅靠远程操控就可以完成整个交易。

另外，常设机构原则中还存在一条漏洞，就是以仓储、展览、采购及信息收集等活动为目的设立的具有准备性或辅助性的固定场所，不应被认定为常设机构；如外国企业在中国境内设立的机构与总部业务性质相同，或者是总部业务的基本或重要组成部分，这类固定场所从业务实质看应认定为常设机构。因此，需要重新修订常设机构的定义。以亚马逊为例，为了增强竞争力，企业往往会在缔约国设立仓储部门，这也是电子商务业务的关键步骤，但却与上述规定的初衷相背离。诸如苹果、亚马逊、谷歌这些互联网企业，它们在世界各地进行经营活动，据统计，2020年Facebook在国外获得的利润占总利润的66%，但在国外所缴纳的税款仅占总税款的8%。由于现行常设机构原则的漏洞，使数字巨头公司在用户所在国缴纳极少税收，或将利润转移到避税地，逃避大量税款，造成了国家之间的税收不公平，扰乱了社会的稳定，不利于世界经济的稳定发展。并且随着数字经济商业模式的革新，在之前被认为是辅助性和准备性的业务活动，现在可能恰恰是这些活动更多地创造了价值，获取了利润，改变了传统常设机构的营业活动范围。此外，针对增值税税收收入的国际分配，消费地原则虽得到多数国家的认可，但对消费地的具体定义不尽相同。一些国家将商品、劳务等使用地作

---

① 商务部：《中国电子商务报告2019》，https：//swt. fujian. gov. cn/xxgk/swdt/swyw/gnyw/202007/t20200702_5314246. htm。

为消费地，还有些国家依据消费者的身份所属情况确认消费地，认定标准的不一致也造成了税负的重叠或税收流失。

五、税务部门征管方式相对落后

（一）传统"以票治税"方式效率低

随着传统行业与数字经济的不断融合，税务机关利用发票对企业进行征税的方式存在很多的缺点。一方面，税务机关相关的发票软件种类繁多，包括如增值税、所得税等多个税种，但各个软件的相关性却不够高，面对数字经济虚拟性和复杂性的交易，发票软件将无法将交易的信息有效融合，导致征管效率低下。另一方面，信息技术发展日新月异，数字企业往往使用电子发票，在电商的税收征管中，存在着刷单和篡改信息的现象。除此之外，多数消费者在个人店铺购买商品时不会主动要求开具发票，缺少发票的"以票治税"的征管方式难以有效监管数字经济从业者，造成税收流失。针对数字经济，税务机关需要创新征管方式，以保证电子发票的真实性，保证数字经济纳税人能够被及时监管。

（二）信息技术水平相对落后

税务机关的信息技术水平与互联网企业相比，还存在着不小的差距，而正是这样的互联网企业进行着大量的数字交易，如果对大数据、区块链、5G、人工智能等技术的应用水平不足，势必会降低税收征管水平。以金税三期为例，随着数字经济的不断发展，金税三期征管系统也要进行不断地更新，但是在不断更新的过程中，需要大量人工来进行基础信息的录入，这种信息的录入十分耗费人力和时间，会让征管系统始终无法跟上市场，提升征管的成本，降低征管效率。同时征管系统在我国的各个省份并没有实现整体统一，面对虚拟性、流动性极强的数字交易，难免会出现信息不对称、信息不畅通等问题，不利于经济健康持续的发展，体现出税务机关的信息技术水平还有待提升，面对数字经济，征管能力的高低取决于信息技术水平。

我国税务部门尽管正在不断推广金税四期的使用，并且建立了各部委和人民银行的信息共享通道，其针对已经进行纳税登记的企业来说效果良好，但对于众多的 C2C 模式的经营者无法完全覆盖，信息技术的应用不足以完全适应数字经济带来的变革。对大数据、人工智能、区块链等技术的运用尚未全面化，难以智能监控和分析税源、税收收入的结构和变动情况，难以对因电子化征纳税基础数据被虚假瞒报、恶意篡改和破坏而出现的偷逃税行为进行精细化管控。同时，政府部门之间数据系统的互联互通程度还有待提高，金税四期征管系统与国家各部委以及银行的各类系统之间存在的数据重复、数据口径不一、数据整合困难等问题尚未完全得到解决，数据利用效率和税收治理能力仍需进一步提升。

六、专业人才稀缺

无论任何一个行业，专业的高素质人才是发展的关键，伴随着数字经济的快速发展，培养和选拔专业化的人才成为提升税收征管能力的关键因素，根据表 8－1 统计的数据，2019 年税务机关工作人员中研究生人数仅 48 776 人，占比 6.8%，其中博士 534 人，硕士 45 868 人；本科生 465 913 人，占比达到 64.7%。可以看出，当前税务机关公务员招录本科生居多，但由于数字经济变化速度快，仅在国家公务员考试中招收各个专业的本科生显然不能满足当前的人才需求。当前情况下，税务部门急需税务专业能力强以及具备计算机技术能够推进信息化征税的人才，来优化征管方式，提升征管效率。除此之外，当前数字经济发展历程还比较短，税务部门还没有对工作人员进行数字经济相关的培训，当前培训还是主要集中在对增值税、企业所得税、个人所得税等税种的学习，导致税务一线人员对新兴数字经济产业知之甚少，无法高效地完成税款征收工作。同时，税务部门的科研人员也对数字经济研究不够深入，虽然重视程度不断提高，但还无法适应市场环境的快速变化。以上原因导致税务机关中专业化人才稀缺，极大影响了税收征管的效率。

表 8－1   **2019 年税务系统人员信息**   单位：人

项目	研究生	大学本科	大学专科	中专及以下
公务员	47 001	465 913	132 157	12 883
参公管理人员	166	1 636	751	128
事业干部	1 504	12 937	3 199	486
工人	105	16 661	17 173	7 558
合计	48 776	497 147	153 280	21 055

资料来源：国家税务总局，《中国税务年鉴（2020）》。

［案例拓展］

数字经济时代非居民税收征管国际案例

IBM 在澳大利亚的子公司（IBM 澳大利亚）于 1987 年与其美国母公司（IBM 美国）签订了《软件使用权许可协议》，许可 IBM 澳大利亚使用 IBM 美国的软件设计并完成销售。相应地，IBM 澳大利亚会以其收入的 40% 作为对 IBM 美国的回报。在许可协议生效后，IBM 澳大利亚一直以特许权使用费的形式向 IBM 美国进行支付，并代扣代缴了预提所得税。然而，自 1997 年起，IBM 澳大利亚选择将绝大部分收入视为 IBM 美国的营业利润而非特许权使用费，并不再代扣代缴预提所得税。就此，澳大利亚税务机关（ATO）作出了不同的认定，要求其仍按照特许权使用费进行处理，并因此补缴相关税款总计约 5 500 万澳元。2009 年 7 月，IBM 澳大利亚向法庭提起申诉，但法庭最终驳回了 IBM 澳大利亚的请求，同时根据两国双边税收协定的相关规定，即发生于缔约国一方并由缔约国另一方居民企业受益所有的特许权使用费，应仅在缔约国另一方征税，裁决其应该按照澳大利亚税务机关的要求补缴相关税款。

资料来源：延峰，冯炜，崔煜晨．数字经济对国际税收的影响及典型案例分析 [J]．国际税收，2015（3）：15 – 19．

第二节　数字经济下税收治理的演化趋势

工业经济向数字经济转型，必将伴随着产品及服务创新、管理与商业模式变革。就微观层面而言，是新的生产方式、业态模式与公司治理模式的匹配，进而引致制造模式、商业模式和消费模式的颠覆性变化；从宏观维度审视，则是推进体现多方利益诉求与决策参与的治理结构调整和机制的转换。税收作为连接微观经济主体与政府的直接纽带，随着数字经济的兴起，其治理重心必将作相应调整。

一、对自然人税收征管的重要性日益突出

税制结构反映一国经济发展水平，同时与该国经济社会结构相互嵌套。因此，国民经济中不同产业的地位与权重变化，必然引起税制结构的联动转换，引致课税重心的转移。

在工业经济模式主导时期，企业主体及法人税的地位不可撼动。2011 ~ 2018 年，我国企业纳税人的直接税收贡献度历年均高达 90% 左右。具体来看，工业经济以大规模、批量化、标准化生产为表征，这种集中性的大规模生产方式作为整个经济体发展的中流砥柱，极大地提高了税源的丰沛度，加之商品生产在上下游之间存在着密切的勾稽关系，在经济发展水平不高且征税手段相对落后的时期，为税款的有效征缴提供了可能。与之相对应的，是自然人以生产经营的分散化或收入分配的低量化为主要特征，既有的征管手段难以有效甄别纳税人的实际收入，其少量税收收入与高额征税成本的现实关联，致使我国在税制设计及征管中不得不在一定程度上"轻视"具有"良税"特征的直接税税种，而更为侧重税收征收成本相对较低的间接税税种。因此，货物和劳务税在我国税制结构中长期居于主导地位，与工业经济运行特征是相适应的。

而随着新技术、新业态和新模式兴起，经济交易逐渐由批量大额转向高频小额，带动了经济单元的分散化与小型化，并推动自然人经济主体在产品与服务提供

地位上的稳步提升，相应引起纳税主体的结构性变化。以数字经济发展大潮下催生出的"网红经济"这一全新的经济模式为例，依托淘宝、抖音、快手等一系列视频直播平台，借助数字经济网络传播力量，衍生出"网络红人"这一新晋高收入群体，显著提升了自然人税源的丰沛度。依靠数字经济而崛起的"网红经济"，弱化了传统实体企业在税收中的不可替代性，并将引起税制结构的相应变化。可见，自然人税收地位的日益凸显，成为数字经济背景下税收治理的演化趋势之一。

二、向"平台—政府"双元征管体系转移

纵观经济结构变迁与产业升级的迭代史，每一次技术范式的变革，不仅改变既有资源配置状况，而且冲击制度规范与社会治理模式，并在更高维度、更深层次上对国家的税收治理提出新要求。

梳理工业经济发展的历史脉络，不难发现，从初始单件小批量制造，到标准化、大批量生产形成规模经济，虽然伴随着生产技术的革新与销售方式的改进，但是皆未打破传统的企业间单维线性的供需关系，生产商—销售商—消费者之间的单向交易运转流程构成整个价值链条的实现。就生产方式和销售途径而言，运作过程皆相对单一且环环相扣，仅依靠税务部门的系统内集成与征税人员的专业能力便可实现税收的有效征管，这也形成了在税收征管过程中税务部门长期"单打独斗"的局面。

而置身数字经济时代，买方主导、柔性制造、现代信息技术嵌入、与数字经济相融合的生产架构与流程再造，对产业组织结构的影响具有二元特征。一方面，制造业"软化"与服务化、制造技术的融合，改变了企业间单维线性的供需关系，形成了产业链之间相互交织、开放、多维、复杂的网络结构。在数字经济情景下，平台型企业作为连接供需两端的交易平台，存在由多个企业共同支撑或同一产品、服务涉及多个平台的情形。另一方面，商品价值链条的实现方式也被彻底变革，第三方中介平台成为生产商和消费者之间的交易中转站，平台经济推翻传统单一的销售方式，成为数字经济时代的典型模式。据此，传统税收治理模式已难以适应数字经济对税企关系的现实诉求，税收征管重心将由税企线性对接逐步向"平台—政府"双元征管转移。

三、兼顾市场地的税收利益

所谓市场地，是指产品的销售地或消费地。在传统的工业经济业态下，囿于销售方式的单一性、交通物流的不便性，高企的推广成本和物流成本使得商品的销售范围局限于特定的地理空间，本地商品在当地销售具有天然优势，据此形成本地商品"独霸一方"的局面。而互联网的普及和第三方销售平台的应用，为实现居民足不出户的消费模式提供了现实选择，并且随着物流公司的兴起和物流业的发展，

低成本、高速度的网购模式成为居民获取商品的主流。国家统计局网站显示，2018年网上零售额累计值已高达 90 065 亿元，且在 2019 年和 2020 年呈现直线上升趋势，而实物商品网上零售额占全网零售额的比重也在逐年加大。可见，以网络为依托，实现商品跨区流动的交易模式对传统实体经营模式形成了强烈的冲击。

数字经济下，市场销售范式已突破了地理空间的局限。企业凭借特定的优势在某地区进行集聚性生产，而网络平台则为生产者和消费者搭建了中介桥梁，有效缩短买卖双方的交易距离，扩大商品销售半径，使商品能在全国乃至全球范围内迅速流通。就我国的具体实践而言，2020 年广东省网上零售额占全国网上零售额的比重达 21.92%，成为全国网上零售额占比最高的省份。浙江、上海、江苏的网上零售额占比分别为 15.14%、10.20%、9.02%，与广东构成全国网上零售额占比前四的省份。这四个省份的网上零售额加总在全国范围内占比过半，高达 56.28%。而社会消费品零售额占比与之相比，各省份之间虽然存在差异，但总体趋向相对平滑，其间差距远小于网上零售额占比。可见，数字经济业态下的网络销售模式凸显了生产企业在特定地区聚集的现象。

数字经济背景下产品服务供给侧与需求侧、生产地与市场地的空间分离，将引起地区间税收利益的矛盾。为缓解这一问题，实现地方税收体系重塑，《中华人民共和国国民经济和社会发展第十四个五年规划和 2035 年远景目标纲要》提出了将消费税征收环节进一步后移的设想，部分在生产（进口）环节征收的消费税税目逐步后移至批发或零售环节。这一政策趋向体现了数字经济背景下中央政府对市场地税收利益的考量。由此，以兼顾市场地的税收利益为重心，平衡税收征缴地与"负税地"的利益关系，成为税收治理演化的又一大趋势。

四、适应全球化治理的趋势

步入数字经济时代以来，国际经济秩序面临深刻变革。技术进步伴随生产、市场、信息和资本的全球化，推动全球经济治理迈向新阶段。特别是随着数字经济对商业模式的浸染与形塑，互联网行业迅速崛起发展，不仅从根本上改变了行为主体参与经济活动的方式，更极大地拓展了商业活动的辐射维度，使其在全球范围内不断延展。作为全球化治理的重要一环，推动国际税收治理与税收秩序重塑，以化解数字经济在全球化发展中的新挑战，是各国共同面对的重大议题。

在现行国际税收体系下，数字经济呈现出无实体依托的跨境运营、重资本与轻实体的资产配置方式、价值创造主体的多元倾向等突出特征，引致长期锚定传统企业运营、价值创造主体与价值捕捉清晰的税收征管机制与当前业态模式的冲突，继而造成现行国际税收规则与税收征管协作秩序的脱节。面对数字经济发展对国际税收治理带来的挑战，各主要经济体和国际组织作出了积极回应。作为数字经济大国，我国也亟须从全球税收治理的高度，重新审视现行国际税收规则，突破现行税制框架，更加积极有为地参与数字经济下全球税收治理进程，为形成全球税收治理新格局、促进世界经济复苏与发展贡献中国智慧。

第三节　数字经济下税收治理的模式再造

经济转型所带来的生产方式和经营方式的转变，既对现行税收治理体系提出了挑战，也为税收治理模式再造、促进税收治理现代化提供了新的契机。

一、优化税制结构与征管体系，强化自然人的纳税主体地位

工业经济向数字经济的转型，使传统的税制结构和税制要素需要重新调整和厘定。显然，自工业经济时代以来形成的以货物和劳务税为主的税制结构，以及相应的征管方式，已经面临新产品供求模式、新业态、新技术的冲击，若继续沿袭倚重货物和劳务税的税收体系和征管方式，不仅难以充分发挥税收的收入和调节功能，而且可能引致税源的流失及微观主体间税收负担的失衡。因此，货物和劳务税、所得税与财产税在税制结构中的定位，亟须进一步厘清与重构。与此同时，面对机器人经济的兴起，与此相关的税收设计也应纳入税制建设的系统考量。从发展趋势看，伴随数字经济大踏步前行，增值税的收入比重将逐渐降低，而自然人税收的潜力会愈益增大，据此，突出对自然人课征的税收体系亟须构建。

具体而言，面对新经济、新业态涌现出的大量高净值群体，为强化自然人的纳税主体地位，并适应当前及今后一段时期我国个人所得税综合与分类相结合征收模式对于自然人税收征管的现实诉求，应在全国范围内着力构建统一规范、科学合理、便捷高效的自然人税费征管平台，以打破原有的自然人依附企事业单位进行代征代缴的固有局面。并且，基于数字经济下大量自然人获取收入方式集中于线上，结算手段复杂并且不断翻新的现实背景，在现代信息技术加持下，应即时监控税源变化，特别是对高收入、高净值人群以及新兴经济业态税源，充分运用现代信息技术和税源跟踪手段，及时评估税源风险，探索行之有效的税源控管技术，如借鉴发达经济体现金管理的"货币—企业—银行"系统、信息即时报送技术、信息处理和挖掘技术、税务审计技术等，探索开发出适合我国税源流动特征的管理技术与管理手段，实现对自然人涉税信息的有效控管，促进纳税主体由法人向自然人的有效切换。

二、促进涉税信息共享，实现"以数治税"

经济发展模式的转变应当配以先进税收治理手段，以实现税收治理体系的革新。在原有的工业经济业态下，涉税企业的交易半径相对较小，上下游之间密切的

勾稽关系使税务部门"金字塔"式的科层管理具有适宜性和有效性。数字经济的蓬勃发展促进了多主体、虚拟化的交易方式，由此引发的涉税信息不对称问题也愈加凸显。党的十九大报告明确提出要打造共建共治共享的社会治理格局，这为解决数字经济下税收征缴困局提供了基本思路。实行税收协同治理，打通涉税信息共享渠道，打破仅由税务部门"孤军奋战"的格局，向税务部门专业化管理与社会各界对税收共治转变，便可突破信息鸿沟的束缚，实现税收征管的"全覆盖"。

大数据时代，实现涉税信息共享，将多渠道、全方位的涉税信息进行梳理汇总，离不开信息管控平台的作用。现代信息技术催生数字经济发展的同时，也为解决税收治理问题提供了更为有效的工具，其强大的数据挖掘与信息处理能力，为新业态发展与服务模式创新提供了广阔的土壤。同时，数字经济也将倒逼数字技术与税收治理深度融合，提升税务部门的涉税信息汲取能力，强化数据整合、流程自动化管理，通过高效搜集并整合海量、高质量的涉税信息数据，防范数字领域的税收风险，并加强内外部机构的协调联动。近几年来，区块链技术以其可追溯、不可篡改的特性受到多方信息管理系统的重视。将区块链技术应用于税收治理领域，实现多主体的信息交互与联通，将助力税收征管系统的重塑，做到精准监管与精诚共治有效对接，真正形成全方位共治共享的税收治理新格局，为实现"以数治税"奠定基础。

三、推进税收分享制度变革，促进区域协调发展

税收分享制度不仅在纵向上与政府间财权与事权关系的处理相联系，更在横向上与地区间经济与财政利益的协调密切相关。如前所述，税收分享的注册地原则与数字经济背景下的产销模式相矛盾，使区域间的利益冲突加剧，扭曲地方的税收努力与财政行为。因此，推进税收分享制度变革势在必行。

当前，我国正加快构建以国内大循环为主体、国内国际双循环相互促进的新发展格局，而促进国内消费增长是推进这一格局形成的重要抓手。据此，将税收分享的注册地原则转换为市场地原则正当其时。具体而言，可将增值税税收收入扣除中央分享的部分后，拿出一定比例（具体由中央政府根据宏观调控和经济协调需要确定），依据各地的消费数额在地区间进行分配。同时，加快消费税制度改革，将可在最终销售环节征收的税目划为地方税，或单独设立地方销售税，进一步体现税收分享的消费地原则。由此，可在一定程度上打破因生产集聚引致地区税收收入失衡的局面，促进地区间的良性税收竞争，弱化地区经济发展的"马太效应"，并有效拉动消费增长。

四、强化国际协调合作，加强全球税收治理

我国作为人类命运共同体的倡导者和经济全球化的参与者，顺应国际潮流，

践行多边主义，积极支持和主动参与国际税收规则的制定和调整是必然选择。就"双支柱"而言，一方面，该方案仅是一个基本草案，在后期具体细节敲定的过程中，我国作为数字经济大国应保持高度自信，在国际税收竞争中把握先机，积极主动地为构建双循环新发展格局创造良好的营商环境。另一方面，要着力提升自身的全球税收治理能力，在国内涉税信息流实现统一归户和集中管理的基础上，针对经济全球化背景下税基国际流动的现实，通过与相关国家和地区签订税收情报交换、征管互助协议等双边和多边协定，积极开展国际税收合作，推动"数字丝绸之路"的开发和拓展，强化国际税源监管，严厉打击国际避税行为，实现涉税信息流的全球控管和追踪。

第四节　数字经济下税收治理的智能生态化

一、数字经济下税收生态系统的概念与特征

数字经济下税收生态系统就是以"互联网＋"、大数据、数字经济等作为环境背景与技术工具，将税收生态系统各参与主体与环境背景联结融合为一体，从而实现各构成要素彼此制衡又相互促进所形成的有机统一的动态平衡系统。从生态系统视角分析，数字税收生态系统由系统主体、运行平台和生态环境三个要素组成，如图 8 - 1 所示。

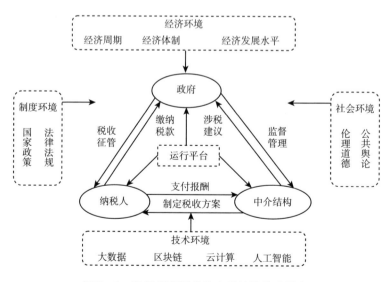

图 8 - 1　数据经济税收生态系统的构成要素

数字税收生态系统具有以下三方面特征。

第一，动态平衡性。动态平衡性是指在数字税收生态系统中，系统主体的自

组织、自维持、自调控功能，经过长期的适应，使其逐渐具有精确的平衡性，形成一种稳态机制。动态平衡一方面讲求动态变化，另一方面追求平衡。

第二，开放共享性。开放共享性是数字税收生态系统的核心特征。正如自然界生态系统中的草地，既能保持水土平衡，又能为牛羊等动物提供食物和能量，同样一种生物，在自然界生态链中发挥着多种作用，形成各主体之间的相互关联性和互补效果，这就是共享性。

第三，技术变革性。现代信息技术是维持数字税收生态系统活力的基础保障，技术变革是数字税收生态系统发展的动力之源。

二、数字经济下税收生态系统运行机制

（一）数字税收生态系统 + 大数据平台的运行机制

数字税收生态系统 + 大数据平台的运行机制如下。首先，大数据分析平台中的数据集市、数据仓库和统一视图将大量的税务数据统一集合，形成税务元数据；其次，通过数据治理平台可以对税务元数据进行分析、整理，将税务元数据进行甄别，剔除无效数据；最后，根据数据生命周期，将过时数据剔除，保持税务数据的时效性。通过大数据分析支持平台、数据治理平台的相互作用，将分析处理后的数据转入数据集成平台，对税务信息进行分析、处理、决策和执行。通过上述一系列操作，系统中的税务数据以开发和开放两个数据接口为渠道，可供数据使用者和服务提供者同时共享使用。而税务数据贡献者则可以向数字税收生态系统 + 大数据平台提供数据，获取相应服务。具体运行机制如图 8 - 2 所示。

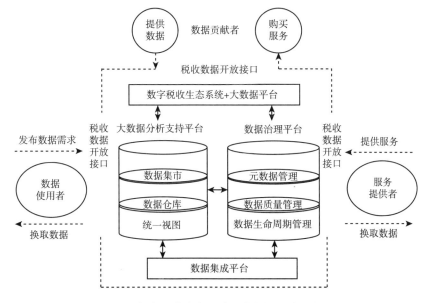

图 8 - 2 数字税收生态系统 + 大数据平台运行机制

（二）数字税收生态系统＋区块链平台的运行机制

在数字税收生态系统＋区块链平台中，数字税收生态系统中的参与主体在区块链技术的推动下形成一个完整的闭环。在该运行机制中，政府负责制定相关发票规则，通过对发票的核准和管控，使发票管理趋于规范化。此外，政府还负责纳税人的基本信息，通过不同纳税人之间的交易活动及涉税信息，在该平台上形成各个"区块"，在以后报账企业对发票审核入账时，便于甄别报销发票是否处于"区块"间构成的闭环，以判断发票的真伪。纳税人从开票企业手中认领发票，获得相应服务，并实时更新自己的纳税信息，将发票进行整理后打包给报账企业。报账企业对发票进行验收后，将发票审核入账，并支付发票金额或予以报销；此外，报账企业还要负责对发票进行校验，并将校验结果及时反馈给政府。具体运行机制如图 8－3 所示。

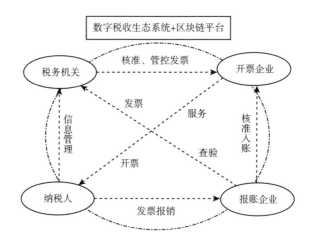

图 8－3　数字税收生态系统＋区块链平台运行机制

（三）数字税收生态系统＋云平台的运行机制

纳税人的税务数据是实现税收治理现代化的核心资源。面对数字经济这一势不可挡的发展趋势，政府要想全面掌握纳税人的涉税活动，就必须实现税务数据的集成和共享，进而实现数据向服务转化，而能够聚集分散资源、再以服务形式提供给受众的云计算，自然就成为实现税收治理智能化的技术路线。

数字税收生态系统＋云计算平台主要通过云端、云应用和云平台达到信息管税的目的。在该平台的运行体系中，以纳税服务和网络开票为核心的税务私有云、税务行业云和税务公众云，通过网络开票 App、网络税控收款机和自助办税终端等各种智能税务云应用，实现对纳税人的安全管理、数据管理和信息管理，促进政府的资源调度效率，通过资源的虚拟化完成税务管理工作。数字税收生态系统＋云计算平台为政府、纳税人、中介机构提供不同的信息服务，实现税务行业"从云到端"的整体云计算解决方案。具体运行机制如图 8 - 4 所示。

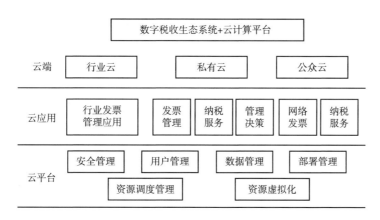

图 8 - 4　数字税收生态系统 + 云计算平台运行机制

云计算平台能处理大规模的海量税务数据，使用多个"云"实现数据的存储与传递。数字税收生态系统 + 云计算平台的建立可以促进税务信息管理智能化，对于政府而言，有助于其形成新型、互动的税务管理模式，树立良好的纳税服务形象，为纳税人提供高效而全面的服务。数字税收生态系统 + 云计算平台技术特征与服务模式和税务应用具有高度契合性，在政府面临复杂信息且难以统筹税务数据时，该平台不仅能实现税务行业内部数据的采集和共享，还能帮助政府将数据转换为服务，提升纳税服务价值，促进信息管税活动不断趋于完善。

（四）数字税收生态系统 + 人工智能平台的运行机制

随着人工智能技术的发展及其在社会经济领域应用的不断深入，数字税收生态系统 + 人工智能平台的搭建也成为必然趋势。数字税收生态系统 + 人工智能平台的运行机制的路径依赖如下。一是要以税收数据归集为切入点，以数字税收生态系统 + 人工智能平台为渠道，将来自征管系统、发票系统以及第三方的税收数据进行整合，形成数据源。二是充分利用现有的服务渠道和应用，对数据源进行分析和抽取，以人工智能平台为保障，对数据源进行专项管理，实现税基分析。三是以发票管理、全税种管理、税收优惠管理为基准点，通过对接数字税收生态系统 + 人工智能平台，实现全流程、智能化税务管理。通过以上三项基本操作，即可将数字税收生态系统中的税收管理工作转型为智能化操作，实现税收服务智能化。例如，税务机器人、12366 自动应答服务热线和智能邮箱等税收服务活动，就涵盖智能化操作。数字税收生态系统 + 人工智能平台的具体运行机制如图 8 - 5 所示。

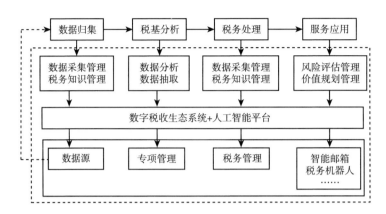

图 8 - 5　数字税收生态系统 + 人工智能平台运行机制

三、数字经济下税收生态系统的演进路径

（一）数字化演进路径

数字化演进路径具体表现在以下两个方面。一是数字税收生态系统能实现税务数据的互联互通、深度共享、优化配置，更重要的是能实现智能分析，发挥税务数据的风险预警、及时响应、风险应对机制。二是数字化能实现税务数据的线上、线下深度融合，借助数据资源的实时互馈，以政府为核心，向政府机关、社会机构逐渐渗透，使不同部门共同形成税收数字生态链，形成一种税收系统资源，推进政府、市场、社会的协同共治，实现数字税收生态系统的可持续发展，提升国家的税收治理能力。

（二）法治化演进路径

目前，我国税务领域信息化建设的基本方针是"统筹规划、国家主导；统一标准、联合建设；互联互通、资源共享"。在该方针的指导下，税务工作将围绕如何构建税务信息化管理平台，如何实现税务信息的全国覆盖、共建共享目标展开。

（三）智能化演进路径

未来的数字税收生态系统将以人工智能平台为基础，结合大数据、区块链、云计算等新兴技术的发展，逐步实现集成全国统一的税收征管、纳税评估与税务稽查的预警响应机制。在纳税服务方面，未来的数字税收生态系统将根据纳税人的需求，自动优化系统设置，实现以用户为导向的智能化纳税服务系统；数字税收生态系统的智能化演进规律在税收征管方面主要体现为形成全国统一的税收征管体系，建成覆盖全国范围，为业务系统、办公系统、视频等应用提供数据传输通道的综合性通信平台，实现智能管税、智能分配和智能风险控制，创造一个智能化税收征管生态环境。在税务监管方面，随着数字税收生态系统的智能化演进，系统将会对纳税人的基本信息、财务状况和纳税情况进行智能化分析，不仅能判断纳税人是否存在逃税避税行为，还能对税务人员的执法行为进行监督。在预警响应机制方面，数字税收生态系统能为系统主体的税务风险进行智能化监测与预警，当出现申报偏离正常情况、申报出现差错或税务风险较大时，系统会通过预警响应系统予以提示。

本章小结

数字经济的到来以数据作为载体，呈现网络化、虚拟化等特点，并且在交易过程中生产者与消费者的边界日渐模糊，两者身份不断融合，使纳税主体身份变得更加多元和复杂，税务机关难以确定课税对象，生产地征税原则受到挑战，常设机构原则难以适用。因此，目前税务部门的传统征管方式已经无法满足数字经济时代的税收征管需求，这就推动数字经济下税收治理必将作出相应的调整，突出自然人税收地位的重要性，向"平台—政府"双元征管体系转移，同时兼顾市场地的税收利益，以此适应全球化治理的趋势，最终推迟数字经济下的税收治理模式再造，形成税收治理的智能生态化。

练习题

1. 简述数字经济下税收征管面临的挑战。
2. 简述数字经济下税收治理的演化趋势。
3. 简述数字经济下税收治理的模式再造。
4. 简述数字经济下税收生态系统的概念与特征。

第九章 税收征管的现代化之路

学习目标

1. 了解税收征管现代化的内涵与特征。
2. 掌握数字治理下税收征管现代化面临的挑战与机遇。
3. 熟悉以数治税革新税收征管之路。
4. 了解国外数字经济税收征管治理与启示。
5. 明确数字经济下税收征管现代化的路径。
6. 熟悉数字经济下税收征管现代化的转型升级。

【导入案例】

苹果（Apple）公司跨国转让定价的税收问题

在 Apple 公司构建的全球价值链体系中，中国等发展中国家的生产企业被定位为合约制造商，只承担简单的生产功能，因而只能获得有限的利润。相反，Apple 位于美国的母公司（Apple 美国）以及 Apple 负责美洲以外地区市场的销售公司（Apple 销售）则可以以较低的价格购买合约制造商加工完成的苹果产品，并以较高的价格分别销售给美洲和美洲以外地区的分销商以获得超额的利润。通过将 Apple 美国和 Apple 销售定位为各自关联方交易的关键风险承担者，美洲市场的利润得以被留在 Apple 美国，而美洲以外地区市场的利润得以被留在 Apple 销售。基于数字化的经营手段，随着一连串订单的完成，Apple 公司产品的法律所有权被一次次转移，而实际上其产品在物理空间上并不需要像法律所有权那样一次次地被转移。在最终客户完成交易后，Apple 公司的产品会由合约制造商的工厂起运，被直接运输到消费者所在的国家，在节约物流成本的同时使得跨境交易也变得十分简单。

不仅如此，为了达到税收利益最大化的目的，Apple 公司还通过特殊的成本分摊协议将知识产权的部分经济权利置于其设立于爱尔兰的控股公司（Apple 控股）名下，以期将巨额利润截留在美国以外。在成本分摊协议中，Apple 公司将其所有的知识产权拆分为法律权利和经济权利两部分，其中全部的法律权利由 Apple 美国所有，同时将相关的经济权利分别授予 Apple 美国（美洲市场）和 Apple 销售（美洲以外地区市场）。实际上，Apple 公司全球的研发活动几乎都在美国本土进行，但根据成本分摊协议规定，由 Apple 美国与 Apple 销售按照各自负责的销售市场实现的销售收入所形成的比例，分担 Apple 公司全球研发活动的成本，并基于此共享研发活动的成果（超额的利润回报）。这样一来，Apple 公司得以进一步利用爱尔兰国内税法与美国税法典中关于居民纳税人相关规定的差异同时否定其爱尔兰和美国居民纳税人的身份。基于数字经济时代产品的新特点，知识产权成为跨国高科技公司的核心竞争力和价值源泉所在。通过无形资产相关协议，Apple 公司人为地安排了知识产权中的经济权利在关联企业间的归属，并最终将利润留在了税收政策更为优惠的地区并达到了避税的目的。

从转让定价角度来看，成本分摊协议应该用以确定参与方共同承担开发或获取资产、劳务、权利等产生的成本和风险，并确定各参与者在这些资产、劳务和权利中预期受益的性质和范围。在成本分摊协议中，根据独立交易原则，各参与方对协议的贡献应当与各方在协议中获得的预期收益份额相一致。然而，在 Apple 公司案中，成本分摊协议被用于人为地转移下属公司之间的利润，进而利用不同国家税制之间的差异进行避税安排。相应地，基于此种目的的签订的成本分摊协议是否符合独立交易原则也存在很大的疑问，各参与方对协议的贡献与所获得的预期收益份额很可能存在巨大的差异，这也是需要在未来的转让定价实践中进行深入探讨的。

根据以上对于 Apple 公司案的分析，可以看出，随着经济全球化和数字经济的深入发展，越来越多的跨国公司可以通过数字化的经营模式和复杂的税收筹划来规避其纳税义务，造成对各主权国家税基的侵蚀。然而，现阶段基于传统经济构建的国际税收规则主要依赖于主权国家之间的双边税收协定，而由于各主权国家之间的税制存在差异，加之缺乏在税收协定领域的多边协调机制，这就为纳税人利用双边税收协定的漏洞进行逃避税提供了可能。因此，进一步加强国际税收征管领域的合作，构建双边和多边的税收情报交换制度已经迫在眉睫。此外，在各国的税制中引入一般反避税条款也是十分迫切和重要的。从转让定价角度来看，一般反避税条款可以有效应对数字经济下不断变化的逃避税行为，同时重点规制与关联交易本身没有直接联系的逃避税行为。

资料来源：延峰，冯炜，崔煜晨. 数字经济对国际税收的影响及典型案例分析［J］. 国际税收，2015（3）：15－19.

2013 年，党的十八届三中全会作出全面深化改革的重大战略决策，坚定"全面建成小康社会，进而建成富强、民主、文明、和谐的社会主义现代化国家"的奋斗目标，并将财政定位为国家治理的基础和重要支柱，从法治化、科学化、规范化角度提出构建税收现代化的具体要求，以期形成完备规范税法、成熟定型税制、优质便捷服务、科学严密征管、稳固强大信息、高效清廉组织的税收现代化体系。由此正式确立税收现代化"六大体系"的目标要求。

2013 年以来的全球发展印证了党中央决策的预见性和科学性。面对世界百年未有之大变局，2017 年，党的十九大作出"中国特色社会主义进入新时代"的重大判断，社会主义现代化奋斗目标拓展为"富强民主文明和谐美丽"。在世界经济复苏乏力、局部冲突和动荡频发、全球性问题加剧的背景下，我国社会主义现代化建设目标拓展为"五位一体"，不仅体现了我们党全心全意为人民服务的宗旨，而且体现了中国是为人类进步事业而奋斗的负责任大国。为更好地实现新时代建设社会主义现代化的奋斗目标，2020 年国家税务总局又进一步提出以"坚强有力的党的领导制度体系、成熟完备的税收法治体系、优质便捷的税费服务体系、严密规范的税费征管体系、合作共赢的国际税收体系、高效清廉的队伍组织体系"为标志的税收现代化六大体系，我国税收现代化建设进入新的阶段。

综观我国税收现代化建设历程，可以看出，税收现代化始终是在中国共产党领导下，从社会主义现代化建设大局出发，审时度势，既充分发挥税收组织收入职能以保障国家长治久安，又充分发挥税收调节职能以实现全体人民的共同富裕。

党的二十大报告提出，以中国式现代化全面推进中华民族伟大复兴。以税收治理现代化助力实现中国式现代化是时代赋予的崭新课题。党的十八大以来，国家治理的重要地位日益凸显。作为国家治理的重要工具，税收治理现代化的进程一直处于持续构建与优化之中。税收征管现代化是税收治理现代化的重要组成部分。我国税收现代化建设，从征管模式到征管技术再到征管组织都取得了长足的进步。

第一节 税收征管现代化的内涵与特征

党的十八届三中全会提出要推进国家治理体系和治理能力现代化，税收治理能力作为国家治理能力的一种体现，同样可以反映国家治理能力的变革。而税收征管是否高效影响着税收治理的成效，因此，税收征管现代化是税收治理现代化乃至国家治理现代化的重要体现。结合税收治理现代化的相关要求和时代特征，本教材认为，税收征管现代化是在数字经济高度发达的背景下，以精简高效的税收组织结构为保障，以完备规范的税法体系为依据，以数字化技术为手段，实现征管行为科学严密、信息共享畅通无阻、纳税服务优质便捷和税务监管精细全面的管理活动。我国近年来在税收征管方面经历了三次变革，即2015 年实现的国税与地税"合作"，2018 年实现的国税与地税机构合并以及2021 年推进的整个税收征管系统的"合成"，若实现从合作、合并到合成的突破，将充分释放税收治理效能，大幅度提高我国税收治理能力。"十四五"规划和《关于进一步深化税收征管改革的意见》（以下简称《意见》）都明确提出要"深化税收征管制度改革"，我国也在 2021 年举办的金砖国家税务局长会议上强调要实现税收征管的数字化转型，描绘了中国智慧税务的蓝图。由此可见，实现税收征管现代化将是"十四五"时期乃至未来更长时期内推进国家治理能力提升的重要内容。

数字技术在新时代展现出极强的兼容性和较高的生产力，对税收征纳双方都产生较大影响。从税收治理的角度来看，"以数治税"是以云计算、人工智能、移动互联网以及区块链等技术为依托，以发票全领域、全环境、全要素电子化为突破口，为实现高效处理涉税数据和纳税人缴费人满意度最大化而形成的新型税收征管模式。《意见》明确指出要从"以票管税"向"以数治税"分类精准监管转变，"2025 年基本建成功能强大的智慧税务"，表明实现向"以数治税"的转变不仅是我国深化税收征管改革的关键步骤，更是我国现代化税收治理体系的重要组成部分。由于"以数治税"模式具有与当前经济运行机理相匹配的一些特征，所以无论是打造内外部涉税数据高效贯通的数据共享平台，还是实现法人与自然人税费匹配情况的自动分析监控，该模式都可以得到广泛且深入的应用。"以数治税"模式在改进和运用过程中呈现出的特征可以概括如下。

一、税收组织结构全面优化

税务部门内部的组织结构对征管效率和成果具有重要的影响，涉税信息的管理应遵循渐进的方式进行分类和汇总。同时优化税收内部结构应适当调整税收风险管理、纳税评估、税务稽查等复杂涉税事项在各管理层级的分工，合理压缩管理层次，这样可以使各个层级管理面扩大，增强涉税信息管理的统一性，同时能够针对相关涉税问题作出精准的管控措施。由于现代信息技术在税务部门的广泛运用，信息的采集和共享将耗费更少的时间和人力，税务部门内部应加强专业化分工，裁减或合并功能冗余或重复的部门，实现税收组织的精简高效。

二、税收征管思维转变

现代化的税收治理要求税收征管思维由粗放式管理向专业化智能化管理转变，同时也要明确以服务纳税人缴费人为中心的征管理念。核心立场方面，《意见》指出，要"更好满足纳税人缴费人合理需求"，这就要求税务部门坚持为人民服务的根本立场，尽力满足不同类型纳税人的不同需求，追求征税方案的"一人一策"，同时要利用信息化技术汇总并分析纳税人需求，形成经验模式。管理手段方面，要逐渐适应从人工管理到数字信息管理的方式，无论是对税收案源信息的分析还是对税务执法人员的绩效考评，都应调增数字信息管理的权重，借此提高征管效率。

三、配备严密精准的税务监管体系

《意见》强调，税务监管要着重从两个方面进行改革：一是强化税收风险管理监控机制，即对重点纳税人、重点交易事项、重点征税环节进行全方位无死角的监管，提升税收精准监管效能；二是加强对税务部门执法规范性的监督，建立税务执法风险信息化内控监督体系，要求提高执法部门行为的规范性和精细度，在严厉打击税务违法行为的同时也要做到宽严相济、法理相融。

四、数字技术全面运用

数字经济的蓬勃发展对税收征管也提出了新的要求，数字化交易行为所具有的隐蔽性等特征需要税务部门采取与其对等的手段进行征管。为此，我国应将区块链、云计算、移动互联网和人工智能等现代化信息技术运用到税收治理中，以此实现拓宽数据收集渠道、提高纳税人纳税服务满意度、提高税收征管效能等目标。数字技术的运用也有利于加强国际税收合作，防控隐匿财富在全球范围内流动导致的各国税款流失。

五、建成完善的信息共享平台

《意见》指出，要"深化税收大数据共享应用""加强税务执法区域协同"，这要求税务部门建成一个由大数据支撑、联通各个行政部门的涉税信息共享平台。同时也必须给予系统法律保障，明确责任和风险分担，避免同一系统内各部门、不同区域内各部门之间推诿责任。涉税信息的无障碍流通，一方面可以简化纳税人办理流程手续，降低时间和制度成本；另一方面也可以拓展数据的分析维度，增强税务处理决定的精确度。

"以数治税"是促成税收征管现代化实现的重要手段，也是税收治理现代化的必经之路。"以数治税"作为一种征管模式，在深化税收征管改革的过程中充当"主力军"的角色，无论是税务执法、服务提供、信息共享还是税务监管，税务部门在这些方面的改革都要运用到数字技术，数字技术能否完美融入税收征管系统决定着税收征管能否适应经济数字化的全面转型。

第二节　数字治理推动税收征管现代化变革

一、数字治理下税收征管现代化面临的挑战

（一）税收征管理念与时代特征不符

我国行政系统内部政策理念的传达一向是自上而下的，但传达过程漫长，容易出现形式主义作风。一方面，"以数治税"的理念在中央已经铺开，但部分地方基层税务部门对政策的落实和对理念的理解尚为欠缺。目前，我国基层税收征管较多沿用线下申报与征收的传统模式，无论是税务部门工作人员还是纳税人都对传统的征税模式更为适应，导致数字化税收征管模式在地方层面的推行较为缓慢。再加上对税务相关知识和技术应用双精通的复合型人才较为稀缺，且培训成本较高，使得税务部门很难建立起专业的信息化监管部门来专门执行数字管理活动。另一方面，《意见》虽然明确指出了"以服务纳税人缴费人为中心"的征管理念，但现阶段我国税务部门仍将自身的税收征管能力作为衡量税收征管效能的关键因素，对纳税人的税收遵从度和社会整体的纳税意识考虑得较少，导致税务部门在改进工作时的重点会倾向于如何提高自身的税收征管能力，这与大数据时代多元化的、综合性的管理思想不符合，也不利于税收治理能力的全面提升。

（二）信息收集与处理方面仍存在诸多问题

信息是实现"以数治税"的基础。目前，我国"以数治税"的信息基础发展水平不充分，阻碍了税收征管现代化进程。一是有效信息采集难度较高。数字经济具有隐蔽性、虚拟性和异质性等特点，导致税务信息处理系统在对交易活动进行判别时容易出现误判或者漏判等现象，进而导致收集的信息与经济实质不符，有效信息被稀释。且数字管税要求纳税人自觉记录涉税信息，征管部门只是起到整合与核对的作用，如果部分业务繁杂且交易周期较长的企业在没有税务机关指导的情况下进行独立申报，很可能会漏报或错报交易信息，而税务机关仅掌握交易双方的信息无法对其各项业务的关联性进行核查，容易导致税款的流失。二是对第三方和第四方数据的挖掘和匹配能力较弱。我国税务机关对除纳税人以外的其他关联方掌握的信息的挖掘较浅、使用率较低，但这些主体掌握的相关信息能够为税务机关提供良好的核查证据。现阶段由于相关法律缺失、税务机关获取相关信息的渠道狭窄、所获取信息碎片化严重以及没有形成统一的核对规范等，税务机关并没有开发专门的软件去收集和处理这部分信息。但如果能够对第三方和第四方这两个与纳税人关联最紧密的部分进行深入挖掘，就能够有效防范税收风险，提高信息的准确度。

税务机关对不同税种进行征收时，需要各个行政部门的统筹协调与配合，各部门与机构之间的信息共享程度是税收征管协调能力的重要体现，然而现阶段我国的涉税信息共享能力尚存在不足。对于内部而言，一方面，跨区域的涉税信息流通受阻，区域协同度较低，各省市的涉税信息传送和披露条件不尽相同，当纳税人需要异地办理业务时，往往会因为所需证明材料不足而导致业务办理周期拉长甚至不必要的长途往返，增加税收征管的制度成本。另一方面，由于不同层级的税务机关对税源管理对象的分类标准不统一，导致税源管理针对性不强，也不利于税务部门内部对涉税信息的整合。对于外部而言，由于缺少相关法律制度对权责分配的明确规定，导致其他政府部门经常对税务机关需要的涉税信息以各种事由回绝，这种由于政府机构间权责不匹配而形成的信息孤岛现象严重阻碍了税收征管活动的有序推进，提高了纳税机关的制度成本，降低了为纳税人提供服务的质量。

（三）税务风险监控体系存在缺陷

《中华人民共和国税收征收管理法》（以下简称《税收征收管理法》）的立法宗旨和内容架构与当前的经济形势存在不相适应的地方，导致税务执法人员在税收实践过程中不能很好地去理解和应用相关法律法规，可能会有意或无意地损害纳税人缴费人的利益，税收风险管理基本无章可循。因此，税务执法人员的行为规范性无法得到保证，进而增大了税务执法的风险。税收遵从风险方面，由于数字经济的发展，纳税人可以利用隐藏交易实质、税收筹划等手段人为地改造涉税信息，从而降低了纳税的遵从度。而我国现阶段对风险管理模型的构建仍不成熟，对税收风险的事前预警采用的手段单一，且多侧重于事后的纠正和经验汇总。此外，基层税务机关通常无法对征纳双方的风险环节进行系统全面以及科学的分析，难以将涉税数据有效用于风险评估、同业分析、汇总对比等有利于风险识别经验积累的环节，进而不利于税务机关更新对风险点的关注与认识，长期如此就很难有效防范税收遵从风险。

（四）税务系统内部组织架构有待完善

在进行税收征管活动时，涉税信息的采集和汇总分析至关重要，税务系统内不同层级管理的涉税信息重要程度由上到下递减，这种形式虽然符合谨慎性和重要性的原则，但层层申报和分类会增加制度成本，影响征管活动的效率。此外，现阶段税务系统内部层级多，职能部门冗杂，纳税人办理业务需要较长的纵向链式审批程序，各部门之间的共同参与度较低，未形成横向的平面式办理流程，同级部门的一体化程度较低；而且在部分职能部门功能重合或者冗余的情况下，税务系统却没有设立专业的数字化绩效评价和案源管理部门，税务工作人员的绩效考评和涉税案件的信息管理等活动仍然以人工或计算机处理为主，这种工作形式为贿赂、错误处理涉税信息等行为留有较大的空间，降低了各部门的工作积极性和税收征管的准确性。

二、数字治理下税收征管现代化带来的机遇

（一）数字经济推动征管思想的迭代

（1）催生"税收治理观"。我国治税观的演进脉络深刻反映了不同发展阶段生产力的迫切需要。从中华人民共和国成立初期的税收保障观、社会主义建设时期的税收工具观、改革开放时期的税收收入观、社会主义市场经济体制确立时期的税收经济观到 21 世纪初期的税收法治观，无一不体现了所处经济社会的发展需要。党的十八届三中全会确立了国家治理体系和治理能力现代化目标，并提出"财政是国家治理的基础和重要支柱"，经济社会现代化发展的本质要求催生了"税收治理观"的形成。

（2）形成"以数治税"的征管理念。数字经济背景下，涉税大数据是体量超大的数据集合，传统的电子化征管方式处理能力远远不足。随着数字技术的发展，计算机技术在数据提取、存储和计算等方面不断升级，人工智能技术也从简单算法演化到了"机器学习"的状态。新技术可以实现对数据之间的相关性进行解构和分析，还可以对税收数据进行深度挖掘，将静态、分散的数据自动解析为动态、有关联性的信息，突破传统以经验性判断为主的税收管理模式，为"以数治税"税收管理理念的产生提供技术支撑。

（3）影响税收立法过程及内容。数字经济使现存税收法律法规中的不适用性逐渐凸显，新规的制定也必然受数字经济发展特征的影响。以《税收征收管理法》的修订为例，"互联网＋"背景下《税收征收管理法》的修订应以程序优先、权益保障和协同共治为价值要义，对税收征管理念及流程予以制度上的重塑。在万物互联的时代，"互联网＋"赋予了《税收征收管理法》新的使命和任务，把"互联网＋"技术融入税收征管中，必将给《税收征收管理法》带来全新的变革。

（4）推动构建新型征纳关系。电子税务局、"非接触式"办公、金税三期系统、电子发票技术的日趋成熟，为"纳税人自治"提供了前提条件。税务机关与纳税人之间的关系逐渐由原来的征管关系变为合作关系，征管思想从"纳税管理"转变为"税收服务"，并明确"以服务纳税人缴费人为中心"，全面深化"放管服"改革，把服务理念有机融入税收征管的各个环节，大力推行优质高效的智能税费服务，促进办税缴费便利化、税费服务智能化与个性化。将纳税人作为治税主体是税收现代化"共治"思想的重要体现，建立平等和谐合作的新型征纳关系是税收治理现代化的必然要求。

（二）数字经济促进征管技术进步

技术进步和产业变革孕育了数字经济，数字经济的发展又反哺了科学技术的升级。以5G、大数据、人工智能、云计算、区块链等数字技术为核心的科技进步，为税收征管数字化升级和智能化改造提供了条件，正在实现从"以票控税"向"以数治税"转变。

在技术层面，数字技术的组合为建设功能强大的智慧税务系统提供了有力支撑。一是5G技术。大范围5G独立网络（5GSA）的组网建设和商用搭建了云计算和大数据之间的"信息高速公路"，更连通了人工智能的基础平台，引发人机交互、机器识别、人工智能等其他数字技术的跨越式发展，为税收治理数字化提供广阔的空间。二是大数据技术。该技术使得"井喷式"的规模数据得到有效处理，使纳税缴费信用体系的建设成为可能，为智能化的税收管理提供了准确可靠的数据支持。三是人工智能技术。以学习算法为核心，实现数据自驱动机制，数据采集、存储、加工、分析、交换、校验贯穿税收管理风险全流程，同时各环节积累的大数据可以通过人工智能挖掘分析后反哺于核心征管各个环节，形成相辅相成的闭环结构；有利于建立以数据为核心、以相关性分析为主导、以实践客观预测为目的的大数据税收风险管理观念。四是区块链技术。其本质是分布式数据存储，写入区块链的信息全程可追溯、环环记录并且不可篡改，分布式和智能合约等基本特征使其在信息存储、追踪等方面具有显著优势。该技术充分契合了密集型税务数据的标准化、自动化的发展需要，在电子支付、数字货币、物流追踪和不动产交易等领域有着广泛的应用。如果将各种数字技术组合应用到税务领域，必将大幅度提高税收管理的信息化水平，推动服务升级和税收监管创新，为建设具有中国特色的智慧税务体系提供重要机遇。

（三）数字经济驱动税收征管业务变革

（1）驱动执法、服务、监管相融合。发达国家税收征管数字化转型的经验表明，税收治理的数字化不仅体现在技术层面的变革，而且需要组织架构、业务流程、服务模式及人员素质等方面的配套。只有达到征管技术与征管业务的高效联动，才能真正实现税收治理数字化。目前的征管改革是以技术层面驱动征管业务流程变革，线上线下协同进行，寓执法、监管于服务之中，推动三者的一体化融合升级，全方位提高纳税遵从水平和征管效率。

税收征管的核心是缩小纳税人与税务机关之间的信息不对称。信息不对称主要有两种类型：一类是由于税收制度和涉税操作本身具有一定的门槛，导致纳税人遵从意愿受挫，这类信息不对称需要由优质的纳税服务来缓解；另一类是税务机关所获信息与纳税人涉税情况客观上存在着不对称，易导致道德风险和逆向选择，这类信息不对称通常可以通过纳税评估、风险识别和稽查处罚等手段来弥补。数字经济对缩小上述两类信息不对称、促进纳税遵从有着直接作用。

一是促进精细服务。电子税务局、掌上 App、电子支付等数字应用可以为纳税人提供及时、全面、高质量的纳税服务，同时，大数据给纳税人精准"画像"，促成纳税服务从无差别服务向精细化、智能化、个性化服务转变。另外，随着"非接触式""不见面"办税服务的不断发展，远程场景式视频辅导使纳税人身临其境成为可能，替代实体办税服务厅"有温度"的云办税将成为常态，线上线下的服务和管理差距将越来越小。优质的纳税服务将大大缩小征纳双方的信息不对称。

二是促进精准监管。目前以金税三期、增值税发票电子底账、增值税发票税控 2.0 等系统为支撑，凭借国家税务总局云平台票流分析、纳税人关系云图功能和税收大数据分析平台，税务部门能够有规律地对海量的涉税信息进行筛选、对比和分析，将混杂数据转化为可量化、可对比的数据，为税收风险应对提供强有力的核查基础和数据支撑。未来将持续推进以"信用 + 风险"监管为基础的税务监管新体系，有效压缩税务机关与纳税人之间的信息不对称空间。

（2）驱动信用、风险相融合。经过智能化税收大数据分析比对，可以建立以"信用 + 风险"为基础的新型监管机制，健全以"数据集成 + 优质服务 + 提醒纠错 + 依法查处"为主要内容的自然人税费服务与监管体系。依托大数据分析和智能监控预警，强化"以数治税"理念，以守信激励、失信惩戒和信用修复三项为抓手共同发力，推进构建纳税缴费信用评价制度，在推行办税实名制的基础上，实行动态信用等级分类和智能化风险监管。

借助"互联网 + 税务"的大数据效率高、边际成本低的优势，风险核查模式从以往的"抓大放小、集中精力管好重点税源"转变为"大企业与中小型企业并重，重点税源与非重点税源并重"。数据分析比对不再是消耗大规模人工力量比对销售额或应纳税所得额的绝对数，而是在相关指标的运用下对相关比例进行自动分析。因此，不论企业规模大小，都能在"信用 + 风险"编织的监管网络中得到评价结果，这对传统人工征管模式中易"漏网"的违法违规企业形成有效的震慑。

同时，依据信用等级分类制度，对信用良好的市场主体给予更多的便利，推动信用制度良性循环的自强化机制。以"银税互动"制度为例，税务部门基于纳税信用为守信纳税人提供联合激励措施，通过整合税务、银行双方优势资源，实现纳税信用信息与银行金融信息的交互共享，为信用良好的 A、B、M 级企业"贷"来资金"活水"，"融"得发展"机遇"，纾解小微企业融资难、融资贵等难题。与此同时，"银税互动"机制也产生诚信纳税的示范和激励效应，进一步提升纳税信用制度的含金量，进而促进市场主体的税收遵从意愿，有利于企业"增信减负"，构建现代化纳税信用管理体系，实现企业、银行、税务三方共赢的良性循环，为健全社会信用体系和形成良好市场环境打下基础。

三、数字治理推动税收征管现代化变革路径

（一）开创以数治税新模式

2021年，中共中央办公厅、国务院办公厅印发了《意见》，其发布标志着我国正迈向以"以数治税"为驱动的税收征管改革新阶段，新阶段面临新挑战，税务部门应遵循《意见》的相关要求，力争推动数字化税收征管新模式取得更大成效。

（1）推进数据征管各环节的标准统一。一是建立科学的涉税信息标准体系，强化涉税数据信息科学化和标准化管理，做到数据内涵与口径的统一，并将零散化、碎片化的数据通过现代信息技术连接起来，加快数据信息系统的整合，发挥数据对税收征管的高效驱动作用。二是将大数据进一步应用到税收征管领域，做好征纳双方涉税信息的有效对接，建立集纳税人业务流、收支资金流、会计数据流和税务信息流于一体的账本数据库，以解决征纳双方信息不对称的问题。三是建立健全信息互换与数据共享平台，加强涉税数据的对外共享，确保其他相关部门对数据信息的合法获取。

（2）完善大数据下的税收征管模式。一是加强税务部门内部信息交流、合作与共享，提高税务部门对"以数治税"的认知和应用能力，确保全员参与税收征管信息化建设。二是借鉴大数据在金融和市政管理等领域的实时汇集、预测分析和精准管理等经验，设立专门的税收软件开发、数据处理和数据分析岗位，加快形成数字化税收征管新模式。三是建立全国统一的大数据服务云平台，促进税务执法、纳税服务、税务监管和税收共治等环节与大数据技术深度融合、高效联动，推动"以数治税"科学化、精细化、规范化、专业化和质效化。

（二）健全税务执法新机制

《意见》明确了税务执法的核心在于"让执法既有力度又有温度"，其中执法"力度"是"温度"的前提和保证，而执法"温度"是"力度"的重要目标。为此，推进税收征管现代化应着力健全税务执法新机制。

（1）建立健全税务执法方面的法律制度。一是尽快出台"税收基本法"并将其作为税收领域之母法统领各项税收法律和事务。二是尽快推进《税收征管法》的修订工作，以适应新形势、新业态和新技术下的税务执法要求。三是适时出台相关法律法规，严格规范税务人员执法程序，强化税收征管中纳税申报、税款征收、纳税评估、税务稽查和税务惩处等活动，确保各级税务机关和税务执法人员有法可依、规范执法。

（2）严格规范税务执法人员的行为。一是全面遵循和落实《关于全面推行

行政执法公示制度执法全过程记录制度重大执法决定法制审核制度的指导意见》及其相关要求，确保税务执法源头、过程和结果的科学规范。二是培养税务干部树立以纳税人缴费人为核心的征管理念，定期组织税务干部参加教育培训活动，使其充分了解最新的税收政策，做到知法懂法守法用法。在提高税务干部税务执法能力的同时，建立税务执法人员的内部监管机制，确保税务执法权力在阳光下运行。

（三）开拓纳税服务新局面

《意见》明确了"以服务纳税人缴费人为中心""维护纳税人缴费人合法权益"的要求，这是坚持以人民为中心的发展思想的具体体现。必须以此为指导，努力开创纳税服务工作新局面。

（1）规范税务机关纳税服务的权责。在纵向上，规范和明晰各级税务机关之间纳税服务的权责，充分利用现代信息技术发布、传达和运用信息，保障税收政策"上传下达"的准确性和及时性，确保纳税人及时享受到税收优惠政策带来的红利。在横向上，强化纳税服务部门的独立地位和服务意识，对具有服务性质的涉税提醒、纳税服务、发票管理、权益保护和信用建设等业务集中统一管理，而将税源管理、纳税评估、风险防范和税务稽查等业务交由执法部门专门负责，保证纳税服务部门与税务执法部门的独立性，进而解决不同部门间的权责交叉问题。

（2）注重强化纳税人合法权益保护。一是引导纳税人增强自我维权意识，支持纳税人在积极履行纳税义务的前提下依法维护自身合法权益。二是建立集税收服务理念、涉税咨询辅导、纳税信用评定、纳税流程再造、纳税成本节减、纳税法律救济、纳税服务监管和税务执法评价等内容于一体的税收征管体系，把纳税人合法权益保护作为税务部门完善纳税服务的重要内容。三是以"便民办税春风行动"为载体，深化税务系统"放管服"改革，结合纳税人诉求精简纳税服务流程和凭证表单。

（四）谋求税务监管新突破

面对《意见》提出的税务监管的新定位，税务部门应加快探究构建"市场主体生产经营干预最小、税务监管手段最活、税收违法行为打击最严"的税务监管新模式，以进一步在税务监管的精度、能力和质效等方面取得新突破。

（1）增强税务精准化监管的实效性。一方面，以现行"大小三角"税收征管体系为依据，运用大数据技术，强化涉税信息采集、整理和应用等环节，完善"互联网＋税收风险管理"架构，形成宏观层面与微观层面的税收风险监控体系，特别是进一步强化税收风险事前预防和事中监管的作用。另一方面，健全以"数据集成＋优质服务＋提醒纠错＋依法查处"为主要内容的纳税人税费服务与监管体系，注重对纳税人实施正向激励，进而提升其纳税申报的自觉性和税收遵从度。

（2）提高税务严格监管的执法能力。一是积极推进"以数治税"，建立税收信息处理云平台，提高税务部门对纳税人数据信息的获取、储存和分析能力，特别是以"信用＋风险"为依托强化数据在税务领域的动态监管效能。二是完善纳税人信用评价管理制度，根据纳税信用等级的不同，确定重点领域、高发行业的监管频次，严格监管容易偷逃税人群的行为活动，营造全社会严打税务违法行为的高压态势，确保国家税款安全、及时、足额入库。

（五）构建税收共治新格局

针对《意见》提出的"持续深化拓展税收共治格局"要求，税务部门应加强与政府部门、司法机关、社会组织等主体的沟通与协作，发挥各主体的合力治税效能，加快构建税收共治新格局，推进国际税收合作的有序开展。

（1）建立健全多部门协同征管机制。一是全面落实税收法定原则，健全多部门协同征管相关的法律法规，明确各主体依法享有的权利和必须承担的义务，以及不履行义务应承担的法律责任。二是完善跨部门间的税收征管绩效考核制度，将征管目标作为考核的重要内容，以调动和激发各部门主体实现税收征管现代化目标的积极性和创造性，增强部门协作效果。三是健全"税务联席执法制度""协税控管制度""税收重要情况通报制度"等工作机制，采取有效措施合力解决税收征管的重大和突出问题，提升税收征管质效。

（2）完善国际征管合作协定与机制。要以《意见》为指导，以"共商、共建、共享"为依托，以"一带一路"倡议为契机，强化国际税收合作。中国作为税收大国既要做国际税收合作的坚定践行者，更要做避免双重征税协定的积极推动者，确保各发展中国家在国际税收合作中的合法权益得到充分保障。此外，要参与构建国际税收体系，在遵循国际税收惯例、国家税收主权和各国税收权益的基础上，充分发挥国际税收信息与情报交换等的独特作用，研究和强化全球税收治理举措，积极参与制定国际税收规则以及国际税收征管合作。

第三节　以数治税革新税收征管之路

一、加速税务系统内部整体治理理念的转型升级

（一）树立以纳税人缴费人为中心的服务意识

打造服务型政府是我国深化国家治理体系和治理能力改革的重要内容，《意见》出台的宗旨也是优化纳税人的纳税体验，增强征管部门的征管和服务能力。

一方面，要通过多样化的学习和宣传方式将《意见》的宗旨深入税务系统内每一个工作人员的心中，从根本上推动税务工作者全心全意为人民服务。另一方面，要将税务工作人员的服务意识和态度等因素量化计入绩效考评，将主观因素转化为客观数据，以此督促税务工作人员提升自身服务质量，增强服务意识。

（二）增强"以数治税"意识

税务部门要敢于跳出"舒适圈"，积极尝试数字技术在纳税服务和部门管理方面的应用。国家税务总局应在综合考虑后释放一批全国各省市都应采用的数字管理技术，并允许地方根据自身的特殊情况对这批数字技术进行创新应用，直接增强地方税务部门的数字技术普及程度，税务工作者在税收征管的实践活动中用以促学，以此倒逼税务工作者数字意识的提升。

（三）加强复合型人才队伍的建设

首先，需要在税务部门内部建立专业的数字化管控部门，负责涉税信息的数字化税收风险管控和内部绩效考评。其次，要着重培养和引进既拥有丰富的财税知识，又掌握熟练的信息管理技术的复合型人才，同时也要加强对熟悉征管业务的现有人才的软件操作、思考模式等方面的培训，使其能够适应数字化工作环境，并运用自身已有的经验和新掌握的知识解决征管过程中出现的各种问题。

二、改进征管信息获取与对比机制，强化大数据综合运用

（一）加强征管信息系统的互联互通，打造专门的涉税信息对比机制

征管部门应着力打造一个独立的对比机制，将税务部门掌握的客观涉税信息与纳税人主动申报的交易数据进行比对和关联性检验，以此提升采集信息的有效性和准确性。此外，应对比分析各个征管系统所储存信息的共性和特性，建立不同信息仓库之间互联互通的汇总与挑选机制，以及不同部门层级之间涉税信息的分类与整合机制，使得征管工作进行所使用的数据全面而精准，提高涉税信息的使用效率。

（二）加强征管部门广泛收集与深度挖掘信息的能力

一方面，在接下来的顶层设计中应明确税务机关从除纳税人以外的其他关联方获取信息的权利与范围，适当扩大税务机关对纳税主体的交易平台、银行或其他金融机构、掌握其他信息的政府部门的数据调取权限，为建立全面的数据库创造条件。另一方面，将涉税信息的对比与分析常态化，运用区块链技术所具有的独立式分布记账的功能，并结合纳税人提供的关联方信息，对税收风险较高的相关信息进行深入挖掘，对涉税信息进行动态监控，实时整合，解决以往税收征管只关注表面而不注重实质的弊病。

三、建立健全部门之间的协同征管机制，打通信息共享渠道

（一）税务系统内部要实现信息收集与分类标准的统一，推进各层级之间和内部资源的整合

税务系统内各层级之间应对同一交易事项的性质判断、征收标准、划归部门等事项达成统一，避免在实际征管工作进行时出现推卸职责或信息收集存在漏洞等问题；结合经济发展形势、产业结构变动、市场主体交易形式更新以及税制变动等情况及时调整税收征管行动规划，保证税收征管活动能够与时俱进；加强不同层级之间的信息交换和共享以及同一层级各职能部门之间的相互配合，使涉税信息能够被及时高效地收集并畅通无阻地流动。

（二）打造多部门协同征管机制，提高各部门之间的合作水平

在制度方面，应明确掌握涉税信息各主体享有的权利和应承担的义务，严禁随意拒绝税务部门的合作请求。增加跨行政部门的税收征管考核制度，合理分配权重，以税收征管的完成程度和各部门所起到的作用为依据进行考核，以此提升各部门共同推进税收征管现代化的积极性。在技术方面，应以税务机关为主体打造一个统一的、各部门都可以参与补充的税收大数据平台，并明确规定什么样的数据应该录入，政府各部门应该怎样配合数据的收集与筛选，进而实现涉税数据的广泛收集，且各部门都可以根据自身的政务需要调取相关信息。

四、加强税收征管风险的识别与防控，打造全面精准的内外部监管机制

（一）建立多维度的税收风险识别与防控机制

税务机关应根据纳税主体的涉税交易行为，分类分级打造科学的税收风险管理体系，从企业申报、税务体系内部掌握的信息以及高风险环节的专门监控多维度运用涉税信息的关联性，分析及核对线下税务部门办理业务的实名登记信息，及时对异常信息进行预警，做好税收风险的事前防控。根据纳税人税收风险偏好、纳税环节风险点和实际发生情况建立税收风险防控预警模型，风险监控部门及时跟进模型应用效果，并根据实际情况修改完善相关指标，逐步建立起全面、动态的税收风险预警机制。此外，还应优化征管服务，便捷纳税人申报纳税，注重税收优惠政策的精准识别与推送，给予纳税人正向激励，主观上提高纳税人的税收遵从度。

（二）打造高素质水平的征管队伍，加强税务部门内部的监督与绩效管理

首先，征管人员作为连接征纳双方的关键一环，其征管能力和服务质量的高

低决定了税收征管的成效。在接下来的立法修订过程中，应加强对税收征管相关法律法规的完善与解释，使征管行为有法可依，同时也必须加强执法人员对法律法规的理解和实际应用能力，这就需要征管部门做好人员的筛查与培训，提高执法队伍的整体素质水平。其次，税务部门应逐步将数字技术融入绩效管理，实现内部监督系统与绩效管理系统数据一体化，动态分析记录税务工作人员行为，打造集汇总、监督、考评、分析、追责为一体的数字化内控机制。

五、推进税务机构改革，优化内部组织结构

在深化治理能力的改革过程中，机构改革也是其重要的一部分。现阶段我国各行政部门内部层级都在朝着扁平化的方向发展，即减少管理层次，拓宽管理范围，税务机关也应该适时地对自身的组织架构进行调整。在层次管理上，适度削减纵向层级，整合层级内部横向职能部门的功能，将各部门都纳入税收大数据系统的组建中，打造功能齐全、智能高效的地方税务机关。在管理内容上，应明确各种涉税信息根据重要程度和涉及的经济事项的不同分类，以及各种涉税信息应由哪一层级的税务部门进行管理，并强化大数据在部门协调、任务分配、信息共享、纠错问责等方面的作用。在机构设置上，国家税务总局可考虑设置直属的职能部门，如信息技术研发局、大数据管理局等，地方税务机关也可以在内部设立针对当地特色进行研究创新的技术部门，或是专门提供数字化服务的部门，通过独立并强化数字技术在税务治理中的作用，为税收征管提供更为便捷高效的数字服务。

六、构建"以数治税"税收征管模式的税收征管体系

税收征管体系的税收征管活动中各要素相互联系和制约所形成的整体系统。税收征管体系应以"以数治税"为导向，在推进理念方式手段变革中更加优化高效统一，围绕智慧税务建设目标，着力推进"两化、三端、四融合"建设，形成税收征管新格局，实现税收征管数字化转型。

（1）实施数字化升级和智能化改造。《意见》把"全面推进税收征管数字化升级和智能化改造"摆在各项重点任务的首位，体现了科技创新在推进税收现代化建设中的关键作用。在数字化升级方面，要通过智慧税务建设，围绕纳税申报、税款征收、税收法治等重点方面进行税收征管数字化转型升级，并以发票电子化改革为突破口，将各类业务标准化、数据化，让全量税费数据能够根据应用需要，多维度适时化地实现可归集、可比较、可连接、可聚合。在智能化改造方面，要不断推进大数据、云计算、人工智能、区块链等现代信息技术与税收征管的深度融合，并对数字化升级后的税费征管系统进行智能化改造，将人工智能嵌入税费征管流程，且将税收征管重心前移，从"重治疗"转向"重预防"，实现

税收风险管理由"事后处理"向"事前、事中精准监管"转变。此外，还要通过反映现状、揭示问题、预测未来，更好地服务纳税人缴费人，更好地防范化解征管风险，更好地服务国家治理。

（2）推进"三端"平台建设。为贯彻落实《意见》要求，可建成全国统一的纳税人端服务平台、税务人端工作平台、决策人端指挥平台，全面推动税收征管数字化转型。在纳税人端，要通过打造法人税费信息"一户式"、自然人税费信息"一人式"税务数字账户，依托税务数字账户进行"一户式""一人式"归集，通过自动归集交易双方数据，帮助纳税人自助办理相关涉税事项，并向其提供基础数据服务。"一户式""一人式"数字账户正在成为纳税人在税务机关的数据资料"保管箱"，数据将成为连接征纳双方的新纽带。以数据驱动业务，可实现法人税费信息和自然人税费信息智能归集，实现对同一企业或个人不同时期、不同税种和费种之间，以及同规模、同类型企业或个人之间税费匹配等情况的自动分析监控。在税务人端，要通过打造"一局式""一员式"应用平台，实现税务系统所有单位和人员信息可分别进行智能归集，并按照税务人员所处层级、部门、职务、岗位、业务范围等进行标签化和网格化管理，智能推送工作任务，进行个性化考核评价，从而大幅提升内部管理效能。在决策人端，要通过打造"一览式"应用平台，实现对征纳双方、内外部门数据可按权限在不同层级税务机关管理者的应用系统中进行智能归集和展现，为管理指挥提供一览可知的信息，促进提升智慧决策的能力和水平。

（3）实现"四个融合"。一是要实现算量、算法、算力的有机融合。税收大数据的特征是数据规模大、类型多、颗粒度细。要以税收大数据为算量，借鉴国际先进经验，创造先进算法标准，持续加强算力建设，从而构建一个超级算量、智能算法、强大算力的"智慧税务大脑"，通过对涉税数据的捕获和流动，充分感知执法、服务和监管等各方面的业务需求，并敏捷地进行应对。二是要实现技术功能、制度效能、组织机能的有机融合。要充分发挥现代信息技术和税收大数据的驱动作用，实现制度规范、业务流程等方面的融合升级和优化重构，推动税务组织体系横向集约化、纵向扁平化，使税务部门的组织职能划分更加明晰、岗责体系更加科学、人员配置更加合理，从而更好地适应现代化税收征管和服务的需要。三是要实现税务、财务、业务的有机融合。在"以数治税"征管模式下，要将税收规则、算法、数据直接融入纳税人的经营业务，使税务、财务和业务有机融合，企业的每一次交易活动，均可自动计算应纳税额，降低遵从成本，提高征管效率。四是要实现治税、治队、治理的有机融合。要按照"制度加科技、管队又治税"的思路，坚持"以数治税"与"以数治队"联动，全面上线内控监督平台，将内控监督规则、考核考评标准渗入业务流程，融入岗责体系，嵌入信息系统，实现过程可控、结果可评、违纪可查、责任可追的自动化联动监控，不断拓展"以数治税"乘数效应，大幅增强带队治税的税收治理效能。同时，还要通过深化税收大数据分析应用，为宏观经济和社会管理及时提供决策参考，更好地服务国家治理现代化。

七、打造合作共赢的"以数治税"国际税收征管体系

在"以数治税"税收征管模式下，构建合作共赢的国际税收体系。一是加强国际税收合作。我国要积极参与数字经济背景下的国际税收规则和标准制定，主动参与国际谈判，在新规则制定中抓住先机，努力将中国智慧、中国经验、中国方案、中国主张融入全球税收治理体系。要提升话语权和影响力，做数字经济相关规则制定的参与者、制定者和引领者。要全面深入参与税基侵蚀和利润转移（BEPS）行动计划，构建数字经济背景下反避税国际协作体系。要完善"一带一路"税收征管合作机制，帮助发展中国家和低收入国家提高税收征管能力，继续引领广大发展中国家积极参与全球税收治理。二是打造优质便捷的国际税收服务体系。要以当前的智慧税务建设为契机，打造优质便捷的国际税收服务体系，依托信息化手段切实提升国际税收征管精准度。三是构建国际税收分析体系。要用好税收大数据，打造指标完备、标准规范、分析智能、监控精准、方法科学的国际税收分析体系，加强申报管理及跨境利润水平监控系统等数据的应用，挖掘案源信息，聚焦重点行业、重点领域，有针对性地开展打击国际逃避税，维护我国税收利益。

八、打造"以数治税"税收征管模式下的队伍组织体系

进一步深化税收征管改革，必须建设一支"以数治税"税收征管模式下的高素质干部队伍。《意见》描绘的改革蓝图，覆盖了"带好队伍、干好税务"为主要内容的新时代税收现代化建设总目标，要求完善"带好队伍"体制机制，打造忠诚担当的税务铁军。一是要结合深化税收征管改革发展需要，推进"以数治队"的现代化队伍组织体系建设，配强人员和力量，进一步破除部门间管理联动壁垒，打造高效协同的组织管理体系，提升税务人力资源配置效能。二是要实施人才支撑战略，健全以税收战略人才、领军人才、专业骨干和岗位能手为主体的"人才工程"体系，着力培养塑造适应大数据、云计算、人工智能等现代信息技术应用，更具国际化、专业化、年轻化的高素质税务人才队伍，满足"以数治税"税收征管模式下的税收工作要求。三是要在《意见》落实过程中，不断提升干部队伍的"改革能力"和"用数能力"，强化"用数"意识，增强"用数"能力，依法依规"用数"、科学"用数"，对《意见》落实中的难点、重点问题要想方设法竭力求解、努力化解、合力破解。四是要探索实行团队化管理模

式，将既有的优秀人才组成专业团队，通过在税收征管改革中的实战化锻炼，发现人才、培养人才，形成一批专业型业务骨干。五是要结合"以数治税"税收征管实际，对难度大、涉及面广的复杂事项，组建跨层级、跨部门、跨区域风险应对专业化团队，实施"专业化＋跨区域"团队式应对，在实战中提升本领、锻炼干部。

九、最终形成"以数治税"税收征管模型下的税费服务体系

构建"以数治税"税收征管模式下的税费服务体系的意义在于，不让纳税人缴费人围绕税务部门的岗责划分和工作流程来回跑、分段办。《意见》提出，到 2023 年，要基本建成"线下服务无死角、线上服务不打烊、定制服务广覆盖"的税费服务新体系，实现从无差别服务向精细化、智能化、个性化服务转变。一方面，税务部门要以现代信息技术为支撑，将大数据、云计算、人工智能、区块链等现代信息技术与办税缴费业务相融合，建立智能感知、智能引导、智能处理的多元化办税缴费方式。因此，要探索"以数治税"征管模式下的办税缴费服务体系，建立按需定制、因需而变的需求诉求实时协调响应机制，运用税收大数据智能分析识别纳税人缴费人的实际体验、个性需求等，加强与纳税人缴费人的交流互动，全面采集纳税人缴费人在办税缴费过程中的需求、问题、意见和评价，对纳税人缴费人开展数据和行为分析，精准定位纳税人缴费人诉求，精准提供线上和线下服务。另一方面，纳税人缴费人满意是税费服务的直接动力，纳税人缴费人的需求也促进了税费征管与服务的创新。因此，要通过创新征纳双方的互动模式，实时回应并精准识别纳税人缴费人的具体需求，制定个性化服务模式，加强线下和线上服务模式的相互衔接，主动提升办税缴费新体验。构建"以数治税"征管模式下的税费服务新体系，要求税务部门要始于纳税人缴费人需求、基于纳税人缴费人满意、终于纳税人缴费人遵从，切实推动税费服务向精细化、智能化、个性化转变。

第四节　数字经济推进税收征管治理现代化

一、国外数字经济税收征管治理与启示

（一）经济合作与发展组织（OECD）"双支柱"方案

为了应对数字经济挑战，解决数字经济信息不对称问题，OECD 以税收公平理论为原则，不断构建国际税收新框架。2015 年 OECD 第一次针对数字经济发布税基侵蚀和利润转移（BEPS）行动报告，指出了数字化的交易会加剧税收侵

蚀与利润转移，给税收征管带来挑战，在之后的几年内不断加快相关规则制定。2018 年发布《数字经济中期报告》；2019 年 1 月发布《应对数字经济税收挑战的政策简报》，在简报中首次提出了"修订利润分配及联结度规则"和"全球反税基侵蚀解决方案"双支柱框架体系；2019 年 5 月发布《针对数字经济带来的税收挑战的共识方案的工作计划》；2020 年 1 月发布"双支柱"方案声明；同年 10 月发布应对数字经济的蓝图报告。不断完善"双支柱"方案，适应数字经济发展。

"支柱一"旨在构建一个新的数字经济商业模式的税收分配框架，将数字交易纳入框架中，对不同的数字交易行为进行界定，便于税款征收。"支柱一"创造了"市场管辖区"概念，如果跨国企业在管辖区内的经营收入超过一定限度，则该跨国企业的经营行为将会被认定为管辖区的经营行为，当地税务机关有权向该跨国公司征税，以扩大市场管辖区的征税权。OECD 将跨国企业的应税利润分为三种：金额 A、金额 B 以及金额 C。金额 B 和金额 C 适用于传统的利润联结，即跨国企业在其他国家存在常设机构，而属于金额 A 的利润将会增加分配给市场管辖区的利润额，同时不需要考虑是否拥有固定性的机构或场所，金额 A 是数字交易产生的额外利润，通过新公式来计算分配给市场管辖区的利润，简单来说，"金额 A = 总利润 – 利润来源国的常规利润"，"支柱一"的关键在于计算金额 A，为此需要确定常规利润水平以及可归入市场的剩余利润比例。这种方法可以说是剩余利润分割法和比例分配法的结合体。主要优点是可以将数字业务从常规业务中分离出来，对非常规利润采用新方法征税，而不会影响正常的国际税收规则，既能保留当前的转让定价规则又能减少争议，这是"支柱一"的题中之义，具体参见表 9 – 1。

表 9 – 1　　　　　利润分配机制中金额 A、金额 B 与金额 C 之间的关系

由财务报表确定的总利润		
非常规业务	常规业务	
金额 A	金额 B	金额 C
完全由数字业务创造的新增利润	传统基线业务创造的利润	传统非基线业务创造的利润
无物理存在	有物理存在	有物理存在和无物理存在之间的协调机制
公式基解决方案	适用独立交易原则	

资料来源：中国信息通信院，《数字经济对税收制度的挑战与应对研究报告（2021）》。

"支柱二"旨在解决利润转移与税收侵蚀问题，确保数字跨国企业支付最低水平的税收，无论跨国企业常设机构位于哪个国家，只要当企业全球收入超过 7.5 亿欧元，按照最低水平缴纳税款。"支柱二"针对数字企业向免税或低税率地区转移利润，制定了多项相互关联的规则。一是所得纳入规则和转换规则，如

果公司在境外的分支机构或关联方所获取的境外所得在当地适用的税率低于最低税率水平，则股东所在国可以对此项收入进行征税，以确保跨国企业的收入按最低税率征税。同时，对于可归属于免税外国分支机构的利润或来自免税外国不动产的利润，若这些利润在国外适用的有效税率偏低，则转换规则将允许居住地辖区在税收协定中将免税法改为抵免法，以促进所得纳入规则的实施。二是低税支付规则，如果向关联方支付的款项在对方国适用的税率低于最低税率水平，则来源国不允许支付方税前扣除该笔款项。三是应予纳税规则，该规则可以使付款在来源地缴纳预扣税或其他税，并在付款适用的税率低于最低税率的情况下拒绝某些收入项目的税收协定优惠。"支柱二"有效弥补了"支柱一"在税基以及利润方面存在的漏洞。从成效来看，"支柱二"在降低各国之间的恶性竞争方面取得了比较好的效果，增加了跨国企业的纳税金额。

（二）欧洲开征数字税

由于数字经济商业模式不断更新，数字交易遍布全球，而多边数字税收规则还没有统一的方案，世界各国为了解决税收不公平现象，保护本国企业利益，维护市场秩序，开始征收单边的数字税。

欧洲各国对数字税的立法进程十分迅速。2019 年 7 月 25 日，法国首先对数字服务税立法，法律规定自 2019 年 1 月 1 日起对全球年收入超过 7.5 亿欧元且来源于法国境内收入超过 2 500 万欧元的数字企业，征收 3% 的数字服务税。征税范围主要包括提供数字交易平台、广告服务以及信息业务的数字企业，将矛头直指美国谷歌、亚马逊、苹果等企业，引发了美国的强烈不满，并对法国征收报复性关税。2020 年 4 月，英国通过了数字服务税法案，英国的数字税法与法国稍有不同，相比法国的数字税法案，其征税范围更广，包含搜索引擎、社交平台以及在线市场等数字服务，同时以英国用户为跨国企业创造的收入作为税基，对提供应税服务全球收入超过 5 亿英镑以及英国用户参与应税活动所带来的收入超过 2 500 万英镑的数字企业，征收 2% 数字服务税。为了避免增加亏损企业的负担，设立了"安全港"制度，当企业利润很低时，引入企业利润率，必要时利润率可低至 0%，提升了数字企业的税收遵从度。

除上述两个国家外，欧洲多国纷纷完成了数字税立法。自 2020 年 1 月 1 日，在一年中全球收入低于 7.5 亿欧元同时在意大利境内取得的数字服务总收入不低于 550 万欧元的数字企业，意大利对其在境内数字收入额的 3% 征税。西班牙于 2020 年 10 月 15 日批准了数字服务税法案，针对提供在线广告、在线中介和数据销售等数字服务的企业，如果在一个日历年度内的全球收入超过 7.5 亿欧元且来自西班牙的数字服务收入超过 300 万欧元，则需缴纳 3% 的数字服务税。奥地利自 2020 年 1 月 1 日起，对于在一个营业年度内产生的全球销售收入超过 7.5 亿欧元且在奥地利提供在线广告服务获取的销售收入超过 2 500 万欧元的在线广告服务提供商，将按照 5% 税率征收数字服务税。

（三）美国数字经济税收征管改革

美国作为数字经济大国，其数字经济发展最早、规模最大，自 20 世纪 90 年代以来，美国就一直重视数字经济的征管问题，从始至终积极推进相关法律完善，促进数字经济健康发展。近年来，美国联邦税务局（IRS）致力于提高税收征管效能，促进纳税遵从，从顶层设计切入，开启了新一轮税收征管改革。2019 年，IRS 公布《税收现代化行动计划》，旨在解决由先期数字化资金投入不足而产生的基础设施老化、征管效能弱化、用户体验不佳等问题。2021 年，IRS 又向国会提交《纳税人优先法案报告》，聚焦纳税人核心需求，提升纳税人办税体验。精简职能机构，提升税务机关运转效率，从而进一步推进税收征管现代化。回顾美国税收征管数字化转型进程，其主要措施如下。

（1）优化顶层设计，出台统筹全局的纲领性文件。美国相继出台了《IRS 税收现代化行动计划》《纳税人优先法案报告》，都是从顶层设计的角度，对税收数字化转型予以整体规划和战略部署，确定征管数字化建设的理念、架构、技术等核心要素。其中，前者聚焦提升纳税人服务体验、整合税务部门信息系统、推进业务流程精简化和自动化、加强网络安全，明确了税收现代化的目标和方向；后者开启了新一轮征管体制改革，即秉承整体驱动和体系协同的改革原则，构建精简高效的决策运行机制，打造最佳体验、管理集约、主动推送的纳税服务，强化数字科技的赋能作用。

（2）强化数据分析和智能决策系统建设。IRS 通过强化数据分析提升税收风险识别能力。这主要依赖数据和技术两个方面。一是拓展信息来源，主要是通过政府间信息共享、税收信息交换以及第三方数据，建立基于数据驱动的税收不遵从模型。二是综合运用大数据、云计算、机器学习等数字技术和算法，实现纳税人群体分类分级智能化，税收风险识别、预警、防控等业务流程自动化。IRS 正在研发一款以数据驱动的风险评估产品，通过贝叶斯模型分辨具有风险的纳税人群体并确定税务风险等级。

（3）注重网络安全和纳税人数据保护。先进的信息技术不仅是机遇也是挑战，如何保障纳税人的数据安全成为征管数字化转型成功与否的关键。实时个性化的纳税服务需要强有力的网络风险防控系统。为此，美国在战略规划中开发了身份验证功能，确保国内收入局数据、技术、网络、系统免遭安全威胁。此外，IRS 的数字化建设都与网络安全、纳税人数据保护同步进行，且将网络安全和数据安全的流程设计嵌入纳税服务数字化的设计之中，确保系统运行和业务流程始终拥有安全防护。同时，IRS 还将数据传输过程中的数据严格加密，防止纳税人数据泄露。

（4）推行适应经济数字化的组织机构变革。当前，以数字技术为支撑的组织模式逐渐成为税务组织机构的发展趋势。美国税务部门秉承"业务数据化、数据职能化、职能一体化"的逻辑，对相关组织机构进行了改革，以实现公共数据跨部门高度共享，政府间各职能部门无缝合作，大幅度提高纳税服务质量。

（四）英国基于政府理念的持续性改革

英国税收征管数字化包含改革预备期和改革实施期两个阶段。改革预备期更强调理念的革新，率先提出整体政府的治理逻辑，从顶层设计上为英国跨部门协作和数据共享提供了思路指引，为征管数字化改革破除了制度性阻力。改革实施期强调数据、数字技术与业务流程的融合应用、相互赋能，提升了英国税收征管系统的实时性、精准性和高效智能化。

（1）树立整体政府理念与架构。整体政府是一种强调部门跨界合作的政府模式，主张在不消除组织边界的条件下，部门间通过交互协作的管理方式与技术，推进跨部门跨地区跨层级间的政府机构协同合作，实现公共利益最大化。在整体政府理念指引和制度架构的统筹下，英国政府对自身系统进行了整合优化。例如，将各部门间数百个网站统一整合到一个门户网站内，运用大数据、云计算、人工智能等信息技术构建统一的电子政务平台，并以平台为支撑提供种类多样的纳税服务，实时为纳税人答疑解惑，实现了税款线上缴纳、纳税申报表在线生成和评估、政府各部门间涉税信息共建共享等。

（2）建立纳税人税收数字账户。英国政府充分运用数字技术，推行数字税务账户建设，纳税人利用数字账户可以了解自身税务状况并自动报税，降低税收不确定性；税务部门通过数字账户可以实时追踪纳税人涉税数据，满足风险防控和纳税服务个性化需求，提升了纳税服务质量。2015年，英国皇家税务海关总署公布了税收数字化路线图，进一步明确税收征管数字化转型的前景目标是到2020年底实现税收系统全面数字化。

（3）以第三方数据核验纳税人涉税数据真实性。英国税务机关积极了解税务中介机构等第三方机构的工作方式，构建了新型第三方机构合作机制，通过采集第三方数据对纳税人申报数据予以比对核验，保障纳税人提交数据的真实性，进而为实时自动缴税"保驾护航"。例如，英国税务部门通过收集包括信用卡和借记卡在内的收单商户数据进行分析，识别不正确的记录和纳税申报。

（五）俄罗斯嵌入式税收征管变革雏形初现

俄罗斯的税收征管数字化转型与税收征管3.0的"嵌入式"理念不谋而合且已事先试点多年。俄罗斯联邦税务局从2015年开始在大企业中试点线上税收实时监管，通过直接访问纳税人自由财务系统，自动化获取纳税人涉税交易数据（尤其是金融交易数据），自动生成报表。对纳税人而言，线上税收实时监管既能满足企业的个性化需求，实时给予税务风险提示，降低税收不确定性。对税务局而言，线上税收实时监管大幅提升征管效能且征管成本下降，纳税人和税务部门实现了"双赢"。回顾俄罗斯税收征管数字化转型进展，其具体改革措施如下。

（1）建立纳税人数字税务账户。纳税人数字税务账户是征管数字化转型的前提，个人通过数字账户可实现涉税信息实时自查、税款在线缴纳、缴税异议申诉等功能，企业通过数字税务账户可以向税务部门发送个性化需求，便于税务部门精准推送相关服务，这极大地提升了征管和服务的便捷度。

（2）修订税法典为推进征管数字化提供法律保障。俄罗斯通过修订联邦税法典，给予线上税收实时监管法律支持。根据法律规定，大企业有向税务部门提供涉税财务数据的义务，并且必须使用标准化的财务软件，该软件可自动生成纳税申报表和相关会计凭证，最终以数字化形式送达联邦税务局。

（3）以大企业为试点推进渐进式改革。由于大企业财务制度健全且信息较为公开透明，在规避税务风险和追求税收确定性上意愿更强。因此，俄罗斯税务部门选取大企业作为征管改革的试点单位，将税务部门的税务征管系统与企业财务系统直接连接，自动生成申报表并自动计税。在此过程中，不断总结经验教训并向中小企业推广，取得了较好的示范效应。

（六）韩国、澳大利亚利用数字技术加强税收征管

经济比较发达的国家在税收征管中对于数字技术的应用更加普遍，贯穿了税收的组织、管理和稽查的全过程。例如，韩国在 2002 年就建立了电子税务局，并且能够覆盖当年 95% 的税收业务，提供全年的不间断服务，几乎实现了网上无纸化办税，2015 年利用大数据等数字技术，推出新税收征管系统，并与 56 个政府部门进行信息的实时传输，全国税收业务电子申报率到达了 95%。

澳大利亚构建了强大的计算机网络税收征管系统，利用数字技术建立了纳税人信息数据库，并不断从第三方数字平台接收信息，以更新数据库数据，实时监管纳税人行为；同时，税务部门实现了与金融监管部门的信息共享，充分掌握纳税信息，提升了办理业务的效率，也能给予纳税人一定的震慑，减少了税收流失。

（七）国外数字经济税收征管治理对我国的启示

首先，OECD 的"支柱一"构建了新的数字经济税收征管体系，有利于用户所在国家的税收利益，"支柱二"设置了数字企业在所得来源国适用的最低税率，明确了跨国数字企业需要缴纳的最低税款，有效防止跨国企业向避税地转移利润，虽然计算公式等细则有待完善，但已经可以解决数字经济税收征管中的一部分问题，值得我国进行学习借鉴。

其次，关于是否要针对数字经济开征新税种，每一个国家对此看法不尽相同，目前有许多国家已经开征或即将开征数字税。可以看到，数字服务税确实有效地增加了税收，维护了税收权益，但单边数字税也存在缺陷。一方面，数字税

容易引起两国的贸易纠纷，各国数字税法在征税范围、税率以及一些细则方面存在不同，我国如果贸然开征数字税，会导致国际征税规则混乱，导致税收不公平更为严重。另一方面，征收新税种涉及整个税务部门系统的革新，以及相关的人员培训。因此，我国应该在各国经验的基础上，积极探索数字税，对数字经济相关税种进行试点，等到国际与国内环境成熟时，再进行推广。

最后，许多发达国家为了应对数字经济税收征管问题，利用大数据、区块链、人工智能技术，不断更新征管手段，不断创新征管方式，有效地提升了征管水平。我国要结合数字经济发展现状和税收征管现状，充分利用大数据技术加强对数据分析的能力，并建立相关数据库提升征管水平，构建新型区块链信息平台，实现多部门信息共享，解决信息不对称问题，加强创新能力，学习先进技术，降低征税成本。

二、数字经济下税收征管现代化的路径分析

（一）统一平台，建立一个属于个人的数字账户

建立以信用为核心的强化风险监管的税收监管体系，对于不同风险的纳税人实行分级管理。对低风险纳税人，多以发信息或者其他电子化方式提醒为主要方式，通过自查自纠防范偷税逃税风险；对中风险纳税人，应及时对其普及纳税相关责任义务，通过教育尽量降低违反税法的行为，并对日常实施一定的监管；对高风险纳税人，集中开展纳税评估，做好税收保全和税收强制的准备，避免税源的流失，同时增强稽查意识，严防偷逃税风险，严打涉税违法行为。通过此种以"信用＋风险"为基础的风险监管机制的建立，有效为智慧税务建设筑就风险防控屏障，为推进税收征管现代化提供坚实基础。

一方面，其有利于税务机关对于个人提供更好的服务；另一方面，税务机关将更好地对于风险进行动态监控，打破各税务机关之间信息无法有效流动的壁垒，实现信息有效流动，提高税收信息的挖掘深度和探索广度。

在此基础上，可实行进一步的信用积分制度，采取"企业自主汇报＋个人数字账户分析"的模式，运用已有企业自主填报的信息，进行信用评级，再根据日后相关税收制度的遵守情况进行相应调节，如发现有风险及时与企业沟通，如还不补缴，将受到一定的惩罚。这样可以使政府与企业形成一个良好的互动，构建一个动态监管机制的"信用＋风险"系统和相关失信人员的数据库，对其固有的一般特征进行相关指标的测试，为税收征管现代化提供助力。

（二）运用人工智能进行一人一档的创建，进行精细化服务

以税收大数据为驱动力，运用云计算、大数据、人工智能等工具对人们的纳税信息进行收集整合，进行一人一个档案管理制，对于纳税人进行深层次的刻

画。实现"算量、算法、算力"突破，增强数据保护和溯源能力，保障"纳税人实名制"身份管理、数据共享和信息应用。当在寻求纳税相关服务时，在电子服务系统中会自然推荐根据用户以往寻求的服务，来推算其以后可能需要的服务，对于未来有着进一步的推测。例如，进行人工服务，纳税工作者会从电脑中调出相关档案，进行快速检索，以使纳税工作人员服务更加快速地解决相关的问题，提供更加精细化与个人化的服务，以提高纳税服务的质量。

在服务的同时可以对纳税人进行一定税收知识的讲解和教育，使其明确自身的权利义务关系，形成较强的维权意识，并及时从纳税主体获得积极反馈，从而对问题进行调整，形成一个良性循环。

（三）完善税收相关的法律制度，培养税收征管新理念

一方面，健全相关的税收法律体系，可以给予税收监管人员一个更加明确的指导方针与处事原则，以适应当下数字经济对于税收征管的挑战。同时，陆续出台相关法规监管和规范税收监管人员的行为与执法程序，以化解突发事件对于原有体系的冲击，保障推进税收征管现代化的进行。

另一方面，对于监管人员应进行定期培训，旨在深化其对于税收征管的理解，了解最为前沿的税收征管问题以及当下最新的税收制度的改变，学习其他地区优秀的相关风险指标的测算原理，提高整体税收监管的效率，从而形成适应当下税收征管的新理念。

（四）构建多部门协同共治新局面，形成良性反馈机制

完善系统内部各部门间的协作机制。通过规范业务流转制度，健全数据使用规则与权限等方式，实现税务系统内部跨部门、跨区域的纳税缴费业务"流畅办"。健全协调共治的相关法律体系，全面落实税收法定原则，明确多部门之间的权利与义务关系，同时明确相关部门不履行必须承担的义务将受到惩罚，做到相关事项有法可依，对于有关部门起到警示作用，为税收征管现代化提供强大推力。

可以将协同共治效果作为一个指标加入政绩指标的考核，提高其他相关部门人员进行协同共治的积极性，并在考核过后，积极研讨当下的多部门协同工作哪方面还存在着一定的问题，形成一个具有反馈机制的循环，切实解决当下关于税收征管现代化的难题。

（五）完善人才培养机制，为税收征管现代化打下坚实基础

提高招收门槛，支持扩大对于数据型人才的需求。将他们分配于税务机构的各个组成部分，对于税务机关运行机理进行一定的了解后，进行继续教育和选拔逐步组建成为一个具有较为专业的精通税收相关数据分析能力的高质量、高效率的多组团队，有效处理数字化带来的风险。同时构建具有专业网络安全的人才队

伍，加强数据防火墙建设以及数据的多地备份，为纳税人存在数据问题及时提供专业的服务，提高纳税人的体验感受，同时在此过程中不断精进自身防御工程，提高发现税收问题和依法打击税收犯罪的能力。

三、数字经济下税收征管现代化的转型升级

我国的数字经济下税收征管现代化建设与税收征管 3.0 理念不谋而合，从 2015 年的《"互联网＋税务"行动指南》到 2017 年的《关于转变税收征管方式提高税收征管效能的指导意见》，先期工作为征管数字化奠定了坚实基础。2021 年 3 月中共中央办公厅、国务院办公厅印发的《关于进一步深化税收征管改革的意见》，为"十四五"时期我国税收征管数字化建设提出了新的要求和方向，更为实现税收治理现代化提供了基础和保障。税务部门应把握本次国际征管变革的机遇，在深入理解 OECD 税收征管 3.0 的核心理念、目标、架构的基础上，结合我国国情和税情，研究我国税收征管数字化转型的方向和路径。

（一）以国家级数字化战略引领税收征管改革

各国实践经验表明，税收征管数字化不应是静止、孤立的单项制度改革，而是在一国政府战略指引下的系统性、全局性规划。因此，应尽快出台统筹全局的国家级数字化战略，从数据架构、数据标准、数据质量、数据安全、数据应用等方面完善数据治理，从顶层设计层面全面把控征管数字化转型的深度与节奏，明确数字化转型的优先事项和各阶段目标，并具体制定数字化战略与税收征管融合应用的"全景图"和"时间表"，构建更加适宜数字经济的税收治理理念和税收征管模式。

（二）以整体政府推进税收协同共治

数字经济下世界各国税收征管数字化转型经验表明，构建以服务纳税人为导向的组织架构、工作流程和征管模式是税收征管数字化转型成功的关键。传统科层制的组织结构不利于信息的跨部门共享和人员的跨部门协同。数字经济时代的组织体系变革应秉承组织扁平化、流程简约化、职能集成化、数据集中化的原则，减少不必要的行政层级。此外，数字经济时代的税收治理不仅靠税务部门一家之力，更需要多部门参与的"协同共治"。因此，亟须通过整体政府重塑税务部门与其他政府部门的关系，将税务部门与其他公共部门纳入一个平台予以综合考量，实现税收征管流程与其他公共部门数据的无缝对接。具体而言，应充分发挥整体政府的"内、外、上、下"的立体化组织优势。"内"是通过组织文化、信息系统加强部门内部合作；"外"是通过分权、共同预算、联合团队等实现跨部门合作；"上"是通过目标分享和绩效评估强化组织目标以及责任承担；"下"是通过共同磋商和纳税人参与构建以纳税人需求为导向的公共服务供给方式。

（三）以数字政府优化税收征管机制

数字经济下公共部门数字化转型的关键在于构建能连接各个职能部门的统一、高效的数字平台。我国也应出台数字政府规划并成立数字化平台，整合分散于相关公共部门的碎片化数据，为税收征管数字化转型打下基础，实现税收业务全流程一体化办理。具体而言，要构建"业务数据化、数据职能化、职能一体化"的智慧税务局，推进公共数据互联互通和跨部门无缝合作，形成世界一流的数字化软件和硬件系统，改善纳税人在线办税的营商环境；同时建立税收数字账户，以链接纳税人财务系统、税务局征管系统和第三方平台，实时了解纳税人需求并定制个性化纳税服务。

（四）完善法律法规保障征管数字化顺利施行

数字经济下各国税收征管改革经验表明，依法治税是推进税收改革的基本准则，立法先行是征管数字化的保障，更是"嵌入式"征管模式顺利施行的前提。征管数字化转型的底层逻辑在于数据及其挖掘利用，而纳税人数据特别是自然人数据有人格属性，如何厘清数据归属权、经营权、处分权是需要考量的重大问题。在无法律基础的情况下嵌入纳税人自有财务系统的阻力较大，故亟须加速修订税收征管法或制定数据法，从法律上明晰数据权属，界定税务部门在数据采集、处理、应用方面的权力，界定第三方机构向税务局提供数据的义务和职责，并建立相应的惩罚与追责机制。同时，需构建统一的涉税法律体系，将数字时代对税收征管的内在要求融入相关法律，做到税收实体法、程序法以及数字经济监管与服务相关规范性文件的整体协调，保持各项法律法规的衔接一致。

（五）数字经济下以技术变革驱动税收征管数字化升级和智能化改造

数字经济下征管数字化升级和智能化改造有赖于数字技术"组合拳"的综合应用，以技术变革驱动制度优化。即以数字科技赋能征管模式，对税收执法、服务、监管予以系统优化，实现业务流程、制度规范、信息技术、数据要素、岗责体系的一体化融合升级，为推动经济高质量发展提供支撑。具体而言，一是利用网络爬虫技术给数据扩源，拓展第三方涉税数据采集渠道；二是利用区块链技术的不可篡改和全程留痕，给数据"上锁保真"；三是利用社会网络关系、机器学习、知识图谱等数字技术的综合运用，对纳税人经济行为模式和业务需求"精准画像"，挖掘涉税数据中所蕴含的新信息新规律，辅助管理者评估风险、科学决策和精准施策。

四、数字经济下税收征管数字化智能化助力税收征管治理现代化的政策建议

税收征管数字化智能化是我国实现税收治理现代化的重要动力，也是深化税

收征管改革的重要任务。世界各国都在争夺税收征管数字化智能化的先机。OECD 就应对数字经济带来的税收治理问题发布了《税收征管 3.0 报告》，从跨国、跨区域合作角度提出了应对数字经济税收征管问题的国际化、技术化解决思路，给我国税收征管数字化智能化提供了启示和借鉴。为加快我国税收征管数字化智能化步伐，主动对标发达国家和国际组织税收征管数字化智能化标准，可从以下四个方面作出积极努力。

（一）健全税收征管数字化智能化领导机制

建立跨部门、高层级的税收征管数字化智能化领导体制。在国家层面，在数字政府建设领导机构下设税收征管数字化智能化工作委员会，作为数字政府的有机组成部分，提高税收征管数字化智能化的统筹协调能力。在地方层面，建立相应的领导机构，实行以国家税务总局和省级税务局、地方政府双重领导，以税务总局和省级税务局统一领导为主的税收征管数字化智能化地方领导机构。与此同时，进一步优化完善税务系统内部税收征管数字化智能化领导机制，形成"上下贯通、多方融合"的领导机制，做好科学规划，明确重点任务和工作分工，确保税收征管数字化智能化稳步高效推进。

（二）强化先进实用技术研发与应用

技术是税收征管数字化智能化的基础支撑。要立足于"自主可靠、确保安全"，科学选择既先进又实用的技术，搭建税收征管数字化智能化技术研究基础框架。要本着独立研发与开放合作有机结合的原则，积极研发税收征管数字化智能化的关键技术，确保事关税收征管数字化智能化的核心技术、核心设备和设施、软件系统掌握在我们自己手中，增加关键领域、核心技术的国产化率，自觉将税收征管数字化智能化安全与数字政府建设安全、国家安全有机融合，提高税收征管数字化智能化风险管控能力。同时，树立全球化理念，积极开展税收征管数字化智能化建设国际合作，特别是要加强对税收征管数字化智能化标准和政策规则制定等合作，有序引进和采购国外信息化产品和服务，实现防控风险与提高效率的有机统一。要按照"储备一批、开发一批、应用一批"的思路，科学有序地推进税收征管数字化智能化迭代更新，努力降低税收征管数字化智能化成本。

（三）优化税收征管数字化智能化环境

要紧密结合税收宣传月、纳税服务等工作，加强税收征管数字化智能化知识宣传，让税收征管数字化智能化知识"进机关、进学校、进企业、进社区、进家庭"，增强全社会对税收征管数字化智能化的支持。要加大对税收征管数字化智能化相关人才的培养，造就一批既懂税收业务知识，又具备现代信息技术操作技能和管理能力的复合型人才队伍，为税收征管数字化智能化提供强有力的智力支撑和人力资本保障。要着重加强对税务系统干部职工税收征管数字化智能化知识教育培训，坚持以提高税收征管服务效率、降低税收管理成本为税收征管数字化智能化导向，走出一条科学规划、有序实施、务实高效、安全集约的税收征管数字化智能化道路。要深化机构改革，推进适应税收征管数字化智能化要求的组织建设和资源配给模式，做好税收征管数字化智能化的组织保障。

（四）充分发挥基层和群众的积极性、创造力

在坚持国家及税务总局统一领导的基础上，充分发挥基层政府部门，尤其是税务部门、企业、专家、学者等各方积极性，调动一切积极有利因素共同参与税收征管数字化智能化。积极梳理总结国内外税收征管数字化智能化经验，增强税收征管数字化智能化进程中业务、技术和机制的互联融通，为促进涉税数据共享积累探索鲜活的经验与案例，为提高税收征管数字化智能化质量打下坚实基础。

本章小结

党的十八届三中全会提出要推进国家治理体系和治理能力现代化，税收治理能力作为国家治理能力的一种体现，同样可以反映国家治理能力的变革。而税收征管是否高效影响着税收治理的成效，因此，税收征管现代化是税收治理现代化乃至国家治理现代化的重要体现。数字技术在新时代展现出极强的兼容性和较高的生产力，对税收征纳双方都产生较大影响。从税收治理的角度来看，"以数治税"是以云计算、人工智能、移动互联网以及区块链等技术为依托，以发票全领域、全环境、全要素电子化为突破口，为实现高效处理涉税数据和纳税人缴费人满意度最大化而形成的新型税收征管模式。

工业经济向数字经济转型，必将伴随着产品及服务创新、管理与商业模式变革。就微观层面而言，是新的生产方式、业态模式与公司治理模式的匹配，进而引致制造模式、商业模式和消费模式的颠覆性变化；从宏观维度审视，则是推进体现多方利益诉求与决策参与的治理结构调整和机制的转换。税收作为连接微观经济主体与政府的直接纽带，随着数字经济的兴起，其治理重心必将作出相应调整。加速税务系统内部整体治理理念的转型升级，改进征管信息获取与对比机制，强化大数据综合运用，建立健全部门之间的协同征管机制，打通信息共享渠道，加强税收征管风险的识别与防控，打造全面精准的内外部监管机制推进税务机构改革，优化内部组织结构，构建"以数治税"税收征管模式的税收征管体系，打造合作共赢的"以数治税"国际税收征管体系，实现"以数治税"革新税收征管之路，实现税收征管治理的现代化。

练习题

1. 简述税收征管现代化的内涵与特征。
2. 简述数字治理下税收征管现代化面临的挑战与机遇。
3. 简述"以数治税"革新税收征管之路。
4. 简述国外数字经济税收征管的治理与启示。
5. 简述数字经济下税收征管现代化的路径。

参 考 文 献

［1］李聪．"金税四期"背景下智慧税务的构建与实现［J］．地方财政研究，2022，214（8）：64．

［2］"金税四期"以数治税，企业财税数字化时代全面到来［J］．冶金财会，2022，41（12）：1．

［3］王梓菲．金税四期带来转型契机［J］．中国物流与采购，2022，661（24）：31－32．

［4］沈潇潇，商雨萱，汪杰波．金税三期税收征管研究综述［J］．中小企业管理与科技，2023，702（9）：155－157．

［5］金税三期启动［J］．中国税务，2019，421（10）：42．

［6］智谷．以短暂阵痛换未来美好"金税四期"启动实施背后的深层次逻辑［J］．经营管理者，2022，581（3）：38－41．

［7］刘峰．"金税四期"打开"智慧税收"新局面［N］．中国财经报，2020－05－19（008）．

［8］郭畅．金税三期在税收征管运用中存在的问题浅析及建议［J］．新经济，2016，484（27）：71．

［9］黄钊．税收大数据时代的金税三期工程分析［J］．经贸实践，2018（15）：124－125．

［10］欧舸．浅谈税收大数据时代的金税三期工程［J］．中国管理信息化，2017，20（1）：136．

［11］陈勇．浅谈税收大数据时代的"金税三期"工程［J］．纳税，2018，185（5）：27．

［12］邓启稳，郭迎慧．金税三期背景下税收筹划策略研究［J］．农家参谋，2018，600（21）：243．

［13］陈田．"金税三期"征管盲点及改进措施探讨［J］．纳税，2018，12（24）：5－7，11．

［14］张伟．金税三期对企业纳税管理影响分析［J］．中国市场，2018，982（27）：158－159．

［15］金税三期：助推税收信息化腾飞［J］. 中国税务，2016，385（10）：13－15.

［16］张军伟. 关于金税三期上线的思考与建议［J］. 现代商业，2016，442（33）：68－69.

［17］谭荣华.“金税三期”工程建设的实施策略［J］. 中国税务，2010，306（3）：59－60.

［18］陈洁. 论我国“金税工程”的发展与完善［D］. 上海：华中师范大学，2008.

［19］王长林. 金税工程二十年：实践、影响和启示［J］. 电子政务，2015，150（6）：104－110.

［20］“金税工程”建设实施［J］. 中国税务，2019，421（10）：36.

后　记

　　携书稿再次回到晓南湖畔，我的母校——中南财经政法大学，感受着校风精髓的沐浴和熏陶。

　　时光如影，岁月如梭，屈指算来，教书育人已有30多年。回首往昔，读书一直是我们最惬意的休闲方式，和写作相比，多年的阅读经历自认为是最好的生活习惯。书读得多了会不由自主地回忆过往，对记忆里那些白纸黑字的东西进行深情地回望和掂量，也想提起笔来真情地歌吟和抒写个人的感悟，使那些美好的事物，能够鲜活而长久地保存下来，留在岁月之中。文字让我们走向真正的成熟，触及灵魂的最深处。尽管有时会带来莫名的疼痛和伤感，但更多的是满足和快乐、幸福和温暖，这些文字是我对生活的感悟，是我内心深处的独白。它们能够让我波澜不惊地面对浮华世界中的一切，拒绝浮躁，以淡泊的态度面对人生中的一切。在这个纷繁复杂的世界里，我愿保持一颗宁静的心，享受阅读和写作带来的乐趣，让人生变得更加充实和厚重。

　　从一个读者转变成一个作者，对于我来说，是一种心智的成熟、阅读感知的提高，也是对文字和精神世界的敬畏。的确如此，随着时光的流逝和年龄的增长，所有的记忆都变得清晰而又真切。不论是幸福还是痛苦，那些陈旧悠远的故事都以鲜活美好的形式激发我对阅读和写作的情有独钟。

　　《中国金税学》以金税工程为"串珠之线"，全面梳理了金税一期、金税二期、金税三期、金税四期工程的发展脉络和主旨，旨在追求教材的系统性，使学生对中国"金税学"有一种纵向脉络清晰、横向视域开阔、全面而又完整的了解和把握。通过丰富和完善学生的内心世界，使得情感通过主体的体验转化为理想、心理和意志，并融入对写作知识和技能的掌握和运用中，升华为一种以"文以载道"的方式，创造出文明的力量。同时，这也为教师教学方法的创新开辟了广阔的道路。

　　路漫漫其修远兮，吾将上下而求索。中国金税学的研究领域十分广泛，涵盖税收的理论基础、制度设计以及政策评估等多个方面。作为一门复杂而重要的复合交叉型学科，它不仅关乎着国家财政收入的稳定，更影响着社会经济的整体发展。在撰写过程中，编写组深感责任重大。由于税法的内容繁杂、条文众多很容易让人感到困惑和难以理解，编写组深刻地领悟到中国金税学不仅是一门学科，更是一个深刻的社会现象，它与社会经济、政治制度及公平正义等方面密切相关。随着大数据、云计算、区块链、人工智能和元宇宙等技术的出现，使得人们对于世界的认知和数据资料的获取方式发生了翻天覆地的变革，这就促使了人们需要以全新的视角来审视中国金税学的发展历程。通过这本书稿，编写组力图将多年的研究和实践经验呈现给广大的读者，希望能够为读者提供一些有价值的观点和思考。税收作为国家财政的重要组成部分，为社会经济的稳健发展提供坚实的支撑。我们希望通过这本书稿来激发大家对中国金税学的兴趣，并引发更深入的思考。让读者深刻体会到税收不仅是一种财政手段，更是一种国家治理和社会公平的重要工具。期望大家能够从不同的角度来思考税收征管的意义和影响，以及如何在实践中应用税收来促进社会的发展和公平。在未来的研究中，可以进一步深入探讨税收的公平性和效率性问题，研究如何通过税收政策来促进经济发展和实现共同富裕。同时，还可以关注税收制度的变革和创新，探索如何建立更加高效、透明和公正的税收制度，实现中国式现代化的税收变革，运用税收工具来促进经济发展，优化资源配置，维护社会稳定，支持公共服务，使得中国金税学的未来研究在国际合作、数据分析、绿色税收、税收创新等方面走在世界的最前列。

人最美的样子，是青春散场后的纯真不改，是人到中年后的真诚善良，是琐碎生活里的淡定从容，是烟熏火燎后的微微淡妆。岁月沉淀在你心里的从来不是精明，而是智慧；时光雕刻在你脸上的从来不是疲态，而是优雅。不忘初心、牢记使命，是在中国金税学领域工作的信条和追求。让我们抱着梦想飞翔，在实现自我价值的道路上，勇于直面挑战，不断超越自我。让我们肩负起时代的重任，矢志不渝地为国家税收事业的繁荣发展贡献自己的力量。

最后，衷心感谢我的母校校长杨灿明教授的谆谆教诲，感谢我亲爱的学长张继民秘书长的鼎力支持，感谢国家税务总局周口市税务局、驻马店市税务局、南阳市税务局和信阳市税务局在成书后为调研专题理论给予的全程实践安排。正是这些支持和鼓励，我们才能勇往直前、追求卓越，谢谢！

2024 年 6 月 1 日